André Müller
„Sie sind ja wirklich eine verdammte Krähe!"

André Müller
„Sie sind ja wirklich eine verdammte Krähe!"
Letzte Gespräche und Begegnungen

Mit einem Vorwort von Elfriede Jelinek

Langen*Müller*

Bildnachweis:
Gabriela Brandenstein: S. 200, 201, 210, 211, 232, 233
Christine Gerstacker: S. 20, 26, 29, 52/53, 62, 87, 138/139,
155, 161, 164, 321, 353
André Müller: S. 182
Joseph Gallus Rittenberg: S. 121, 303
Monika Saulich: S. 313
Otfried Schmidt: S. 170
Laura Schneider: S. 284, 291

André Müller hat die Auswahl dieser bislang nicht
in Buchform publizierten Texte selbst vorgenommen
und deren Abfolge festgelegt.

2. Auflage 2011

Besuchen Sie uns im Internet unter
www.langen-mueller-verlag.de

© 2011 Langen*Müller* in der
F. A. Herbig Verlagsbuchhandlung GmbH, München
Alle Rechte vorbehalten
Umschlaggestaltung: Wolfgang Heinzel
Umschlagbild Rückseite: Christine Gerstacker
Satz: Ina Hesse
Gesetzt aus 10,7/13,5 pt. AGaramond
Druck und Binden: GGP Media GmbH, Pößneck
Printed in Germany
ISBN 978-3-7844-3273-1

Inhalt

Elfriede Jelinek: Wer oder was?
Zu André Müllers Interviews 7

Frühstück mit Genscher 11

Dolly Buster 18

Toni Schumacher 34

Karl Lagerfeld 46

Peter Handke 69

Jonathan Littell 90

Günter Wallraff 108

Elfriede Jelinek 120

Salman Rushdie 137

Das Schreien – über Marcel Reich-Ranicki   160

Das Lächeln – zum Tod von Ingmar Bergman   169

Gerhard Richter   176

Hanna Schygulla   185

Gerta Müller   198

Julia Fischer   259

Helmut Berger   268

Günter Grass   280

Christoph Schlingensief   300

Luc Bondy   309

Michel Houellebecq   319

Leni Riefenstahl   339

Benjamin Henrichs:
Preisrede zur Verleihung des Ben-Witter-Preises   357

Eine letzte Frage   364

Textnachweis   366

Elfriede Jelinek
Wer oder was?
Zu André Müllers Interviews

Da laufen die Menschen herum und leisten sich Subjektivität, etwas Besseres können sie sich nämlich (ihre Namen bürgen dafür) nicht leisten (und darauf bauen sie und leisten sich oft eine Menge gegenüber andren Menschen). Sind sie nicht fertig ausgeführte Gedankenentwürfe, und zwar von Gedanken, die ein andrer hatte, vielleicht ein höheres, höhnisches Wesen, das sich endlos über uns amüsiert? Der Interviewer André Müller wird sie schon fertigmachen, nein, nicht fertig machen, er ist vielleicht so einer, der diese bereits Geschaffenen, wobei er sich ebenfalls oft glänzend amüsiert, noch einmal schafft (auch im Sinn von Erschöpfung, die manche sicher nach Gesprächen von ihm gefühlt haben), aber nicht als seinem Willen oder seiner Vorstellung entsprechend, ihnen diese Subjektivität damit nehmend, sondern indem er über sie nachdenkt, aber im Sprechen, im Sprechen denken, nicht im Gehen, denn André Müllers Sprechen ist Nachdenken, damit er sie versteht, die Menschen, mit denen er spricht. Nein, ich glaube, das stimmt nicht, aber warum nicht? Welchen Bezug könnten diese Leute, die da interviewt werden, zur Welt haben, na, das werden wir schon noch herauskriegen, indem wir schauen, welchen Bezug sie zu sich selbst haben!

Bin ich von diesen Gesprächen deshalb so fasziniert, weil ich diese Menschen nicht (oder fast nie, außer durch ihre Auftritte in der Öffentlichkeit) kenne? Was macht diese Gespräche André Müllers mit jeweils einem anderen Menschen zu Literatur, obwohl er etwas sagt und der oder die andere etwas antwortet, und das jeweils in der eigenen Sprache, die zur Veröffentlichung zwar bestimmt ist (etliche haben das aber nachträglich wieder zurückgezogen, was sie gesprochen haben, als hätten sie es nicht gesagt, es ist allerdings trotzdem da), aber sich das Gesagte dieser Bestimmung auch wieder widersetzt, es ist ja nur gesprochen? Wieso ist es dann Literatur? Das möchte ich selber gerne wissen. Macht die Tatsache, die Menschen zu kennen (Müllers große und für mich nicht durchschaubare Leistung), also das, was sie sagen (und was er sagt), schon zu Literatur, oder ist es meine Faszination, etwas zu lesen, was andre gesagt haben, der Genuss, das zu lesen, ohne diese Menschen kennenlernen zu müssen (andre wollen sie vielleicht grade deshalb jetzt erst recht kennenlernen)? Ist es für mich deshalb Literatur, was ich hier lese, weil ich es lesen kann, ohne an die Personen, die eben etwas darstellen (denn mit anderen würde man nicht öffentlich sprechen, die würde man nicht öffentlich vorkommen lassen, mit einer Ausnahme: Andrés Mutter, deren Denken, weil sie seine Mutter ist, etwas anderes vollzieht, einen Sprung aus der Analytik heraus, auch der existenziellen, in den einzigen freien Raum, den der Sohn ihr gibt, eben weil sie die Mutter ist – Herrschaft, späte Herrschaft des eigenen Kindes, die Sprache, die Muttersprache, die er von ihr gelernt hat, gegen sie zu wenden, die Macht des Sohnes, der der Mutter damit auch wieder Raum gibt), anstreifen zu müssen, was mir persönlich nicht angenehm wäre: an Menschen anzustreifen.

André Müller geht gleich ganz in die Menschen hinein, und dann macht er sie zu Sprache, und dann werden sie erst sie selbst. Besonders deutlich wird das bei dem Autor, der Müller am meisten bedeutet, Thomas Bernhard; aber jeder, der Thomas Bernhard liest, wird er. Gesprochen habe ich nie mit ihm, sonst wäre ich jetzt auch noch er, eine Überflüssige mehr. Indem die Leute etwas sagen, sind sie es, einmal mehr, einmal weniger, das liegt am herrischen Wort ihres Herrn, des Interviewers. Wenn André Müller mit Thomas Bernhard spricht, ist er es. Dieser Herr ist es. Aber das wäre dann jeder. Ist es wirklich er? Jetzt weiß ich nicht mehr, wer wer ist. Aber wenn die Menschen etwas sagen, sind sie es selbst doch schon gar nicht mehr, oder? Sie werden zu etwas anderem, ohne etwas anderes zu sagen als das, was sie eben sagen. Das ist der Unterschied zwischen ihrer Wirklichkeit und der Idee von ihrer Wirklichkeit, die Müller jedes Mal, wirklich immer, aus ihnen herausholt (herauskitzelt), nichts als die Wahrheit. Und auch wenn es unwahr ist, was die Leute sagen mögen, es ist, während sie es noch aussprechen, schon wahr, und diese Wahrheit, die vielleicht gar keine ist, weil es sie nicht gibt, genau die ist Literatur. Existenz könnte man sagen, um Heidegger abzuwandeln, ist das Geschick zur Unwahrheit, ja, die Menschen sind im Geschick ihrer eigenen Unwahrheit. Und was ist Lüge anderes als Literatur? (Nun ja, manche mögen in der Literatur die Wahrheit sagen, aber sie ist es nicht; während sie noch ausgesprochen wird, rinnt die Wahrheit aus wie aus einem Kleidungsstück, das zu heiß gewaschen wird und seine Farbe verliert, wir würden alle blass werden, würden wir mit der Wahrheit konfrontiert, was für ein Glück, dass es sie gar nicht gibt!). Doch nicht, ob es diese Menschen wirklich gibt oder ob sie von André Müller erfunden worden sind (er hat Beweise, dass er sie nicht erfunden hat, aber die gelten für mich nicht viel, Beweise in der Literatur gelten nicht, in der Mathematik vielleicht, aber dort kenne ich mich nicht aus), ist hier die Frage, sondern ob diese Menschen wirklich sind. Die Literatur André Müllers sagt: Die sind wirklich die, die ich aus ihnen gemacht habe, indem ich nicht gefragt habe, was sie sind, sondern wer sie sind. Ja, ich meine das so und nicht umgekehrt: Wer sie sind, nicht was sie sind, das sind sie.

Frühstück mit Genscher
1990

*Mit Hans-Dietrich Genscher habe ich nicht wirklich gesprochen. Anfang Oktober 1989 bat ich ihn brieflich um ein Interview für das »Zeit«-Feuilleton. »Es wäre natürlich kein Gespräch über Tagespolitik«, schrieb ich, »eher eines über den sozusagen philosophischen Gehalt der in ihr häufig verwandten Begriffe. Was ist Freiheit? Wie erträgt der Mensch Frieden? Kann er ihn denn ertragen? Zu fragen wäre auch, ob Sie den unter Künstlern grassierenden Fatalismus verstehen können, ja von ihm vielleicht gelegentlich sogar selbst befallen werden ...«
Ulrich Greiner, damals Leiter des Feuilletons, vermutete später, den Minister habe angesichts des Ansinnens, ihm mehr als die sonst üblichen Sprechblasen abzuverlangen, die Angst gepackt. Zunächst aber bekam ich positiven Bescheid. Der Pressesprecher des Auswärtigen Amtes, Peter Schuhmacher, teilte mir mit, er könne sich »ein spannendes Gespräch sehr gut vorstellen«, und Genschers persönlicher Referent Jürgen Chrobog stellte in Aussicht, sein Chef werde sich um die Weihnachtszeit für eine halbe bis Dreiviertelstunde freimachen können. Schließlich wurde ich für den 10. Januar 1990 um halb neun zum Frühstück nach Bonn geladen. Am 8. Januar abends, ich hatte schon das Flugticket gekauft und ein Zimmer reserviert,*

erhielt ich die Nachricht, der Minister sei von der sich anbahnenden deutschen Vereinigung so in Beschlag genommen, dass er auf das Frühstück verzichten müsse. Ich stornierte den Flug und die Zimmerbestellung und setzte mich an die Schreibmaschine. Mein Bericht über das Treffen mit dem Außenminister, das nie stattgefunden hat, erschien in der Zeit vom 19. Oktober 1990 unter der Überschrift »Frühstück mit Genscher«. Die darin vom Interviewer gesprochenen Sätze sind den Werken folgender Dichter und Philosophen entnommen: Fernando Pessoa, Laotse, Heraklit, Friedrich Hölderlin, Thomas Bernhard, Jean-Jacques Rousseau, Sören Kierkegaard, Albert Camus, Michel de Montaigne und Johann Wolfgang Goethe.

(1996)

Es ist der 10. Januar, Mittwoch. Der Außenminister betritt das Auswärtige Amt mit gerunzelter Stirn. Sein Oberkörper ist den Beinen ein Stück voraus. Das Frühstück mit dem Journalisten, zu dem er eilt, ist natürlich ein Arbeitsfrühstück. Das heißt, man kann es auch stehen lassen. Der Journalist, der mit dem Minister ein *Zeit*-Gespräch führen will, tut so, als frühstücke er, während er in Wirklichkeit nachdenkt, was er als Erstes fragen könnte. Noch steht die Mauer. Aber Ceausescu ist vor zweieinhalb Wochen erschossen worden. Neben dem Arbeitsfrühstück kennt der Minister auch das Arbeitsbegräbnis. Voraussetzung ist ein toter Politiker, um den man offiziell trauern darf. Das heißt, man tut so, als trauere man, um nach dem Begräbnis mit den anderen Trauerdarstellern zum Beispiel über die Nahostkrise zu reden. Der tote Ceausescu kommt dafür nicht infrage. Der Journalist denkt, dass der Minister dem Diktator in

Erfüllung seiner Pflicht die Mörderhand geschüttelt hat. Er überlegt, wie er diesen Gedanken in eine Frage verwandeln könnte, in der kein Vorwurf steckt. Denn natürlich liegt es ihm fern, dem dienstältesten Außenminister der Welt vorzuwerfen, dass er gelegentlich auch Menschen, die sich dann als Mörder entpuppen, die Hand schütteln muss.
»Ihr Kaffee wird kalt«, sagt der Minister.

Der Journalist erinnert sich an sein letztes *Zeit*-Gespräch mit Ernst Jünger, in dem von Hitler als Werkzeug der Geschichte die Rede war. Er führt die Kaffeetasse zum Mund. Immer geschehe das Notwendige, hatte Jünger erklärt, worauf er, der Journalist, mit der Frage hatte auftrumpfen können, ob somit das Böse, da es geschehe, notwendig sei. Jünger, der Fünfundneunzigjährige, hatte geschwiegen. Nicht jeder Gedanke müsse auch ausgesprochen werden, hatte er später gesagt. Hitler notwendig, denkt jetzt der Journalist, wobei er, ohne getrunken zu haben, die Tasse absetzt und in seinen Notizen zu wühlen beginnt. Ein Satz von Nietzsche ist ihm eingefallen. Er will sich vor dem Minister hinter Nietzsche verstecken. Er findet den Satz: Alles Gute ist die Verwandlung eines Bösen, jeder Gott hat einen Teufel zum Vater. Er spricht es nicht aus. In seinem Kopf überstürzen sich die Gedanken: Freud und Leid, Krieg und Frieden, Auschwitz und Wirtschaftswunder. Er murmelt: »Wittgenstein«. Wovon man nicht sprechen kann, darüber muss man schweigen. Worüber, so fragt er sich, kann man mit einem Politiker sprechen, dem seine Popularität naturgemäß das Wichtigste ist?
Aus den Notizen des Journalisten ist ein Zeitungsfoto herausgefallen, das zeigt, wie der Minister sich eine Batman-

Maske über die obere Gesichtshälfte stülpt. Nur noch Mund und Kinn sind zu sehen. Der Mund lacht. Der Minister ist für seinen Humor bekannt. Über seine großen Ohren darf man sich lustig machen, ohne dass er es übel nimmt.

»Nun fragen Sie mal!«, ruft er und beißt in eine mit Butter bestrichene Semmel.

Während sich der Journalist nach dem Foto bückt, fällt ihm der Lieblingswitz von Franz Kafka ein. Ein Armer beklagt sich bei einem Reichen, weil er seit Tagen nichts mehr gegessen hat. Darauf der Reiche: Man zwingt sich. Nichts ist komischer als das Unglück, so Beckett im *Endspiel*. Denn das Schöne ist nichts als des Schrecklichen Anfang. Es soll ja ein Gespräch für den Kulturteil werden. Der Minister kaut mit Genuss. Er hat nur eine halbe Stunde Zeit. Wenn der Journalist nicht zu schweigen aufhört, wird er der Redaktion einiges zu erklären haben. Warum bekommt er den Mund nicht auf? Warum denkt er an Rilke statt zum Beispiel an Helmut Kohl, mit dem der Minister seit über zwanzig Jahren befreundet ist? Seine Miene erhellt sich. Er blättert wieder in seinen Unterlagen. Kohl ist die Rettung. Er sucht einen bestimmten Satz. Da, endlich, rot angestrichen: »Pessimismus trübt den Blick, lähmt Kräfte und raubt Lebensfreude.« Trübt den Blick? Darüber ließe sich streiten. Raubt Lebensfreude? Der Journalist nickt. Der Minister unterbricht seine Kaubewegung.

»Habe ich etwas gesagt?«

Der Journalist schüttelt den Kopf. Er hat alle im Verlag Bonn aktuell erschienenen Reden des Ministers gelesen. Wenn der Minister im Fernsehen sprach, hat er Zettel und Bleistift bereitgelegt. Frieden, Freiheit, Menschenwürde, hat er in fliegender Eile notiert, Wachstum, Wohlstand, Wertegemeinschaft. Ein verirrtes Insekt kreist über dem Marmeladenglas. Der Minister schaut auf die Uhr: noch fünfzehn Minuten. Die Stille macht ihn nervös. Das Nichtstun weckt dunkle Erinnerungen. In jungen Jahren hat er sich einer Liegekur unterziehen müssen. Eine lebensgefährliche Tuberkulose hat ihn geprägt. Seither denkt er im Liegen, Sitzen und Stehen oft an den Tod. Am liebsten ist er in Fortbewegung. Im Auto, im Flugzeug und sogar im Hubschrauber kann er gut schlafen, weil es da, so gestand er es *Bild*, wie in einer Wiege schön schaukelt. 1984 vollführte er in seinem Dienst-Mercedes auf Glatteis einen dreifachen Salto. Drei Jahre zuvor war er schon gegen eine Gartenmauer geprallt. Zwei Herzinfarkte und zahllose Schwächeanfälle vor laufenden Kameras haben die Öffentlichkeit, sofern sie ihm gerade gewogen war, mit Sorge erfüllt. 1982 hat er die Koalition gewechselt und wurde deshalb als Hagen (der Siegfried tötete), Judas und Wackelpudding beschimpft. Das hat ihm wehgetan. Denn der Minister braucht wie jeder Mensch Liebe. Liebt man ihn nicht, nascht er heimlich Pralinen.

Über das Nichtstun und das dadurch zwangsläufig hervorgerufene Denken würde sich der Journalist mit dem Minister gern unterhalten. Er könnte dann endlich seinen Lieblingspessimisten, den Schriftsteller Thomas Bernhard, zitieren, der in *Auslöschung*, seinem dicksten Buch, behauptet: »Dem Geistesmenschen ist das sogenannte Nichtstun ja gar nicht möglich, der Geistesmensch ist am allertätigsten, wenn er sozusagen nichts tut.« Ist der Minister ein Geistesmensch?

Das ist die Frage, deren Beantwortung der Zeitungsleser mit Recht erwartet. Wie klug oder wie dumm muss ein Politiker sein, um unentwegt Optimismus verbreiten zu können? Als Pessimist kann er keine Wahlen gewinnen. Verstellt er sich? Ist er im Stillen verzweifelt? Überfällt ihn des Nachts der Albtraum seiner Machtlosigkeit? Am Tag muss er voll Zuversicht in Flugzeuge steigen, über rote Teppiche schreiten, an Konferenztischen lächeln, Kränze feierlich niederlegen, mit gebührendem Ernst, aber um Himmels willen nicht depressiv zum Hunger in der Dritten Welt, zum Ozonloch oder zum Meeresschutz Stellung nehmen. Von Balkonen darf er winken, machtvoll bescheiden, staatsmännisch volksnah, väterlich dienend. Gottesfürchtig soll er sein, aber nicht schicksalsergeben. Wehe, es unterläuft ihm das Eingeständnis, dass er für nichts eine Lösung hat! Wehe, er denkt zu viel nach und erkennt, dass Freiheit aus Gefangenschaft, Frieden aus Krieg, Aufbau aus Zerstörung entsteht! Der Politiker ist kein Spielverderber. Der Journalist nippt am Grapefruitsaft.

»Leben heißt nicht denken«, entfährt es ihm unvermittelt. Wo hat er bloß diesen Satz wieder her? Der Minister schluckt rasch hinunter. Noch fünf Minuten.

»Was du vernichten willst«, sagt der Journalist dem Minister direkt ins Gesicht, »das musst du erst richtig aufblühen lassen. Die schönste Harmonie erfolgt auf dem Wege des Streits. Krankheit macht Gesundheit süß. Der Not ist jede Lust entsprossen. Es nährt das Leben vom Leide sich.«

Der Minister lauscht aufmerksam. Er ist dem Journalisten sympathisch, denn er hat schon immer an die Einheit geglaubt. Er hört gern Heino, aber auch Händel und Dvořák. Er liest Karl May, aber auch Kleist. In Thomas Manns *Zau-*

berberg hat er sich wiedererkannt. Er ist Fußballfan und besucht die Festspiele von Bayreuth und Salzburg. Seine Lieblingsspeise ist Hammelfleisch mit grünen Bohnen und Speck, sein Lieblingstier der Elefant. Der Journalist schüttet den Grapefruitsaft in die Kaffeetasse.

»Es gibt ja nur Gescheitertes«, erklärt er dem erstaunten Minister. »Der Mensch ist ein krankes Tier. Derjenige, der unendlich resigniert hat, der ist sich selbst genug. Es gibt kein Schicksal, das durch Verachtung nicht überwunden werden kann. Sinnen auf den Tod ist Sinnen auf Freiheit. Denn alles, was entsteht, ist wert, dass es zugrunde geht.«

»Goethe!«, ruft da der Minister.

Das Insekt ist in die Marmelade gefallen. Der Journalist streicht Butter auf seinen Kassettenrekorder. Der Minister tupft sich mit der Serviette die Lippen ab, steht auf und verlässt fluchtartig, aber gemessenen Schrittes den Raum. Eine unbegreifliche Heiterkeit erfasst plötzlich den Journalisten. Mit dem Buttermesser rettet er das Insekt, das im Marmeladenglas zu ersticken droht. Die Marmelade, denkt er, ist für das Insekt so etwas wie für den Menschen ein Sumpf. Je verzweifelter es versucht, sich zu befreien, desto schneller versinkt es. Der Journalist ist für das Insekt gleichsam der liebe Gott. Indem er es rettet, lässt er ein Wunder geschehen. Das würde er gern dem Minister erzählen. Er möchte seine Freude mit dem Minister teilen. Zu spät! Sein Blick gleitet über das frische Gebäck, den kleinen Teller mit Butterröllchen, die Wurst- und die Käsescheiben, die Zuckerdose, das Sahnekännchen. Damit nicht alles vergeblich war, bricht er, nachdem er sich vergewissert hat, dass das Tonband noch läuft, in schallendes Gelächter aus.

Dolly Buster
2000

Ich habe Ihre Homepage studiert ...
Ich sehe, Sie haben sich da richtig hineingearbeitet.
Ein Stück aus Ihrem Spielzeug-Sortiment hat mich besonders inspiriert.
Aha.
Da wird ein sogenannter »Lust-Torso« zum Preis von 198 Mark mit folgenden Zeilen gepriesen: »Keine Last mit der Lust! Dringen Sie ein! Die weiche, rosa Pforte öffnet sich nur für Sie. Sie werden feucht und schlüpfrig empfangen. Sensationelle Schwingungen breiten sich aus, stufenlos ...«
Ja, und wo steckt die Frage?
Ich frage Sie: Ist die Lust eine Last?
Dazu muss ich sagen, ich habe diese Texte nicht selbst geschrieben, weil meine Internet-Seite von Beate Uhse* gestaltet wird. Die haben wir** also verkauft, weil wir am An-

---

* verstarb am 16. Juli 2001
** Dolly Buster (eigentlich Kateřina Nora Bochníčková), die ihre Karriere als Pornodarstellerin begann, ist verheiratet mit dem Pornoproduzenten Josef Baumberger, Chef der Firma DBM Videovertrieb GmbH in Wesel,

fang, ich will nicht sagen, keine Ahnung, aber weder das Personal noch genügend Kenntnisse hatten. Aber die krieg ich jetzt wieder und werde sie selbst gestalten.
Sie würden so einen Satz nicht schreiben?
Ich würde nicht sagen, dass die Lust eine Last ist. Ich würde sagen, das ist eine hormongesteuerte Begierde, die je nachdem, wie stark sich die Hormone im Blut konzentrieren, mehr oder weniger ausgeprägt ist.
In einem Interview bezeichneten Sie diese Begierde als unvermeidlich.
Ja, je nachdem …
Ist ein niedriger Hormonspiegel, der zur Folge hat, dass einen die Gier nicht so plagt, erstrebenswert?
Das weiß ich nicht.
Im Buddhismus, dem Sie anhängen, ist die Freiheit von Gier das höchste Ziel.
Ja, man soll nicht begierig sein. Aber ich habe das für mich sehr relativiert. Der Buddhismus ist ja keine Religion im engeren Sinne. Im Buddhismus gibt es keinen Gott, sondern einen Erleuchteten, der sagt, im Grunde kann jeder ein Erleuchteter werden, also ein höheres Wesen, das sich von den ewigen Wiedergeburten befreien kann.
Ein Erleuchteter würde Ihr Pornoangebot nicht mehr nötig haben.
Der würde, im Grunde genommen, fast gar nichts mehr nötig haben. Also der Buddha saß ja so und so viele Jahre unter einem Baum, ohne dass er was nötig hatte. Er hat zwar gegessen, aber nur kleinste Mengen. Er hat versucht, nichts zu essen, weil er festgestellt hat, dass das Unsinn ist, und hat dann nur noch ein Minimum zu sich genommen. Der Sinn des Buddhismus ist es eigentlich, dass man versucht, alles zu minimieren.

Diesem Versuch sollten Sie skeptisch gegenüberstehen, denn wenn er gelingt, geht Ihre Firma pleite.
Das stimmt. Aber ich gehe ja davon aus, dass wir alle nur Menschen sind, und ich glaube, die wenigsten können es schaffen, erleuchtet zu werden.

Bei den anderen lassen Sie Gnade walten, indem Sie sie mit Sex-Spielzeug und Pornofilmen versorgen.
Nein, ich lasse nicht Gnade walten, sondern ich bin in der Lage zu verstehen, dass der Mensch voller Fehler ist. Also der ganze Mensch besteht ja an und für sich aus Fehlern, und zwar aus Charakterfehlern.
Er wird nicht klüger, wenn man ihm, um noch ein paar Beispiele aus Ihrem Angebot zu nennen, den Lustquirl, den Popoprickler oder die Gummipuppe für »megageile Erektionen« wegnimmt.
Nein, denn dadurch gehen die Fehler nicht weg. An den Fehlern muss er schon selbst arbeiten. Aber, wie gesagt, ich relativiere das sehr, denn nach der buddhistischen Lehre dürfte ich auch kein ordentliches Auto fahren, denn ein Auto brauche ich eigentlich nicht, und müsste mich von Wasser und Brot ernähren.
Mich fasziniert der Wortschatz, mit dem Sie für Ihre Waren werben.
So?
Ein preiswertes »Ekstase-Kombi« verspricht »Lustgewinn für viele Nächte« mit Kitzelkopf, Anusentzücker, Muschirubbler und Penisdouble.
Ja, wie wollen Sie denn das sonst bezeichnen? Das sind halt die Begriffe dafür. Aber ich werde das demnächst, damit es ordentlich ist, komplett umgestalten.
Schade!
Ihnen gefällt es?
Ich finde es wunderbar. Es gibt auf Ihrer Homepage auch eine Seite »Fragen und Antworten«. Da wird gefragt, wie man vorgehen muss, wenn man die Hand einführt, oder was die Frau beim Analverkehr fühlt.

Zeigen Sie mal!
Sie schlagen vor, zur Vorbereitung eine »Schlangengurke« einzuführen, und empfehlen »ausreichende Schmierung« beim »Posex«.
Da muss ich mit Beate Uhse mal ein ernstes Wörtchen reden.
Auf die Frage, wie der Mann die Frau zu häufigerem Oralsex bewegen kann, raten Sie, den Penis »mit Sahne und anderen Leckereien« zu »verzieren«. Das ist doch sehr komisch. Es wäre bedauerlich, wenn Sie ...
... wenn ich das jetzt alles rausschmeiße, meinen Sie?
Ja.
Ich werde bestimmt nicht, kaum sind Sie fort, Beate Uhse anrufen.
Hören Sie, was ich hier zitiere, zum ersten Mal?
Wissen Sie, ich bin kein Internet-Spezialist ...
Es war nicht billig, mir das anzusehen.
Es kostet auch was?
Eine Mark fünfzig pro Minute.
Das tut mir leid.
Mich überrascht, dass Sie Ihre eigene Homepage nicht kennen.
Ich war halt mit anderem beschäftigt.
Hat Sie noch nie ein Journalist darauf hingewiesen, was da alles steht?
Nein.
Aber man muss sich doch über Sie informieren, wenn man Sie interviewen will.
Vielleicht war es den Journalisten zu teuer ... Sagen wir mal, es überrascht mich zwar nicht, was Sie mir da erzählen. Aber auf meiner neuen Homepage werden ganz andere Sachen stehen.
Welche?

Über Dolly privat. Es wird Bilder von mir zu Hause geben.
Aber es bezahlt doch niemand eine Mark fünfzig pro Minute, um Sie mit Ihrem Ehemann auf der Couch sitzen zu sehen.
Ich habe ja nicht gesagt, dass man dafür bezahlen muss.
Seltsam, ich habe mich auf das Gespräch mit Ihnen gefreut, weil ich dachte, ich müsste Sie, da Ihr Beruf schon genug interessant ist, nicht nach Privatem fragen.
Sie wollten mit mir über Vibratoren sprechen.
Ja, unter anderem. Ich wollte mich mit Ihnen über Ihren Beruf unterhalten.
Ja, gut, ich hatte, als ich noch als Darstellerin auftrat, mit solchen Dingen zu tun, aber die waren nicht aus Gummi, sondern die haben gelebt, damit wir uns richtig verstehen.
Ich habe mir einige Ihrer Filme angesehen.
Schön für Sie.
Besonders interessant fand ich den Film »San Francisco Connection«, in dem Sie prüfen sollen, ob der Bruder Ihres Freundes schwul ist.
Aha.
Als Sie ihn verführen, behalten Sie, obwohl sonst splitternackt, sowohl Ihren Büstenhalter als auch die Schuhe an.
Ah ja?
Erinnern Sie sich?
Also, ich hab da nicht drauf geachtet, muss ich ganz ehrlich sagen.
Ich dachte, dahinter steckt eine Absicht.
Das macht man wahrscheinlich, weil es besser aussieht. Ich finde es immer schöner, wenn Frauen ein Kleidungsstück anbehalten, den BH, die Schuhe oder eine Korsage. Denn es soll ja nicht so sein wie zu Hause. Zu Hause zieht man sich komplett aus, wenn man sich hinlegt. Die Schuhe oder

den BH anzulassen, wenn man mit dem eigenen Mann ins Bett geht, wäre ja lächerlich. Das ist eben der Unterschied zwischen der Realität und einem Film. Außerdem gibt es viele Wäschefetischisten, die mir schreiben, weil sie die gebrauchte Wäsche der Darstellerinnen gerne kaufen würden, was natürlich unmöglich ist.

Mich hat auch die innere Distanz erstaunt, die Ihr Gesicht während der Sexszenen ausstrahlt. Sie wirken abwesend...
Abwesend?
Ja, man merkt, dass Sie in Gedanken woanders sind.
Finden Sie?
Es sah so aus, als blieben Sie innerlich teilnahmslos.
Das hab ich noch nie gehört. Also ich glaube nicht, dass ich nicht in der Lage wäre, so eine Teilnahmslosigkeit, falls es sie überhaupt gab, zu überspielen. Das halte ich für ganz ausgeschlossen. Da haben Sie was Falsches hineininterpretiert.
Empfinden Sie Lust, wenn Sie in einem Pornofilm Sex darstellen?
Natürlich empfinde ich Lust.
Das glaube ich nicht.
Na, selbstverständlich!
Mir kam es so vor, als setzten Sie Ihren Körper nur als Werkzeug ein.
Das haben Sie sich jetzt ausgedacht. Das ist bestimmt nicht von mir. Ich glaube zwar, dass, wie schon der Buddhismus lehrt, Körper und Seele zwei verschiedene Dinge sind, aber der Sex spielt sich ja eigentlich im Kopf ab, nicht im Körper. Wenn der Kopf nicht mitmacht, wäre man tatsächlich, wie Sie sagen, in Gedanken woanders. Aber dann wäre man körperlich nicht in der Lage, das auszuführen.

Denken Sie, wenn gedreht wird, nicht eher daran, ob Sie richtig im Bild sind, damit die Szene gelingt?
Nein.
Nicht?
Na gut, ich muss natürlich schon darauf achten, dass ich der Kamera zugewandt bin, sonst werde ich vom Regisseur, der in den Monitor guckt, unterbrochen ...
Eben!
Ja, nun, aber das ist doch normal.
Stört das nicht die Lust ...
Nein.
... falls überhaupt eine aufkommt?
Natürlich kommt da Lust auf. Also es muss Lust aufkommen, denn wenn keine aufkommt, würde der männliche Partner das sofort merken und könnte seine Leistung nicht bringen.
Die männlichen Darsteller erzählen, dass sie das eher technisch bewältigen, indem sie sich etwas Erregendes vorstellen.
Das stimmt nicht. Wenn der Mann keine Lust hat, würde man das ja gleich sehen. Wir müssen genug Profis sein, um einerseits auf Regieanweisungen zu hören, andererseits uns aber so sehr auf die Arbeit zu konzentrieren, dass sie halt Lust bereitet, um uns schön darzubieten.
In einer Fernsehreportage, in der Sie mitwirkten, sagte einer der männlichen Darsteller, er komme im Film nur mit der eigenen Hand zum Orgasmus, und die könne er »sicher nicht lieben«.
Also in meinen Filmen wird so gedreht, dass die Männer nicht mit der eigenen Hand zum Orgasmus kommen, sondern so, wie es in der Szene am besten passt.
Von weiblichen Darstellern hört man, dass Gleitcremes eine wichtige Rolle spielen.

Von mir werden Sie das bestimmt nicht hören, weil ich es für Unsinn halte.

Wollen Sie behaupten, dass eine Darstellerin beim Analverkehr Lust empfindet?

Also, Analverkehr zu machen, entspricht sicher nicht der Natur ...

Aber er wird gewünscht von den Kunden.

Er wird nicht nur von den Kunden gewünscht, sondern sehr oft von den Männern ganz allgemein, und er entspricht zwar nicht unbedingt der Natur, aber Oralverkehr entspricht auch nicht der Natur, und trotzdem macht man das.

Ich bin ja kein Fachmann, aber ich habe mich für dieses Interview mit der Materie beschäftigt. Weibliche Darsteller, so habe ich gehört, müssen beim Oralverkehr besonders auf ihre Augen achten, damit kein Sperma hineingerät.

Ja gut, wenn Sie schon mal Sperma in die Augen bekommen haben wie ich in meinem Leben ungefähr Millionen Mal, dann würden Sie wissen, dass das brennt und dass Sie, abgesehen davon, dass die Schminke verrinnt, Ihre Augen für mehrere Stunden quasi vergessen können. Aber man passt doch auch, wenn man sich das Gesicht wäscht, auf, dass man die Seife nicht in die Augen bekommt. Das ist doch kein Indiz dafür, dass die Darstellerinnen beim Sex keine Lust empfinden.

Ich habe das Gefühl, Sie sprechen nicht gern über das Pornogeschäft.

Ja, wissen Sie, ich fürchte, Sie werden Schwierigkeiten bekommen, das abzudrucken.

Mag sein, aber es wäre doch absurd, mit einer Pornoproduzentin zu sprechen, ohne die in der Branche üblichen Wörter zu benutzen.

Sie werden von dem, was wir bisher gesprochen haben, keinen einzigen Satz drucken können.

Gut, wir können über die Last mit der Lust natürlich auch philosophisch sprechen.

Ja, aber nicht über einen Noppenvibrator.

Vielleicht ist die Lust für den Mann eine Last, weil er der Frau, mit der er schlafen will, eventuell vorher zuhören, mit ihr reden und sie durch ein Vorspiel gewinnen muss. Bei einer Gummipuppe muss er das nicht.

Ja, und?

Ich sehe da eine Gefahr. Denn ein Mann, der sich an Surrogate gewöhnt, will womöglich wirkliche Haut, wirklichen Atem, wirklichen Geruch nicht mehr spüren.

Das glaube ich nicht. Das ist wieder so eine Phantasie von Ihnen. Es gibt halt heute immer mehr Angebote. Das bedeutet aber nicht, dass der wirkliche Sex darunter leidet. Sie wollen mir doch nicht weismachen, dass ein Mann, nur weil er sich einen Pornofilm anguckt, oder eine Frau, die sich einen Vibrator bestellt, deshalb nicht in der Lage wären, einen Körpergeruch wahrzunehmen.

Sie kann ihn wahrnehmen, aber sie will es vielleicht nicht mehr. Es könnte sein, dass ihr der Vibrator den Mann erspart, der sie besitzen und Macht ausüben will.

Es könnte alles sein. Es könnte sein, dass sie den Vibrator heiraten will. Es könnte aber auch sein, dass sie einen Mann hat, den sie liebt, und den Vibrator nur dann benutzt, wenn er gerade nicht da ist. Man will sich doch keinen Mann ersparen! Aber es gibt genügend Frauen, die keinen Mann haben, aus welchen Gründen auch immer, oder die einen haben, der ihnen nicht reicht, weil er halt nur am Wochenende Zeit hat, und dann ist es doch selbstverständlich, dass man einen Vibrator hat. Früher, als es das nicht gab, haben die Frauen wahrscheinlich was anderes benutzt, und trotzdem war der Sex nicht kaputt ...

Oder sie haben es ertragen zu warten. Heute will man es immer bequemer haben. Gegen jeden Schmerz gibt es ein Mittel ...

Ja, wir haben uns halt menschlich und technisch weiterentwickelt. Das ist doch schön. Es gibt für alles eine Pille, und es gibt Vibratoren in allen Größen.

Es gibt auch eine »Dolly Buster Luxus Love Doll« aus Latex.

Sie meinen die aufblasbare?

Ja. Die kostet 700 Mark und sieht aus wie Sie.

Nein, die heißt zwar so. Aber die sieht nicht aus wie ich. Die

sieht aus wie eine Gummipuppe mit einem überdimensionalen Busen und blonden Haaren. Es wäre schön, wenn die so aussähe wie ich. Aber das kriegt man nicht hin.

Verzeihen Sie, wenn ich noch einmal aus Ihrer Homepage zitiere. Da gibt es einen sogenannten Steckbrief und eine Biografie ...

Ich hoffe, dass ich die kenne.

Einmal wird Ihr Brustumfang da mit 96, einmal mit über 110 Zentimetern angegeben ...

Moment!

Was stimmt denn nun?

Meine Oberweite ist knapp über neunzig. Mehr ist das nicht. Ich bin ja eine schmale Person. Ich hab Kleidergröße vierunddreißig. Aber egal, was ich sage, es steht immer was anderes da. Es stand auch schon: 120 Zentimeter. Das ging immer so hin und her, und wenn ich gesagt habe, spinnen die eigentlich, die das schreiben, haben sie es auf 115 Zentimeter runtergeschraubt. Aber Tatsache ist, dass meine Oberweite nur etwas über 90 Zentimeter beträgt. Also das ist gar nicht so wahnsinnig viel. Aber die Leute wollen es einfach nicht glauben. Die kennen mich von Bildern oder vom Fernsehen und denken, dass ich unheimlich kräftig bin.

Sie haben sich, was die Brust betrifft, zurückgehalten und sind nicht so weit gegangen wie dieser jüngst verstorbene Busenstar...

Lolo Ferrari? *

Ja.

Also mit Lolo Ferrari möchte ich nicht verglichen werden. Was die machte, hatte mit Menschlichem nichts mehr zu tun. Sähe ich so aus, wäre ich nicht mehr ich. Ich muss Ihnen ganz ehrlich sagen, ich empfinde Vergleiche in diese Richtung fast als beleidigend.

Sie zu beleidigen, liegt mir fern...

Ich meine nicht Sie.

... aber über Ihren Busen, der Ihr Markenzeichen ist, muss man doch reden dürfen. Auf Ihrer Homepage werden Sie als »Männertraum mit galaktischen Maßen« und Ihre Brüste als »formvollendete Fullsize-Airbags« gepriesen, die als »Katalysator« für Ihren Aufstieg wirkten.

Mir werden solche Fragen, seit ich in den Medien bin, immer wieder gestellt. Ich finde es empörend...

---

* französisches Silikonbusenwunder, verstarb am 5. März 2000

Ja, aber das muss man doch fragen. In Ihrem jüngst erschienenen Buch »Alles echt« haben Sie Ihren Beruf ja selbst als eine Kombination »aus Oberweite und überdurchschnittlicher Intelligenz« bezeichnet.
Ja, aber das ganze Buch ist ja ironisch geschrieben.
Ich finde das eine gute Beschreibung.
Schon. Aber die meisten haben doch immer nur meine Oberweite gesehen und meine Intelligenz schwer angezweifelt.
Leiden Sie darunter?
Nein, überhaupt nicht. Ich bin nur erschrocken, wie festgefahren die Leute sind.
Die Männer.
Nein, alle. Man glaubt, dass jemand, der als Sexobjekt oder als Sexstar, wenn Sie so wollen, bekannt geworden ist, unglaublich dumm sein muss. Das ist ein Vorurteil, von dem man sich offenbar nur schwer lösen kann.
Die dümmste Frage, die Sie je hören mussten, so schreiben Sie in Ihrem Buch, hat Ihnen Thomas Gottschalk gestellt.
Ja, weil er sich auf seine Gäste nicht vorbereitet, sondern sich auf seine Spontaneität verlässt, aber die war in diesem Fall nicht sehr spektakulär.
Er fragte, ob Sie auf dem Bauch schlafen können.
Ja, und da frage ich mich, wie intellektuell entwickelt sind unsere Moderatoren eigentlich?
Ich wage es nicht, die Frage zu wiederholen.
Entschuldigen Sie bitte, ich wüsste nicht, warum ich auf dem Bauch schlafen sollte. Ich habe noch nie neben jemandem geschlafen, der auf dem Bauch schläft, und ich kann mir nicht vorstellen, wie man da atmen soll mit dem Gesicht nach unten ...

Das Gesicht kann man zur Seite drehen.
Gut, aber da bekäme ich irgendwann eine Wirbelsäulenverkrümmung.
Die habe ich schon.
Na, sehen Sie. Dann schlafen Sie ab jetzt auf dem Rücken, damit Sie von diesem Interview etwas Positives behalten.
Darf ich Sie, obwohl Ihnen das Thema nicht angenehm ist, mit Berichten konfrontieren ...
Bitte!
... in denen über Ihre angeblich sechs Brustoperationen geschrieben wurde?
Ich hab das gelesen.
Der »Stern« schrieb, Sie wären fast verblutet beim vierten Eingriff und hätten sich danach die Brust wieder verkleinern lassen.
Das stimmt alles nicht. Ich habe mit den Redakteuren gesprochen und gefragt, ob die Frau, die das geschrieben hat, verrückt geworden sei. Man antwortete mir, das wisse man nicht, dazu könne man mir nichts sagen.
Wie war es denn wirklich?
Wissen Sie, ich habe eigentlich keine Lust, über dieses Thema zu sprechen, und auch nicht über Vibratoren und über Analverkehr ...
Aber das gehört doch zu Ihrem Beruf.
Jetzt nicht mehr.
Sie haben Ihren Körper geformt ...
Sie haben sich da aus dem Internet und aus Zeitungen alles Mögliche herausgeholt. Aber das ist längst abgehakt. Ich will darüber nicht sprechen. Ich gehe. Mir reicht's. Tut mir leid ...

Nach diesen Worten verließ Dolly Buster überraschend den Raum und kam nicht wieder.

Toni Schumacher
1991

Der Fußballtorwart Toni (eigentlich Harald) Schumacher ging durch das Interview, das ich am 18. März 1991 in Istanbul, wo er damals arbeitete, mit ihm führte, in die Literaturgeschichte ein. Mehrere deutsche Zeitungen fassten seine Äußerungen zu Peter Handkes Erzählung *Die Angst des Tormanns beim Elfmeter* als Kritik an dem Schriftsteller auf. Die *Welt* sah in den Mitteilungen des Fußballers über die Angst im Tor einen »skrupellosen Verriss von schon fast Ranickischer Dimension«. Aber Schumacher hatte das Buch gar nicht gelesen. Er kannte auch nicht den Titel. Ich las ihm die Passagen, zu denen ich ihn befragte, vor. Er sagte, so wie Handke würde er sich gern ausdrücken können. Neben der Musik sei das Schreiben sein größter Traum. Seinen 1987 veröffentlichten Bestseller *Anpfiff*, so gab er freimütig zu, habe nicht er, sondern der französische Fernsehjournalist Michel Meyer geschrieben. Seine Versagensängste als »graue Wölfe der Depression« zu bezeichnen, wäre ihm selbst niemals eingefallen. Ich habe es bei der schriftlichen Abfassung des Gesprächs nicht für nötig gehalten, den Sätzen des Torhüters etwas hinzuzufügen. Die Feuilletonredaktion der *Zeit*, der ich es anbot, war geteilter

Meinung. Den einen gefiel der Text, andere fanden es unpassend, ein Interview mit einem Sportler im Kulturteil zu drucken. Hätte sich der Theaterkritiker und Fußballfan Benjamin Henrichs nicht dafür eingesetzt, wäre es nicht erschienen. Henrichs erfand auch die Überschrift: »Ich bin der Idiot«.

(1996)

In seiner Erzählung »Die Angst des Tormanns beim Elfmeter« hat Peter Handke vorgeschlagen, man sollte einmal während eines Fußballspiels den Blick nur auf den Torwart richten.
Das wäre langweilig, denn man sieht ja nur eine Figur, die da steht. Man sieht nicht, was die denkt.
Was denken Sie, wenn Sie den Ball nicht haben?
Ich schreie ununterbrochen. Wenn auf der anderen Seite ein Eckball gegeben wird, schreie ich, spiel kurz, spiel lang, weiter links, mehr zur Mitte, obwohl ich ganz genau weiß, es hört mich keiner. Das Schreien ist meine Art, mich auf hundert Prozent zu halten. Ich muss neunzig Minuten auf gleicher Höhe bleiben. Sinke ich ab, fehlen mir, wenn der Ball kommt, die entscheidenden fünf Prozent.
Sie schreien zur Vermeidung des Denkens.
Ja, ich muss mich in Spannung halten. Anfangs habe ich das noch mit dem Kopf gesteuert. Ich habe gedacht, du musst schreien, du musst etwas tun, um nicht einzuschlafen. Heute habe ich es im Blut. Man kann das Schreien trainieren wie einen Ball, mit dem man Probleme hat. Im Training denke ich bei jedem Schuss nach. Im Spiel reagiere ich instinktiv. Ich bin das Raubtier, der Ball ist die Beute.

Der englische Verhaltensforscher Desmond Morris hat das Fußballspiel aus dem Jagdtrieb des Urmenschen abgeleitet.
Dann bin ich der Jäger. Aber ich darf nicht zu gierig werden. Das war mein Fehler bei der Weltmeisterschaft 1986 in Mexiko. Im Endspiel habe ich zwanzig Minuten lang keinen Ball bekommen. Ich war hungrig. Dann kam ein Freistoß. Ich dachte, jetzt musst du endlich die Kugel haben, und bin zu früh aus dem Tor gelaufen.
Der Ball ging ins Netz.
Schrecklich. Wir haben das Spiel verloren.
Was empfinden Sie, wenn Sie ein Tor bekommen?
Es ist wie ein Stich ins Herz. Ich empfinde jedes Tor als persönliche Niederlage. Ich ertrage es nicht, weil ich mir sage, es gibt keinen Ball, der nicht haltbar ist. Wenn ich ein Tor bekomme, habe ich etwas falsch gemacht. Entweder bin ich zehn Zentimeter zu weit vorne gestanden oder zu spät gesprungen. Es ist meine Schuld. Ich möchte eine Maschine sein. Ich hasse mich, wenn ich Fehler mache.
Könnten Sie nicht dazu kommen, das Fußballspiel weniger ernst zu nehmen?
Wer das tut, kann nicht gewinnen.
Wie oft müssen Sie noch auf den Fußballplatz?*
Siebenmal.
So kurz vor Schluss könnten Sie doch ein Schmunzeln riskieren.

---

* Toni Schumacher spielte von 1988 bis 1991 bei Fenerbahçe Istanbul und wollte danach seine Laufbahn beenden. Von September 1991 bis Februar 1992 stand er noch einige Male als Ersatz für den verletzten Raimond Aumann beim FC Bayern im Tor.

Sie meinen, ich sollte es komisch finden, wenn wir verlieren? Das ist ja furchtbar. Dann wäre ja alles umsonst gewesen. Dann hätte ich neunzehn Jahre umsonst gekämpft. Das geht nicht. Das kann ich nicht. Was in dieser Gesellschaft zählt, ist der Sieg. Für den Sieg gibt es keinen Ersatz. Wir sind doch zum Siegen erzogen worden. Wir haben keine andere Möglichkeit. Wie soll ich in einen Wettkampf gehen, wenn ich sage, mir ist scheißegal, wie er ausgeht? Wir leben in einer großen Fabrik. Wenn du nicht funktionierst, kommt der Nächste an deinen Platz. Wenn du Zweiter wirst, bist du die Wurst. Da zählt ein schönes Spiel einen Dreck.

Sie haben sich Gedanken gemacht.

Ja, Sie dürfen nicht glauben, dass alle Fußballer doof sind.

In Ihrem Buch »Anpfiff« schreiben Sie: »Nur der Tod scheint Depressionen verjagen, Friedenssehnsüchte erfüllen zu könen.«

Dass man sich Gedanken macht über Tod und Leben, ist doch normal.

Im Jenseits, so schreiben Sie, »kann es nur schöner werden«.

Ich stelle mir vor, dass drüben alles in Butter ist. Alle sind zufrieden. Es gibt keinen Neid, keine Missgunst. Jeder ist des anderen Freund. Alles Böse ist dort vergessen.

Wie sind Sie aufgewachsen?

Wir waren arm. Mein Vater hat Autoschlosser gelernt, aber wegen einer Allergie gegen Öl auf dem Bau arbeiten müssen. Ich habe bis zu meinem achtzehnten Lebensjahr mit meiner Schwester ein Zimmer geteilt. Da wollte ich raus. Zum Studieren fehlte das Geld. Also bin ich zum Fußball gegangen. Ich wollte beweisen, dass es auch Kinder von armen Leuten zu etwas bringen können. Mein Vorbild ist Rocky, der Boxer. Den Film mit Sylvester Stallone habe ich mir mindestens fünfzigmal angeschaut.

Aber ein Boxer ist Einzelkämpfer.
Das stimmt. Ich gehöre zu einem Team. Ich habe als Tormann die passive Rolle. Ich kann nicht zurückschlagen. Ich stecke nur ein. Ich bin dafür da, die Fehler der anderen auszubügeln. Ich mache die Drecksarbeit. Angenommen, ich bekomme, wie man so sagt, ein Tor durch die Hosenträger und halte dann zwei Elfmeter, so haben wir, wenn meiner Mannschaft nichts mehr gelingt, trotzdem verloren. Ich kann zwar sagen, hätte ich nicht die beiden Elfmeter gehalten, wäre das Ergebnis noch schlechter. Aber wen interessiert das?
Warum sind Sie nicht Stürmer geworden?
Weil ich nun einmal die Gabe habe, besser als jeder andere Bälle zu fangen, obwohl ich viel lieber an der Front kämpfen würde. Hätte ich Geld gehabt, wäre ich Autorennen gefahren. Dann wäre ich jetzt entweder Weltmeister oder beim lieben Gott.
Sie meinen, tot.
Ja.
Um Weltmeister zu werden, hätten Sie Ihr Leben aufs Spiel gesetzt.
Ja, aber darüber denkt man nicht nach. Ich denke, wenn ich mich dem Gegner, bevor er schießt, vor die Füße werfe, auch nicht, dass er mir vielleicht ein Auge austritt. Ich habe mich mit Leib und Seele dem Sport verschrieben. Ich habe mit gebrochenen Fingern gespielt, gebrochenem Nasenbein, Nierenquetschungen, gebrochenen Rippen. Meine Kreuzbänder sind gerissen, die Menisken herausoperiert. Ich habe eine schwere Arthrose. Das schmerzt ununterbrochen. Ich gehe mit Schmerzen schlafen und stehe mit Schmerzen auf.

Sie haben sich selbst zerstört.
Aber ich habe es doch damit, verdammt noch mal, weit gebracht. Wenn man zur Spitze will, muss man fanatisch sein. Ich habe mich schon als kleiner Junge gequält, bin dreimal in der Woche zum Training gegangen. Andere hatten Freundinnen, sind in die Kneipe gegangen und mit dem Moped herumgefahren. Für mich gab es nur Fußball, Fußball, Fußball. Ich bin viel zu verrückt, um das leicht zu nehmen. Ich habe noch sieben Spiele zu spielen, und ich komme nicht mehr vom Klo herunter. Ich habe Magengeschwüre. Ich bin nicht mehr ich selbst, wenn ich spiele. Mein Ehrgeiz ist ferngesteuert.
Von wem?
Vom lieben Gott.
Dann ist der liebe Gott ein Sadist, denn glücklich hat er Sie nicht gemacht.
Sind Sie glücklich?
Nein.
Eben. Man kann doch nicht glücklich sein, wenn man sieht, was auf der Welt heute geschieht. Vielleicht haben die Torturen den Zweck, mich abzulenken. Wenn man mit körperlichen Schmerzen beschäftigt ist, hat man für andere Probleme keine Antennen mehr.
Dostojewski schreibt in seinem Roman »Der Idiot« ...
Der Titel passt gut zu mir.
... körperliche Qualen seien leichter erträglich als Seelenschmerzen.
Ja. Deshalb gehe ich in meinen Kraftraum, bevor ich ins Grübeln komme, und schlage mir am Sandsack die Hände blutig. Nachdenken führt zu nichts. Sie brauchen doch nur den Fernseher anzudrehen. Schon die Nachrichten sind

Horror hoch drei. Warum zündet der Saddam Hussein die Ölfelder an? Warum müssen Kinder verhungern, kaum dass sie geboren sind? Warum lässt der liebe Gott so etwas zu?
Das dürfen Sie mich nicht fragen.
Ich denke mir, diese Kinder kommen schneller ins Paradies. Ich lasse mir meinen Glauben nicht nehmen. Wenn ich spiele, brennt im Wohnzimmer hinter dem Papageienkäfig die Osterkerze. Wenn ich mich schlecht fühle, bete ich, lieber Gott, lass uns heute gewinnen.
Das Gleiche tun Ihre Gegenspieler.
Das akzeptiere ich.
Gut, aber wenn Sie den Gedanken zu Ende denken ...
Man muss aber nicht alles zu Ende denken. Eine befriedigende Antwort finden Sie nie. Meine Mutter hat gesagt, du darfst nicht lügen und du musst fleißig sein. Daran habe ich mich gehalten. Ich habe versucht, ein guter Mensch zu sein, und ich hoffe, dass ich, wenn ich gestorben bin, in den Himmel komme.
In die Fußballgeschichte werden Sie durch ein Foul eingehen.
Das wurde falsch dargestellt.
Bei der Weltmeisterschaft 1982 haben Sie dem französischen Spieler Patrick Battiston mit solcher Wucht ins Gesicht geschlagen, dass er bewusstlos zusammenbrach.
Das war keine Absicht.
Trotzdem waren die Folgen fürchterlich.
Ja. Ich dachte, zwischen Frankreich und Deutschland bricht Krieg aus. Es war die Hölle. In Straßburg hing ich als Puppe am Galgen. Man warf mit Kartoffeln, Äpfeln und Tomaten nach mir. Ich hätte einen Gemüseladen aufmachen können. Hätte ich nicht das Talent gehabt, mir aus dem Hass

das Positive herauszunehmen, hätte ich nie wieder spielen können. Ein anderer wäre platt gewesen wie eine Maus.
Was ist am Hass positiv?
Dass ich mir keinen Fehler erlauben darf. Ich muss mich noch mehr konzentrieren. Manchmal hole ich mir den Hass. Ich provoziere das Publikum. Man spielt ja nicht nur gegen die feindliche Elf. Man spielt gegen die Zuschauer, gegen den Schiedsrichter, gegen die Presseleute. Ich bin am stärksten, wenn ich von Feinden umgeben bin. Wenn mir die Scheiße bis oben steht, weiß ich, dass ich gut halten werde. Im Spitzensport wird man nicht durch Liebe, sondern durch Hass kreativ.
Das ist ja entsetzlich!
Aber es ist die Wahrheit. Deshalb freue ich mich, dass jetzt bald Schluss ist.
Die Freude wird Ihnen vergehen.
Wieso?
Weil Ihnen die Ablenkung fehlen wird.
Ich weiß, es wird schwierig. Aber kaputt gehe ich nicht, das ist schon mal klar. Es gab in meinem Leben so vieles, woran ich hätte kaputtgehen können. Ich habe gesagt, dass in der Bundesliga gedopt wird, und obwohl jeder weiß, dass das stimmt, hat man mich zuerst aus der Nationalmannschaft und dann aus meinem Verein* geworfen. Ich habe beide Beine verloren. Nicht einmal von den Ärzten habe ich Unterstützung bekommen. Man will eine heile Welt vortäuschen, die nicht existiert. Ich frage mich, wie viele Amateurspieler auf dem Fußballplatz sterben, weil sie Pillen

---

* Schumacher spielte von 1972 bis 1987 beim 1. FC Köln.

schlucken, um die Leistung zu steigern. Auf dem Totenschein steht dann nur: Herzversagen. Das wird alles nicht aufgeklärt. Aber ich sage jetzt nichts mehr. Man lebt bequemer, wenn man die Schnauze hält. Sehen Sie sich doch an, welche Leute heute gefeiert werden. Den Lothar Matthäus haben sie zum Fußballer des Jahres gewählt. Mit dem sollten Sie einmal ein Interview machen. Der spricht ohne Punkt und Komma, aber nur blablabla. Der würde nie sagen, lieber ein Knick in der Laufbahn als ein Knick in der Wirbelsäule.

Den Knick in der Laufbahn haben Sie auch nicht vorausgesehen.

Aber ich habe ihn zumindest riskiert. Ich habe den Mund aufgemacht. Gedankt hat mir keiner. Die Welt ist ungerecht. Wissen Sie, was ich tun würde, wenn ich nicht verheiratet wäre und keine Kinder hätte, ich würde mich völlig zurückziehen. Ich würde aussteigen wie Howard Hughes und irgendwo in Kanada als Einsiedler leben. Ich würde meine eigenen Kühe haben, mir selbst meinen Käse machen, mein Fleisch selber schießen, essen, wenn ich Hunger habe, schlafen, wenn ich müde bin. Ich wäre niemandem Rechenschaft schuldig. Niemand würde mir Fragen stellen.

Sie wären allein.

Ja.

Und das glauben Sie auszuhalten?

Ich weiß es nicht. Ich habe es noch nicht ausprobiert.

Interessieren Sie sich für Kunst?

Ich würde gern Klavier spielen können. Aber mit meinen kaputten Fingern geht das ja nicht. Ich würde gern fremde Sprachen lernen oder als Archäologe nach alten Sachen graben. Ich habe schon als Kind gern gebuddelt und in Flüs-

sen getaucht. Ich hätte auch gern studiert und Bücher gelesen. Aber als Fußballer kommt man zu nichts, wenn man seine Arbeit gut machen will. Denn es ist Arbeit.
Kein Spiel.
Nein, obwohl ein bisschen Schauspielerei immer dazugehört. Man lässt sich aus Spaß dreimal abrollen, wenn man den Ball gefangen hat. Man macht Theater nach einem Foul. Das ist gespielt. Aber die Gefühle, die Wut, die Enttäuschung, die Freude, sind echt. Man weiß, dass das in den neunzig Minuten alles passieren wird, aber man weiß nicht, wann. Der Zeitpunkt ist ungewiss.
Haben Sie Angst?
Auf dem Fußballplatz?
Ja, zum Beispiel, wenn der Schiedsrichter für die gegnerische Mannschaft einen Elfmeter gibt.
Dann bestimmt nicht, weil ich in diesem Fall nur gewinnen kann. Die Angst hat der Schütze. Denn normalerweise ist jeder Elfmeter ein hundertprozentiges Tor. Rein rechnerisch hat der Tormann gar keine Chance. Entweder der Ball ist drin, dann habe ich mir nichts vorzuwerfen, oder ich halte und bin der König. Das Entscheidende geschieht vor dem Spiel. Ich führe Buch über jeden möglichen Schützen, zum Beispiel: Augenthaler rechter Fuß halbhoch links. Das wird bis ins Kleinste zerlegt. Das ist in meinem Kopf alles schon drin. Wenn der Schiedsrichter dann den Elfmeter pfeift, nehme ich den Schützen sofort ins Visier, egal, wo er steht, egal, was er macht. Ich lasse ihn nicht aus den Augen. Er nimmt sich den Ball, geht zum Elfmeterpunkt, legt den Ball hin, dreht ihn zurecht, und dann guckt er hoch und schaut einen Augenschlag lang in die Ecke, in die er schießen wird.
Aber er weiß doch, dass Sie das sehen.

Trotzdem.
Warum verrät er sich?
Er kann nicht anders. Er hat es im Blut. Oft dauert es nur eine Zehntelsekunde. Dann geht er zurück, nimmt Anlauf, und nun haben wir Blickkontakt. Er schaut mich an. In diesem Moment gucke ich extra in die andere Ecke, damit er sich sicher fühlt. Ich täusche ihn.
Und dennoch trifft er?
Meistens ja. Entweder er schießt so platziert, dass ich den Ball nicht erreichen kann, oder er hat mit mir mitgedacht und zielt dann doch in die entgegengesetzte Ecke, oder er haut einfach drauf, sodass man die Richtung nicht voraussehen kann. Das sind dann Verzweiflungsschüsse.
Oder er schießt daneben.
Gut, das ist aber nicht mein Verdienst. Manche Torleute springen dann hoch und freuen sich. Das lehne ich ab. Schadenfroh bin ich nicht.
Sie stellen sich immer so edel dar.
Was soll ich denn sagen?
Ein Mensch hat auch schlechte Seiten.
Ja, aber ich stehe auf der Seite des Guten. Ich bin nicht böse. Ich bin vielleicht zu naiv. Ist das böse? Ich habe mein Leben dem Sport geopfert und dafür nichts bekommen als einen Tritt in den Arsch.
Sie sind Millionär geworden.
Geld ist nicht alles.
Was haben Sie denn erwartet?
Ich habe gedacht, dass es Freunde gibt, die mir den Rücken stärken, wenn es mir dreckig geht. Stattdessen haben, nachdem ich geschrieben hatte, was ohnehin in allen Zeitungen stand, über Doping, Sauferei und Frauengeschichten im

deutschen Fußball, sogenannte Freunde hier angerufen, hohe Tiere, und mich beschworen, es niemandem zu sagen, dass sie noch mit mir sprechen, so als hätte ich plötzlich die Beulenpest. Ich bin zu ehrlich. Das ist mein Fehler. Die Leute glauben, ich sei kalt, weil ich Schmerzen ertrage. Ich habe mir von meiner Frau eine glühende Zigarette auf dem Unterarm ausdrücken lassen. Aber ich habe das genauso gespürt wie Sie. Die Narbe kann man noch sehen. Ich wollte nur zeigen, dass man es aushalten kann, wenn man den Willen hat. Ich bin kein Marmorblock. Ich bin verletzlich wie jeder andere Mensch. Aber ich kann nicht mit allen Leuten, die mich für ein eingebildetes Arschloch halten, zum Essen gehen, damit sie mich kennenlernen.

Haben Sie es der deutschen Mannschaft gegönnt, dass sie Weltmeister wurde*, obwohl Sie nicht mehr dazugehörten?
Ich habe dem Bodo Illgner, meinem Nachfolger, einen Blumenstrauß vor die Tür gelegt. Ich bin nicht neidisch, obwohl ich mir nichts so sehr gewünscht habe wie den Weltmeistertitel. Ich bin nicht der Unmensch, als den man mich hinstellt. Ich kann nicht einmal eine Spinne töten. Ich bin brutal nur zu mir selbst. Ich habe mir im Leben alles erkämpfen müssen. Ich bin kein Genie wie Beckenbauer. Mir ist nichts zugefallen. Ich stelle mir vor, wir sind hier auf der Erde im Fegefeuer.

Und der Lebenssinn ist das Leiden?
Ja, wenn ich keine Schmerzen mehr habe, dann bin ich tot.

---

* 1990 in Italien

Karl Lagerfeld
1996

Dem Abdruck meines Interviews mit Karl Lagerfeld in der *Zeit* vom 23. Februar 1996 folgte ein Rechtsstreit, der dazu führte, dass ich für jede weitere Publikation einige Sätze aus dem Text streichen musste. Das bedeutet jedoch nicht, dass der Modeschöpfer sie nicht gesagt hat. Ich habe, als wir uns in seinem Pariser Stadtpalais trafen, wie bei all meinen Interviews ein Tonband verwendet. Die wörtliche Abschrift würde fast hundert Seiten füllen. Lagerfeld ist als Schnellredner bekannt. Er hat oftmals betont, auch mir gegenüber, dass er es liebt zu sprechen, ohne zu denken. Die Sätze, manchmal nur Halbsätze, Satzfetzen, grammatikalisch verunglückte Wortkombinationen, sprudeln ungefiltert aus seinem Mund. Viele meiner Fragen konnte ich, da er ihr Ende nicht abwarten wollte, nur in Etappen stellen.
Zur Herstellung einer lesbaren Fassung war es nötig zu kürzen, Themenkomplexe zusammenzufassen, manchmal auch ein flüchtig hingeworfenes Statement, um es verständlich zu machen, durch spätere Antworten zu komplettieren. Dabei habe ich jede inhaltliche Veränderung des Gesagten vermieden und die da und dort eigentümliche Sprechweise des Befragten nach Möglichkeit beibehalten. Auch bei der

Gewichtung der behandelten Themen habe ich keine Schwerpunkte gesetzt, die sich nicht aus dem Gespräch so ergeben hatten. Die Entscheidung des Landgerichts Hamburg vom April 1996, ich dürfe nicht mehr behaupten, Lagerfeld habe die im Folgenden durch Punkte ersetzten Antworten auf die jeweils davor von mir gemachten Äußerungen gegeben, legt jede journalistische Tätigkeit im Bereich des dialogisch wiedergegebenen Interviews lahm, denn sie erklärt schon die kleinste Abweichung von der wortwörtlichen Abschrift der Tonaufzeichnung auch dann für nicht rechtens, wenn der Sinn und Gehalt des Gesagten dabei unverfälscht bleiben.

Karl Lagerfeld aber ist, von Reportern auf das Interview angesprochen, in seinen Angriffen gegen die Seriosität meiner Arbeit über das juristisch Anfechtbare noch weit hinausgegangen. Befragt, ob es stimmt, dass er, wie er mir ausführlich erzählte, die Absicht habe, sich in ein Kloster zurückzuziehen, erklärte er in einer vom Fernsehen ausgestrahlten Stellungnahme, »zwei Drittel« des von mir Geschriebenen habe er nicht gesagt. Dies grenzt an Rufschädigung. Ich habe nichts erfunden oder unstatthaft übertrieben, insbesondere nicht die von dem Couturier abgestrittenen Auslassungen über seine Rückzugspläne. Auch seine von mehreren Zeitungen als skandalös empfundenen Bemerkungen über einige seiner Kollegen und über die Schauspielerin Catherine Deneuve habe ich ihm nicht in den Mund gelegt. Sie fielen spontan. Es war nicht mein Ehrgeiz, ihn zu diesen Bemerkungen zu verleiten. Der Zeitschrift *Bunte* sagte er nach Erscheinen des Gesprächs in der *Zeit*: »Der Interviewer wollte tiefgehen, ich wollte nicht tiefgehen.« Das ist wahr. Es erstaunt mich, dass er nun gerade jene Stellen unserer Unterhaltung, an denen er sich mit seinem Bestreben, oberflächlich zu bleiben, durchsetzen konnte, nicht akzeptieren will. Die französische Tageszeitung *Le Monde* charakterisierte ihn in der Ausgabe vom 25. Februar 1996 auf ihrer Titelseite mit einem Zitat von La Bruyère: »Sprechen und beleidigen ist für eine gewisse Art von Menschen das Gleiche. Sie sind verletzend und bitter. Ihr Stil ist eine Mischung aus Galle und Absinth.«

Ich hatte während unseres amüsanten Gesprächs keine Sekunde den Eindruck, seine Sottisen könnten ihm im Nachhinein peinlich sein. Sie sind ein Teil seines Wesens. Die juristische Auseinandersetzung mit Karl Lagerfeld hat mir klargemacht, dass ich mit meiner Auffassung von dem, was ein Journalist im besten Fall leisten kann, nämlich mit dem Anspruch, meine Gesprächspartner dazu zu bringen, sich ungeschminkt darzustellen, selbst auf die Gefahr hin, dass ihnen das so entstehende Bild dann nicht gefällt, an Grenzen stoße, die mich zwingen zu überlegen, ob ich in Zukunft überhaupt noch Interviews führen will.

(1996)

Sie machen Mode für Frauen.
Ja, denn würde ich Mode für Männer machen, würde ich automatisch an mich dabei denken.
Sie brauchen den Abstand.
Genau.
Interessieren Sie die Frauen, die Ihre Kleider dann tragen sollen?
Die Models, die das vorführen, interessieren mich schon. Die sollen ja gut darin aussehen.
Ihr Kollege Yohji Yamamoto sagt, er gebe seine Kleider den

Frauen, um sie in der Männerwelt, die er offenbar für bedrohlich hält, zu beschützen.
Das halte ich für prätentiös. Ich liebe die Arbeit von Yamamoto. Er macht technisch ganz tolle Sachen. Aber was er manchmal redet, ist furchtbar.
Sie schicken die Frauen in hautengen Mikrominis, transparenten Plastikkleidchen und Schuhen mit nadeldünnen Stiletto-Absätzen ins Leben. Meinen Sie, dass sie sich darin wohlfühlen können?
Eine Frau, die mit der Mode geht, fühlt sich immer wohl.
Aber in diesen Schuhen kann man doch gar nicht gehen.
Doch, doch, das ist Trainingssache.
Jean-Paul Gaultier nennt Frauen, die jede Mode mitmachen, »Gänse, die mit feiner Leberpastete gefüttert werden, von der ihnen schlecht wird«.
… … …….. …….. ……. ….. .. …. ……. ….. ……. ….
……. … ….. ………..
Yves Saint-Laurent behauptet, an seinen Kreationen könne man ablesen, was das Wichtigste in seinem Leben sei, »die Liebe zu den Frauen«.
…. … … …. … ……. … ….. …….. ……, …. ……. …..
…….
Sie meinen, weil er schwul ist?
.., aber das interessiert mich nicht. Solche Fragen stelle ich nicht. Die Leute danach einzuteilen, was sie für sexuelle Vorlieben haben, ist heute doch überholt. Daraus soll man kein Drama machen. Das will ich auch von meinen besten Freunden nicht wissen, weil man darüber nicht amüsant reden kann. Das wird dann gleich so persönlich.
Christian Lacroix gilt als einer der wenigen Frauenhelden unter den Modeschöpfern.

Wer sagt das? Das kann nur jemand sagen, der nicht informiert ist. Dass einer verheiratet ist, will noch nichts heißen.
Robert Altman erklärt in seinem Film »Prêt-à-porter« den Unterschied zwischen Männern und Frauen in der Modebranche so: »Frauen entwerfen Kleider für sich selbst oder für andere Frauen. Ein Mann macht Kleider für die Frau, die er gern haben möchte, oder, wie in den meisten Fällen, für die Frau, die er gern wäre.«
Das ist Unsinn. Um das zu hören, musste man nicht auf Herrn Altman warten. Das macht diesen Film so langweilig und so banal. Monsieur Altman ist ein alter, verbitterter Mann. Ich kenne ihn. Er war bei mir und hat mich gebeten, in seinem Film mitzuspielen. Als ich ablehnte, hat er Robert de Niro gefragt. Aber dem war die Gage zu niedrig.
Sie sind gegen den Film gerichtlich vorgegangen, weil eine der Hauptfiguren Sie darin als »Dieb« bezeichnet. An der Stelle war dann ein Piepston zu hören.
…, … … …….. …, … … … … …. … ….. ……. ……. …….
….. … ….. ……..
Sie wollten nicht als Plagiator dastehen.
Natürlich nicht. Ich habe mir das nicht gefallen lassen.
Auch Coco Chanel hat sich über männliche Modemacher abfällig geäußert.
Ja, Gott, das hat sie aus Wut getan, weil die Männer erfolgreicher waren als sie. Aber sie hasste Frauen. Sie fand Frauen grässlich.
Wissen Sie, was sie an den Frauen am hässlichsten fand?
Nein.
Die Knie. Deshalb waren ihr Miniröcke ein Gräuel.
Das ist verständlich aus ihrer Zeit heraus. Denn sie hat noch die Generation der Frauen gekannt, die Korsette tru-

gen. Durch das Korsett wurde das Fettgewebe vom Bauch zu den Knien geschoben. Die Frauen litten fast immer an Zellulitis. Es gibt Models, denen das auch noch heute passiert. Aber die meisten können ihre Knie zeigen. Es gibt heutzutage ganz hübsche Knie.
Sie arbeiten seit 1983 für die Firma Chanel. Ihre frühen Kostüme zeigten noch die für das Haus typische elegante Linie.
Das habe ich absichtlich gemacht. Ich gehe jetzt sogar wieder ein bisschen zu dieser Linie zurück. Die Mode ist wie des Meeres und der Liebe Wellen. Man muss zerstören, um etwas Neues zu finden. Man muss alte Elemente wieder benutzen, dann muss man Sie plötzlich respektlos behandeln, dann wieder aufgreifen, dann ihnen einen Fußtritt versetzen.
Und die Kundinnen sollen dem folgen?
Sie müssen nicht. Ich mache nur Vorschläge.
In einem früheren Interview sagten Sie: »Die Mode braucht Opfer. Wir leben von diesen Opfern. Kein Mensch benötigt all diese Dinge. Die Frauen haben mehr Lust, sie zu kaufen, als sie dann zu tragen. So bringen sie ein wenig Phantasie in ihr langweiliges Leben.«
Was ich sage, gilt immer nur für den Augenblick. Das zählt sechs Monate später schon nicht mehr.
Meinen Sie nicht, diese Frauen sollten lieber ihr langweiliges Leben ändern, als sich durch den Kauf Ihrer Kleider, die sie gar nicht benötigen, abzulenken?
Darüber müssen Sie sich mit einer Frau unterhalten. Das geht doch die Männer nichts an.
Verstehen Sie das Anliegen der Feministinnen, die gesellschaftliche Situation der Frau zu verbessern?
Ich habe es immer betont vermieden, ein Anliegen zu haben, und hätte ich eines, würde ich daraus kein Gesprächs-

thema machen, weil das für die anderen stinklangweilig ist. Ich bin nicht Madame Schwarzer. Ich mag die Alice im Grunde ganz gern, aber manchmal finde ich sie wirklich grotesk. Sie will ernster erscheinen, als sie privat eigentlich ist. Sie war vielleicht Simone de Beauvoirs Sekretärin, aber eine zweite Simone de Beauvoir wird sie nicht. Die Zeiten sind heute andere. Die Situation der Frau hat sich doch sehr gebessert.

Sie ist immer noch so, dass sich die Frau ausstaffiert oder ausstaffieren lässt, um dem Mann zu gefallen. Sie will das Objekt seiner Begierde sein.

Ja, warum nicht? Ich kenne viele Frauen, die in einer bestimmten Situation das Objekt für den Mann sein wollen, weil sie Lust auf ihn haben, aber danach sind sie wieder ihr eigener Mittelpunkt. Das ist doch nichts Negatives. Ich kenne keine unterdrückten Frauen. Aber ich kenne wahrscheinlich nur privilegierte Frauen.

Sie zitieren gern Oscar Wilde. Einer Ihrer Lieblingssätze heißt: »Oberflächlich zu sein, ist das Wichtigste im Leben, was das Zweitwichtigste ist, kann niemand sagen.«

Ja, ich lasse mich gern als oberflächlich bezeichnen. Ich bin kein Intellektueller. Wer zu tief denkt, ist in der Modebranche fehl am Platz. Ich meine, er kann denken, so tief er will. Aber er sollte seine tiefen Gedanken nicht an die Fetzen hängen, sonst wird es pathetisch. Mode ist oberflächlich. Das muss man akzeptieren, wenn man sich für diesen Beruf entscheidet. Man braucht dazu eine leichte Hand. Modemacher, die sich für tiefe Denker halten, haben oft nichts

gelernt. Sie wissen nichts, sie haben keine Kultur, aber sie denken, sie wären viel zu gut für ihren Beruf. Sie fragen sich, wie sie einen so oberflächlichen Beruf überhaupt wählen konnten. Ich akzeptiere meinen Beruf. Ich mache kein Psychodrama aus meiner Tätigkeit.
Wer tut denn das?
Yves Saint-Laurent zum Beispiel. Sie wissen doch, was der in Interviews redet.
Er sagt, dass er an Depressionen leide.
.., ……. … ………., vor allem, weil ich weiß, was er in Wirklichkeit denkt, wie er in Wirklichkeit handelt. Sein Benehmen im Leben ist kilometerweit von dem Kram entfernt, den er öffentlich von sich gibt.
Er holt sich arabische Strichjungen in sein Schloss in Marokko.
.., …… …. …. … …… ………….. ……. ….. ….. … ……
…….. … ………. ……..
Warum soll einer nicht leiden, der sich Strichjungen holt? Pasolini hat auch gelitten.
.., ………….. …. …………… … ….. ……….. … ….. .. …
……….. …. … ….. …… In Pasolinis Werk gibt es eine Dimension, die es in diesen Taftkleidern nicht gibt. Jeder macht sich sein Leben, wie er es kann und wie er es will. Man muss auch über sich lachen können. Man muss neben sich stehen können. Ich kann neben mir stehen und über mich lachen. Das ist das ganze Geheimnis. Man darf sich nicht zu ernst nehmen. Es gibt Milliarden Leute auf der Welt. Man steht doch in einem Verhältnis. Man muss sich sagen, pfrr, ist doch alles gar nicht so wichtig.
Die Schauspielerin Catherine Deneuve, die Yves Saint-Laurents Mode besonders schätzt, sagt über ihn: »Er ist ein großer Künstler mit einer gequälten Seele.«

.. ….., .. ….. … … … ….. ….. … ….. … ……. ……. ….
…..

Wollen Sie damit sagen, Catherine Deneuve wird dafür bezahlt, dass sie solche Sätze sagt?

.., ……….. … … ….. …….. …. … … … ….. … ….. ..
….. ……. ……. Ich hasse Star-fucker.

Star… was?

Star-fucker, Starbumser, das finde ich einen tollen Ausdruck. Das sind Modeleute, die Stars benutzen, um sich zu schmücken. Wissen Sie, ich habe Catherine Deneuve schon als Kind gekannt. Ich kenne sie viel besser, als Yves Saint-Laurent sie kennt. Aber soll sie doch sagen, was sie will, soll sie ihn einen Künstler nennen. Das Dumme ist nur, dass dabei immer das gleiche Kleid herauskommt. Dem ist doch seit zwanzig Jahren nichts Neues mehr eingefallen.

Ja, weil er Kleider für die Ewigkeit machen will. Ich zitiere: »Mode für eine bestimmte Zeit zu machen, bereitet mir keinen Spaß. All diese Kleider, die nach einem Jahr sterben, das ist nichts als eine Gebärmutter und ein Haufen Gebeine …«

Das ist doch grauenhaft! Grauenhaft!

Es geht noch weiter: »Ich habe einen Strick entworfen, um mich damit aufzuhängen.«

Ja, finden Sie das nicht grauenhaft? Ich finde das peinlich und eingebildet und prätentiös und grotesk.

Vielleicht lacht er darüber.

Nein, bestimmt nicht. Früher, ja. Früher, als er jung war, hatte er noch Humor. Den hat er inzwischen verloren. Dazu ist er nicht mehr luzid genug. Wissen Sie, ich hasse Selbstmitleid. Ich mag keine Leute, die wohlgefällig ihr Leid ausbreiten.

Gibt es noch andere Modeschöpfer, die leiden?
Ja, Ungaro, der leidet auch.
Leidet Armani?
Ja, an Größenwahn.
In der amerikanischen Modezeitung »Vanity Fair« erschien 1992 ein Interview, in dem Sie auch über die Beziehung zu Ihrem langjährigen Geliebten Jacques de Bascher, der 1989 an Aids verstarb, sprachen.
Er war nicht mein Geliebter. Das war keine sexuelle Beziehung. Sonst wäre ich ja jetzt tot.
Aber er war der wichtigste Mensch in Ihrem Leben.
Ja.
Sie brachen, so war zu lesen, während dieses Gespräches in Tränen aus. Die Reporterin beschrieb Ihr Gesicht als eine »Grimasse des Schmerzes«.
Ja, aber ich weiß gar nicht, wie sie das sehen konnte. Der Raum war ziemlich dunkel. Wir saßen bei Kerzenlicht. Vielleicht hat mein Gesicht dadurch einen dramatischeren Ausdruck bekommen.
Schämen Sie sich Ihrer Tränen?
Nein, aber ich lege keinen besonderen Wert darauf. Ich halte sie lieber zurück. Ich verliere nicht gern die Kontrolle. Kann sein, dass ich das manchmal auch übertreibe. Vielleicht gehe ich zu sparsam mit meinen Gefühlen um. Aber so ist meine Natur.
Das Sterben Ihres Freundes hat lang gedauert.
Ja, jahrelang. Es war entsetzlich. Ich habe mich gewundert, dass ich das so gut aushalten konnte. Ich habe ja bis zu seinem Tod im Krankenhaus bei ihm gewohnt. Das war wie im Krieg. Der gute Mann war zuletzt bis auf die Knochen abgemagert. Danach habe ich mir geschworen, dass ich nie

wieder abnehmen werde* und dass ich das nie wieder erleben möchte, nie wieder. Ich bewundere Leute, die so etwas können, die ihr Leben damit verbringen, anderen beizustehen. Aber ich weiß, ich kann das nicht, ich will das nicht, ich bin nicht Dr. Schweitzer, und wenn ich es wäre, könnte ich keine Mode machen.
Sie sagen: »Ich habe mein ganzes Leben damit verbracht, der Realität zu entgehen.«
Einer gewissen Realität.
Welcher?
Ich bin ja nicht blind. Ich weiß, was in der Welt vor sich geht. Ich weiß, es ist grauenhaft.
Aber Sie sehen nicht hin.
Genau. Ich baue mir meine eigene Realität. Ich habe mir etwas zusammengebastelt, mit dem ich ganz gut zurechtkomme im Leben. Ich genieße den Luxus, der Mittelpunkt meiner eigenen, heilen Welt zu sein.
Werden Sie nicht manchmal von den Gedanken an die schreckliche Wirklichkeit eingeholt?
Nein, denn ich handle, ich denke nicht. Das Denken ist genau das, was ich vermeide oder zu vermeiden versuche. Ich möchte ein angenehmes Leben ohne Probleme haben. Ich bin Egoist. Ich will nicht mein Opfer sein und auch nicht das Opfer anderer Leute. Ich bin mein Anfang und mein Ende, und was ich erreichen möchte, bestimme ich selbst. Das Glück ist eine Frage des Willens. Ich bin das Er-

---

* Mit der sogenannten 3-D-Diät, entwickelt von dem Arzt Jean-Claude Houdret, nahm Lagerfeld ab November 2000 in dreizehn Monaten rund 42 kg ab.

gebnis dessen, was ich mir ausgemalt und vorgestellt habe, was ich gewollt habe und was ich beschlossen habe zu sein.
Ich habe gelesen, Sie wollten Maler werden.
Das stimmt.
Wo sind Ihre Bilder?
Ich hänge mich nicht an die Wand. Ich male zu meinem Vergnügen, und ich gebe die Bilder dann alle weg. Ich besitze keine einzige Zeichnung von mir.
Sie wollten Künstler werden, aber Sie sind Couturier geworden.
Ja, aber ich bedaure das nicht. Ich habe mich mit mir arrangiert. Sie müssen nicht um mich weinen.
Sie haben erkannt, dass Sie Ihren Ansprüchen an sich selbst nicht gerecht werden können.
Möglich. Aber ich habe daraus die richtigen Konsequenzen gezogen.
Sie haben schon als Kind so gut gezeichnet, dass Ihre Mutter die Blätter in die Kunstakademie in Hamburg brachte, damit man Sie dort studieren ließe.
Ja, sie hielt mich wohl für begabt. Aber der Direktor sagte, Ihr Sohn interessiert sich doch gar nicht für Kunst, sondern für Mode, gucken Sie sich mal die Kostüme an.
Hat Sie das nicht enttäuscht?
Nein, dazu war ich zu jung. Mit zehn, zwölf Jahren hat man noch keine seriöse Vorstellung von Künstlertum. Ich war als junger Mensch nicht so selbstsicher, wie ich es heute bin. Meine Zeichnungen entsprachen nicht dem, was man zur damaligen Zeit unter Kunst verstand. Vielleicht war ich nicht ehrgeizig genug. Vielleicht war ich zu faul. Aber das ist vergessen. Das ist im Nebel der Vorgeschichte verschwunden. Ich glaube nicht, dass ich ein großer Maler ge-

worden wäre. Wahrscheinlich sind die tollsten Bilder schon alle gemalt. Das ist wie mit der Oper. Ich glaube, die Malerei ist wie die Oper eine vergangene Kunst, und nichts ist dümmer, als sich gegen den Zeitgeist zu stellen.
Sie haben resigniert.
Kann sein, aber unbewusst. Ich empfinde mich nicht als einen resignativen Menschen.
Haben Sie schon einmal mit dem Gedanken gespielt, die Mode aufzugeben?
Nein, im Moment habe ich dazu noch keine Lust. Aber ich fotografiere. Die Fotografie ist mir heute wichtiger als die Mode, weil sie etwas Persönliches ist. Mit der Fotografie kann ich mich selbst ausdrücken. Das geht mit einem Kleidungsstück nicht. Ich lasse mir gerade von einem japanischen Architekten ein Kloster bauen, in dem es ein Fotoatelier geben wird, Arbeitsräume, eine Bibliothek für meine 230 000 Bücher und Zimmer für meine Mitarbeiter. Das Grundstück habe ich schon gekauft. Dort wird man keine Kleider probieren. Dort werde ich zwölf Monate im Jahr mönchisch leben.
Sie meinen, enthaltsam.
Ja, aber tätig.
Weltabgewandt.
Ja, geschützt gegen die Außenwelt. Das Gebäude wird in einem Wald stehen, umgeben von Wasser. Die Gästezimmer werden wie Zellen eingerichtet sein, mit einem Bett, einem Tisch, einem Stuhl, sonst nichts. Ich selbst werde in einem Penthouse darüber wohnen als eine Art Père supérieur, der bestimmt, was zu geschehen hat.
Können Sie das etwas näher erläutern?
Ich möchte, dass meine Mitarbeiter in einem Haus mit mir

leben. Zu bestimmten Zeiten wird gearbeitet. Danach kann jeder tun, was er will, wenn er am nächsten Tag wieder pünktlich zur Arbeit kommt. Er kann seinen Freund, seine Frau oder Freundin treffen. Das ist mir egal, nur: Ich will es nicht wissen. Der Alltag, dieser ganze Klimperkram des alltäglichen Lebens bleibt ausgeklammert. Die nötigen Kontakte nach draußen werden mit dem Computer erledigt. Mir schwebt etwas vor, das den Fortschritt des Jahres 2000 mit der Lebensdisziplin in einem mittelalterlichen Kloster verbindet, aber ohne jeden katholischen Beigeschmack. Die Klöster im Mittelalter waren ja nicht nur zum Beten da, sondern das waren auch die wichtigsten Kulturträger damals. Pascal lebte in einem Kloster. Aber er war kein Mönch. Ohne die Kulturleistung der Klöster wären wir heute noch Analphabeten.

Auf Modenschauen würden Sie dann nicht mehr erscheinen.
Das wäre mein Traum.
Aber den können Sie sich doch schon morgen erfüllen. Reich genug sind Sie.
Ja, aber ich muss doch das Ding erst mal bauen. Ich muss mich von all dem Plunder befreien, den ich gesammelt habe, von meinen Häusern, von all dem unnötigen Zeug, das ich einmal sehr nötig fand.* Ich kann nicht von heute auf morgen alles liegen und stehen lassen, schon allein deshalb nicht, weil zu viele Leute von meiner Arbeit leben. Das wäre denen gegenüber nicht nett. Ich bin ein Mensch, der

---

* In den Jahren 2000 und 2003 ließ Lagerfeld große Teile des Inventars seiner Villen sowie seiner privaten Kunstsammlung von den Auktionshäusern Christie's (für rund 24 Millionen Euro) und Sotheby's (rund 7 Millionen Euro) versteigern.

Gott sei Dank auch Dinge tun kann, für die er nicht unbedingt schwärmt. Ich meine, ich finde es grauenhaft, nach einer Modenschau auf den Laufsteg zu müssen. Aber das gehört nun einmal dazu. Es wäre unhöflich, das nicht zu tun. Ich halte sehr viel von Höflichkeit.
Sie machen nicht den Eindruck, als fiele es Ihnen schwer, sich öffentlich in Szene zu setzen.
Ja, das sieht von außen vielleicht so aus. Die Höflichkeit ist auch eine gute Schule der Disziplin.
Glauben Sie wirklich, dass Sie das abgeschiedene Leben in einem Kloster, das ja auch mit Alleinsein verbunden ist, auf die Dauer aushalten werden?
Allein werde ich dort so gut wie nie sein. Denn ich bin ja untergeben von Leuten.
Untergeben?
Umgeben! Diesen Lapsus brauchen Sie nicht zu interpretieren. Ich habe seit mehreren Tagen kein Deutsch gesprochen.
Ich möchte Sie nach Ihrer Kindheit befragen. Sie sind in luxuriösen Verhältnissen aufgewachsen. Ihre Eltern besaßen in der Nähe von Hamburg ein Gut. Ihr Vater war Dosenmilchfabrikant ...
Ja, die Marke heißt Glücksklee. Das sagt doch schon alles.
Wie sind Sie erzogen worden?
Überhaupt nicht. Mit Erziehung wurde ich nicht belästigt. Ich habe mich selbst erzogen. Mein Vater stammte ja noch aus einer Generation, in der man mit Kindern kaum sprach. Kinder wurden behandelt wie kleine Erwachsene. Wenn ich meiner Mutter etwas erzählen wollte, sagte sie, sprich nicht so langsam, der Stuss, den du redest, ist nur zu ertragen, wenn es nicht lange dauert.

Das ist ja furchtbar.
Warum?
Eine Mutter sagt ihrem Kind, dass es nur Stuss von sich gibt.
Kinder reden doch immer Stuss. Deshalb hasste ich als Kind andere Kinder. Ich spielte nie mit anderen Kindern, und ich selbst fand mich total doof als Kind. Klein zu sein, empfand ich als Zeitverschwendung.
Fühlten Sie sich von Ihren Eltern geliebt?
Meinen Vater habe ich kaum gesehen. Der hatte ja in der Fabrik zu tun. Meine Mutter war eine kühle, aber sehr amüsante Frau. Sie war zweiundvierzig, als ich geboren wurde. Sie hatte bis dahin nur eine Tochter, und sie wollte unbedingt einen Sohn. Sie hasste Frauen. Also nahm sie die Qual der Schwangerschaft trotz ihres Alters noch einmal auf sich, um einen Jungen zu kriegen. Unsere Beziehung war distanziert, aber voll Liebe. Ich wurde verwöhnt mit Freiheit.

Ich habe früh erkannt, dass ich machen kann, was ich will, wenn ich nur meinen Eltern nicht auf die Nerven falle.
Gab es zwischen Ihrer Mutter und Ihnen auch Zärtlichkeit?
Nein, denn körperliche Nähe war ihr zuwider. Das habe ich sicher von ihr geerbt.
Aber ein kleines Kind will doch gestreichelt werden.
An meine Zeit als Säugling kann ich mich nicht erinnern. Ob mich da jemand gestreichelt hat, weiß ich nicht. Ich weiß nur, dass ich zum Beispiel nicht gestillt worden bin. Muttermilch hat es nicht gegeben. Meine Mutter sagte, ich habe nicht einen Milchfabrikanten zum Mann, um meinen Busen für so etwas herzugeben, es gibt ja Dosenmilch. Ich wurde aus der Dose ernährt.
Das erklärt manches.
Ja, vielleicht ist das der Grund, warum ich seit dreißig Jahren keine Milch trinken kann. Ich hasse Milch, besonders warme Milch, wenn eine Haut darauf ist. Ich werde ohnmächtig, wenn ich nur daran denke.
Für einen Psychiater wären Sie ein spannender Fall.
Wahrscheinlich. Deshalb bin ich nie zu einem gegangen. Ich analysiere mich nicht. Ich analysiere auch nicht meine Träume. Analytiker sind mir ein Gräuel.
Sie offenbaren sich lieber in Interviews.
Ich beantworte Fragen. Aber ich spreche nie von selbst über mich.
Über Ihr Sexualleben haben Sie mitgeteilt, dass Sie seit Ihrem vierzigsten Lebensjahr keines mehr haben.
Ja, ich meine, there is time for everything, es gibt für alles die richtige Zeit. Ich habe in meiner Jugend all das gehabt. Aber es hat mir nie viel bedeutet.
Sie waren umschwärmt von Männern.

Auch von Frauen.
War Ihnen das lästig?
Es war mir nicht angenehm. Wissen Sie, als Modeschöpfer sind Sie doch dauernd von Leuten umgeben, die über nichts anderes sprechen als über Sex. Die Sexualität ist in diesem Milieu ein Gebrauchsartikel der schlimmsten Sorte. Das allein genügt schon, dass man die Lust verliert.
Onanieren Sie?
Darüber zu spekulieren, überlasse ich Ihnen.
Alberto Moravia vertrat die These, die Selbstbefriedigung sei für einen kreativen Menschen das Ideale, weil sie allein auf der Phantasie beruht.
Ja, das finde ich interessant. Aber das ist für eine amüsante Unterhaltung kein Thema. Wenn das nicht zerebral bleibt, kommt der Moment, wo es Lagerfeld peinlich wird.
Alles Körperliche ist Ihnen peinlich.
Genau.
Aber Sie können es doch nicht unterdrücken.
Man kann alles, wenn man will. Um das zu verstehen, sind Sie vielleicht noch zu jung. Sie müssten sich mehr zusammennehmen.
Sie sehen Ihr Leben als einen »Triumph des Willens«.
Das klingt wie von Leni Riefenstahl.
In einem Interview mit der »Süddeutschen Zeitung« haben Sie es auf sich bezogen.
Ja, aber das war ein Witz.
Eine andere Selbstbeschreibung, die Sie gern wiederholen, lautet: »Ich habe alles ausprobiert. Ich habe alles genossen. Jetzt bin ich ein erkalteter Stern.«
Das ist von Paul Klee. Das habe ich nur zitiert.
Aber Sie haben es auf sich angewendet.

Ja, mir gefiel das. Ein erkalteter Stern ist etwas Dauerhaftes. Der kann nicht mehr verglühen.
Haben Sie Angst vor dem Sterben?
Ich habe Angst vor Krankheit, aber keine Angst vor dem Tod. Als Kind hatte ich Angst vor Krüppeln. Gegenüber dem Landsitz meiner Eltern befand sich ein Bad für Rheumatiker. Dort ging ich nie hin, weil ich all diese Leute, die da mit dem Stock spazieren gingen oder im Rollstuhl gefahren wurden, nicht sehen wollte. Ich dachte, dass ich mich anstecken könnte. Als ich so vier oder fünf Jahre alt war, wurde meine Schwester am Blinddarm operiert. Danach drohte mir meine Mutter immer, na, vielleicht nehmen wir ihn dir auch heraus, weil sie wusste, dass ich mich davor fürchte. Wenn es an der Haustür klingelte, versteckte ich mich im Garten, weil ich Angst hatte, es könnte der Hausarzt sein. Wenn ich einen Krankenwagen sah, lief ich schreiend davon.
Waren Sie schon einmal in Todesgefahr?
Ja, ich wäre in New York mit einer Concorde einmal fast explodiert. Die war schon gelandet, aber auf der Rollbahn stand noch ein anderes Flugzeug. Das war praktisch das Ende. Die Leute um mich herum wurden hysterisch. Meine Nachbarin hat mir den Jackenärmel herausgerissen. Aber ich blieb ganz ruhig. Mir war es egal. Seither weiß ich, dass ich keine Todesangst habe. Ich fühlte mich wie die Herzogin von Berry, die mit ihrem Mann in der Kutsche saß und, als die Pferde scheuten, die Unterhaltung seelenruhig weiterführte. Als der Herzog sie fragte, ob sie nicht sehe, dass sie sich in Todesgefahr befänden, sagte sie: Ich bin nicht der Kutscher. Das finde ich eine tolle Antwort.
Ist es Ihnen gleichgültig, auf welche Art Sie sterben?

Mit dem Flugzeug abzustürzen und zum kollektiven Hamburger zu werden, halte ich für keine sehr appetitliche Perspektive. Das fände ich unromantisch.
Wenn Sie tot sind, spielt es doch keine Rolle, wie Sie gestorben sind.
Das ist richtig. Nur wäre es mir lieber, wenn das ästhetischer vor sich ginge. Ich möchte spurlos verschwinden wie die Tiere im Urwald. Ich bin auch gegen Beerdigungen. Ich habe schriftlich festgelegt, dass hinter meiner Asche niemand hergehen darf. Es wird kein Begräbnis geben. Meine Überreste werden im Wind verstreut.
Was tun Sie, wenn Sie zum Pflegefall werden?
Das weiß ich nicht. So weit bin ich noch nicht. Oder finden Sie, dass ich schon in einem gefährlichen Stadium bin?
Nein, aber ich dachte, Sie hätten vorgesorgt, weil Sie es doch so verabscheuen, von Menschen berührt zu werden. Das wäre ja dann nicht zu vermeiden. Sie müssten es zum Beispiel ertragen, dass Ihnen jemand den Po abwischt.
Ja, aber, Gott sei Dank, gibt es Leute, die ihre Berufung darin sehen, das zu tun. Ich könnte es nicht, weil ich es erniedrigend finde, und ich würde es anderen gern ersparen.
Sie könnten sich vorher das Leben nehmen.
Dagegen habe ich nichts. Nach einem angenehmen Leben finde ich es nicht schlimm, Schluss zu machen. Aber daran denke ich jetzt noch nicht. Im Französischen sagt man: d'être au pied du mur. Das entscheide ich erst, wenn es nötig ist.
Wie möchten Sie von der Nachwelt beurteilt werden?
Das ist mir egal. Was nach mir kommt, ist mir vollkommen egal.
Pierre Cardin wurde in die Académie française gewählt.

..., ... mit seinen Strumpflizenzen aus dem Supermarkt ... .
Modenschauen macht er keine mehr.
... ..., ...
....
Über die Herzogin von Windsor, die Sie bewundern, weil sie ihrer Hässlichkeit den Willen zur Eleganz entgegensetzte, haben Sie in der »New York Times« geschrieben: »Wir werden niemals wissen, was sie wirklich fühlte und dachte. Nur auf ihr Gesicht, auf ihre Kleider und auf ihren Schmuck können wir uns verlassen. Keine intimen Bekenntnisse haben überlebt, nur oberflächliche Interviews, wenige Wahrheiten und eine Menge Klatsch.«
Ja, ich hoffe, dass man das auch über mich schreiben wird.
Sie treten seit zwanzig Jahren nur noch mit Mozartzopf, Fächer und dunkler Brille auf. Eine Umfrage ergab, dass über neunzig Prozent der Deutschen Sie zwar beschreiben könnten, aber nur ein Teil davon weiß, was Sie beruflich tun.
Das ist doch toll.
Sie stilisieren sich zum Geheimnis.
Ja, aber vielleicht ist gar nichts dahinter. Das Geheimnis ist ja im Grunde das Nichts, le mystère est le néant, sonst wäre es ja kein Geheimnis. Vielleicht sitzt Ihnen das Nichts gegenüber.
Das Nichts im schwarzen Anzug.
Das bewusste Nichts, ja.
Das Nichts hinter der Maske.
Genau.
Erinnern Sie sich an einen glücklichen Moment in Ihrem Leben?
Ich führe kein Tagebuch. Wissen Sie, wenn man weiß, dass

man glücklich ist, ist man es ja schon nicht, weil dieser Moment sich nur einstellt, wenn man nicht daran denkt. Ich habe mich an mich gewöhnt. Mein Motor ist der Selbsterhaltungstrieb. Vielleicht ist die Maske zu meinem wahren Gesicht geworden. Man denkt sich etwas aus, und zum Schluss glaubt man selbst, was man sich in den Kopf geschrieben hat. Jede Entscheidung ist zugleich die Verweigerung aller anderen Möglichkeiten, sagt Spinoza. Man kann nicht alles haben. Il faut faire avec ce qu'il y a. Ich habe mich zu dem entschieden, was ich heute bin, whatever it means. Ich fürchte, im Grunde bin ich total banal.

Peter Handke
2007

Ein Interview mit Peter Handke ist eine Gratwanderung. Man würde sich ja gern mit dem Dichter über die erquickend abseitigen Feinheiten seiner Poesie, über die tiefen Empfindungen beim Aufspüren der treffenden Wörter oder auch über das Pilzesammeln, dem er mit Leidenschaft frönt, unterhalten. Doch seit er sich auf die Seite Slobodan Miloševićs schlug, der seiner Verurteilung als Kriegsverbrecher nur durch vorzeitigen Tod entging, liegt über dem imposanten Werk dieses Sprachkünstlers ein es verdunkelnder Schatten.

»Setzen wir uns in den Garten«, sagt er sanft, den Interviewer durch das blau gestrichene Tor einlassend, etwas zittrig schon, mit durchfurchtem Gesicht, ein gealterter Jüngling in Bluejeans, barfuß, sonnengebräunt. Seit sechzehn Jahren lebt er in dem Pariser Vorort Chaville, umgeben von lärmenden Nachbarn, unspektakulär, fast bescheiden. Die täglichen Wanderungen durch den angrenzenden Wald, der sich bis nach Versailles erstreckt, beruhigen ihn.

Er sei, erzählt er beim Rundgang durch das einstöckige Haus, zur serbisch-orthodoxen Kirche übergetreten. Manchmal besuche er den Gottesdienst in Paris. Stolz zeigt er dem Interviewer einen selbst gepflanzten Haselnussbaum, der das Dach überragt. In den Zimmern hat schon lang niemand mehr aufgeräumt. Seine zweite Ehefrau, die französische Schauspielerin Sophie Semin, wohnt mit der gemeinsamen Tochter Léocadie in der Innenstadt. »Wir telefonieren täglich«, sagt Handke, »oder wir treffen uns zum Essen in einem Restaurant.«

Liebschaften? Schon lang nicht mehr. Der letzte Seitensprung (Katja Flint) liegt Jahre zurück. »Die Triebe lassen mit dem Alter nach, zum Glück.« Handke stellt eine Karaffe mit Wasser, in das er eine Zitrone ausgepresst hat, auf den Tisch. Später wird Weißwein getrunken. Gelassen, fast heiter lässt er sich, nachdem das Jugoslawien-Thema abgehakt ist, auf eine Plauderei über seinen alten »Feind« Marcel Reich-Ranicki ein, den Kritikerpapst, der ihn seit Jahrzehnten verreißt.

In der 1984 publizierten Erzählung *Die Lehre der Sainte-Victoire* hat ihn Handke mit einem Hund verglichen, dem der »Geifer« von den »Fangzähnen« tropft. Reich-Ranicki hat sich dadurch nicht nur verletzt, sondern an Leib und Leben bedroht gefühlt. Man kann das nachlesen (http://andremuller.com-puter.com). Die Sympathie des Dichters für den serbischen Diktator wird eine historische Fußnote bleiben. Sein mit den Waffen der Kunst geführter Krieg gegen den Kritiker ist bereits in die Literaturgeschichte eingegangen.

Vor zwanzig Jahren* hatten Sie vor, Ihren Lebensabend in einem selbst erbauten Altersheim zu verbringen, mit Freunden Karten zu spielen und aus dem Fenster auf die jungen Mädchen zu schauen, die draußen vorbeigehen.
Dafür ist es vielleicht noch zu früh.
Sie werden im Dezember fünfundsechzig.
Ja, man fühlt sich ... Wie heißt das? Befristet. Das Alter macht doch zunehmend Bedenken. Ich weiß nicht, ob das so heiter wird, wie ich es mir vorgestellt habe.
Für viele sind Sie, seit Sie sich für den als Kriegsverbrecher angeklagten jugoslawischen Präsidenten Milošević eingesetzt haben, ein Hassobjekt.
Ich habe gefürchtet, dass Sie damit anfangen werden.
Die Leute weichen Ihnen auf der Straße aus.
Das war eine Zeit lang so, ja. Ich habe auch Schmähbriefe bekommen und Briefe von Buchhändlern, die mir schrieben, dass sie meine Bücher nun nie mehr verkaufen werden. Aber ich beklage mich nicht. Ich finde es seltsam. Aber ich habe mich nicht als Ausgestoßener gefühlt. Ich habe gedacht, so gehört es sich.
Wurden Sie auch körperlich attackiert?
Auf meiner letzten Lesereise wartete vor dem Frankfurter Schauspielhaus eine Truppe Bosnier, die man zum Protestieren da hingekarrt hatte, mit Särgen auf mich. Mein Lektor sagte: Geh da nicht hin! Ich bin trotzdem hingegangen und habe denen gesagt, sie sollen mir ihre Adressen geben, ich würde sie gern mal besuchen. Da waren die ganz verdattert.

---

* Vgl. André Müller, *... über die Fragen hinaus. Gespräche mit Schriftstellern*, München 1998, S. 103

In einem Interview mit der kroatischen Wochenzeitung »Globus« haben Sie angekündigt, Sie wollten einen Roman über Milošević schreiben.

Unsinn!

Zur seiner Beerdigung in Požarevac seien Sie gefahren, um sich von der Atmosphäre des Ortes, in dem er geboren wurde, inspirieren zu lassen.

Totaler Blödsinn! Das ganze Interview war erfunden. Es war eine Reporterin hier, eine ganz hübsche, die fragte gleich zu Beginn, wie ich damit einverstanden sein könnte, dass Dubrovnik zerstört worden sei. Aber Dubrovnik wurde nicht zerstört. Nur die Außenbezirke wurden beschossen. In der Altstadt sind vielleicht, schlimm genug, ein paar Dachziegel heruntergefallen.

Was war der wahre Grund Ihres Besuches am Grab von Milošević?

Das kann man nachlesen.

Sie wollten sich von dem Land, dessen letzter Präsident er war, verabschieden.

So ist es.

In Ihrer Trauerrede sagten Sie: »Ich schaue. Ich höre. Ich fühle. Ich erinnere mich. Deshalb bin ich heute anwesend, nah an Jugoslawien, nah an Serbien, nah an Slobodan Milošević.«

Mich hat auch empört, wie über seinen Tod in den Medien berichtet wurde. Ich muss aufpassen, dass kein Ingrimm in mir aufsteigt, wenn ich mich erinnere, was zum Beispiel Éric Fottorino, der inzwischen Herausgeber von *Le Monde* geworden ist, geschrieben hat. Der hat den portugiesischen Dichter Fernando Pessoa zitiert, der in seinem *Buch der Unruhe* sagt, dass das Herz, wenn es denken könnte, stillstehen würde. Also müsse Slobodan Milošević zu denken angefangen haben, als sein Herz in der Gefängniszelle aufhörte zu schlagen. Da habe ich gedacht, einen großen Dichter zu benutzen, um auf einen Tod zu urinieren, das ist das Schlimmste, was man machen kann. Diese Leute, die sich poesiefreundlich geben, sind gerade die ärgsten Feinde der Poesie.

Ja, aber ...

Kein »aber«!

Sie bezeichnen sich als Freund Serbiens. Ihr Bericht über eine Reise durch das Land trägt den Untertitel »Gerechtigkeit für Serbien«. Aber das serbische Volk hat doch selbst Milošević abgesetzt und ihn freiwillig an das Kriegsverbrecher-Tribunal in Den Haag ausgeliefert.

Man hat ihn abgewählt. Dass man ihn ausgeliefert hat, bleibt eine ewige Schande für Serbien.

Die serbische Schriftstellerin Biljana Srbljanović sagt, Sie hätten keine Ahnung. Milošević habe Oppositionelle auf offener Straße ermorden lassen.

Das stimmt überhaupt nicht. Es gab eine total freie Presse in Jugoslawien. Aber es gab das Wirtschaftsembargo des Westens, wodurch ganz von selbst mafiöse Strukturen entstanden. Diese kleinen Mafia-Gruppen haben sich gegenseitig bekriegt. Wie kann man das mit Milošević in Verbindung bringen?

Ich frage nur.

So etwas zu behaupten, ist eine Unverschämtheit. Dieses Mädchen wurde während des NATO-Krieges gegen Jugoslawien vom *Spiegel*, der ja für diesen Krieg war, beauftragt, ein Tagebuch zu führen. Die schrieb dann, während die Bomben fielen, es sei ganz ungefährlich, es splittere nur da und dort etwas Glas. In Wahrheit sind über tausend Serben in diesem Krieg umgekommen. Diese Frau ist eine Westhure. So nenne ich das.

Sie hat es bedauert, dass Sie sich nicht, statt auf Miloševićs Begräbnis zu sprechen, mit einer Trillerpfeife an der zum Zeichen, dass Serbien nicht trauere, in Belgrad abgehaltenen Gegenkundgebung beteiligt hätten.

Ach, die soll sich ihre Pfeife ...

Wie bitte?

Nichts.

Warum sagen Sie den Satz nicht zu Ende?

Sie können ja drei Punkte machen.

Ein Großteil der Serben distanziert sich inzwischen von Ihnen.

Ja, aber das ist doch normal. In jedem Land gibt es solche und solche.

Woher haben Sie Ihre Informationen?

Worüber?

Dass Milošević diese Morde nicht zu verantworten hatte.

Na, ich gehöre doch selbst zur Mafia. Mich hat der serbische Geheimdienst bezahlt.

Sie machen Witze.

Nein, gar nicht. Ich habe mir von dem Geld neue Schuhe gekauft. Aber hören wir auf damit! Slobodan Milošević war nicht der große Schurke, als den man ihn hinstellt. Schauen Sie sich doch einmal an, was der ehemalige Präsident von Bosnien-Herzegowina Izetbegović in seinem Buch *Die islamische Deklaration* geschrieben hat! Da entwirft er einen islamischen Gottesstaat. Vom früheren kroatischen Präsidenten Tudjman, diesem Faschisten, gibt es noch Schlimmeres. Das sind die wahren Schurken. Aber die hat der Westen unterstützt.

Die westlichen Politiker, die durch ihre Anerkennung Slo-

weniens und Kroatiens die Auflösung Jugoslawiens gefördert haben, vor allem der damalige deutsche Außenminister Hans-Dietrich Genscher, seien, so sagen Sie, die eigentlichen Verbrecher.
Ja, mich packt noch immer der Zorn, wenn ich darüber spreche. Ich bin in dieser Sache bis heute brennend beteiligt. Das ist halt so. Es ist vielleicht eine Krankheit. Aber es gibt schlimmere Krankheiten als meine Jugoslawien-Krankheit.
Das sozialistische Jugoslawien, das die verschiedensten Völker und Religionen in sich vereinte, war Ihr politisches Ideal.
Fast, kann man sagen. Ich habe das Wort »fast« ganz gern. Es war fast ein Ideal, wie ein Staat sein könnte. Denn ich bin doch relativ sozialistisch gestimmt, vielleicht durch meine Herkunft, die ärmlich war, und weil ich es den österreichischen Sozialisten verdanke, dass ich als Student ein Stipendium bekam. Ich habe das damals fast als Geschenk empfunden, ich Trottel.
Ach!
Man weiß doch heute oft gar nicht mehr, dass der jugoslawische Sozialismus ein ganz anderer als der sowjetische war. Es war ein utopischer Sozialismus. Obwohl unter Tito auch viel Unrecht begangen wurde, hätte daraus etwas werden können, hätte nicht immer die Wirtschaft das letzte Wort. Der Kapitalismus hat halt gesiegt. Man hat aus einer kulturellen Landschaft, die ich durchaus liebe, aus dem sogenannten Mitteleuropa, eine politische Idee gemacht. Das war der Fehler. Heute wollen ja sogar viele Serben, indem sie andauernd Walzer spielen, zu diesem Mitteleuropa gehören. Es ist entsetzlich. Entsetzlich!
Aber Sie sagen doch selbst: »Ich liebe die Wirtschaft.«

Das habe ich in der *Neuen Zürcher Zeitung* gesagt.
Sind Sie Kapitalist geworden?
Wenn Sie mögen ... Aber es stimmt nicht. Alle Hauptwörter, die mit »-ist« enden, treffen nicht auf mich zu. Ich bin ein Freund der Zeitwörter. Sowie Sie auf mich ein Hauptwort anwenden, ist es schon falsch. Sogar das Wort »Autor« oder »Schriftsteller« können Sie streichen. Ich bin kein Schriftsteller, sondern ich schreibe, ich habe geschrieben, ich werde geschrieben haben.
In Ihrem Roman »Der Bildverlust« beschreiben Sie das Geld als das Lebendige.
Ja, das Kaufen und Verkaufen, den Geldaustausch. Wenn ich keine Luft mehr spüre am Ende des Tages, am Abend oder am späten Nachmittag, zwinge ich mich manchmal, etwas einzukaufen, einen Radiergummi, eine Nivea-Creme, einen Zwirn, einen roten Faden ...
Sie kaufen dann etwas, obwohl Sie es gar nicht brauchen?
Das kommt vor. Das ist ein Vorgang, der mich belebt, wenn mich die Schwermut bedroht.
Leiden Sie an Depressionen?
Nein, Schwermut ist Schwermut. Das ist ein Wort, das man durch kein anderes ersetzen kann, so wie eine Rose eine Rose ist.
Die Schwermut hat Sie Ihr ganzes Leben begleitet.
Ja. So ist meine Natur. Als Kind wollte ich immer Melancholiker sein. Ich wollte auf einem Stein sitzen und nie mehr aufstehen. Aber das ist mir bis jetzt nicht gelungen. Die Schwermut ist etwas anderes. Die ist temporär, eine zeitweise Lähmung fast.
Haben Sie je versucht, mit Tabletten dagegen anzukämpfen?
Ich habe eine Zeit lang so ein Mittel genommen, das hieß

Tranxilium, das hat mir ein Salzburger Arzt verschrieben, als ich an meinem Buch *Langsame Heimkehr* schrieb. Ich hatte damals oft Todesangst, weil ich einen Herzfehler habe. Ich hörte mein Herz dauernd schlagen. Das hat zwar durch dieses Mittel nicht aufgehört, aber mein Bewusstsein ist davon abgerückt. Ich spürte mein Herz, aber ich dachte, es ist das Herz eines anderen.
Sie haben nicht nur einen Herzfehler ...
Was habe ich noch?
Sie sind farbenblind.
Ich bin rotgrünblind. Die anderen Farben sehe ich dadurch vielleicht sogar intensiver.
Die »andersgelben Nudelnester« auf dem Markt von Belgrad zum Beispiel, die Sie in Ihrem Reisebuch 1996 beschrieben haben.*
Ja, Gelb sehe ich gut.
Wie aber konnten Sie die Erdbeeren an den Hängen von Srebrenica erkennen, dem Ort des nach dem Zweiten Weltkrieg grausamsten Kriegsverbrechens?
Das waren Balkan-Erdbeeren, die sind besonders rot. Dagegen muss ich mich zu den wilden Erdbeeren in meinem Garten richtig hinunterbücken, um sie zu sehen.
Die Beschreibung der Nudeln und Erdbeeren in einem vom Krieg heimgesuchten Land hat man Ihnen später zum Vorwurf gemacht.
Ja, das hat mich verwundert. Darauf war ich nicht gefasst. Es gab doch damals nur diese totalitäre Journalistensprache, die

---

* *Eine winterliche Reise zu den Flüssen Donau, Save, Morawa und Drina oder Gerechtigkeit für Serbien*, Frankfurt a. M. 1996, S. 71

mir nicht entspricht. Man sagt immer, die poetische Sprache sei künstlich. Aber in Wahrheit ist das die einzige nicht arrangierte Sprache, wenn ein Gefühl da ist. Ich hatte halt ein paar tiefe Gefühle auf dieser Reise, ausnahmsweise.
Man warf Ihnen nicht das Poetische vor ...
Doch, doch, die andersgelben Eier oder Nudeln, die blühenden Bäume, den walddunklen Honig ...
Man regte sich auch über den Inhalt auf.
Das kam erst später.
Sie hätten vielleicht ...
Wollen Sie mir jetzt einen Ratschlag geben?
... über das Grauen berichten sollen.
Ich nehme keine ungebetenen Ratschläge an.
Schon 1979 sagten Sie in Ihrer Dankesrede zur Verleihung des Kafka-Preises: »Ich bin, mich bemühend um die Formen für meine Wahrheit, auf Schönheit aus, auf die erschütternde Schönheit, auf die Erschütterung durch Schönheit.«
Schauen Sie, ich habe manchmal in Reden programmatisch etwas von mir gegeben, was ich jetzt nicht mehr so sagen würde. Andere haben sich viel mehr widersprochen, Brecht zum Beispiel. Im Vergleich zu Brecht bin ich, wie man in Österreich sagt, ein »Waserl«.
Die Beschreibung des Schönen ist nach wie vor Ihr Programm.
Des problematisch Schönen, ja. Es muss wehtun, verstehen Sie? Wenn das Schöne nicht wehtut, kann man es kaufen. Man soll in dem, was ich schreibe, das Dasein spüren, das Leben und den Tod, die Vergänglichkeit und die Unvergänglichkeit. Je schöner und tiefer und wahrer etwas ist, desto schmerzhafter ist es. Es tut doch weh, zu wissen, dass wir sterben müssen, dass wir eines Tages nicht mehr lesen können oder lieben oder Pilze suchen.

Vielleicht gibt es im Jenseits auch Pilze.
So ein Blödsinn! Jenseitspilze!
In unserem letzten Interview haben Sie mich einen »Deppen« genannt.
Sie verdienen es nicht anders.
Heute machen mir Ihre Beleidigungen nichts mehr aus, weil ich weiß, Sie meinen es nicht so, wie Sie es sagen.
Nicht ganz, Sie haben recht. Es gibt etwas in mir, eine gewisse Brüderlichkeit, die ich, da ich schreibe, nicht wirklich ausleben kann. Früher, als ich so dreißig, vierzig war, da habe ich schon manchmal bösartig losgelegt. Da wollte ich jemanden zwar nicht vernichten, aber weghaben von mir. Aber dann hat der andere, zu Recht, mich vernichten wollen.
Von wem sprechen Sie?
Ach, lassen wir das!
Meinen Sie Marcel Reich-Ranicki, Ihren »Feind in Deutschland«?
Ich habe keine Feinde.
In Ihrem Buch »Mein Jahr in der Niemandsbucht« nennen Sie ihn so.
Aber das ist doch so uninteressant. Lassen Sie mich doch mit diesem Knickerbocker in Frieden! Ich bin froh, dass ich an diesen armen Menschen schon lang nicht mehr denken muss.
Er meint, dass Sie ihn ermorden wollen.
»Ermorden« habe ich nie gesagt. Das hat der Schriftsteller Rolf Dieter Brinkmann in den Sechzigerjahren mal losgelassen. Der hat während einer Diskussion mit diesem Menschen gesagt, er würde ihn am liebsten mit einem Maschinengewehr erschießen.

Sie haben nur gesagt, Sie würden, wenn Reich-Ranicki stirbt, es nicht bedauern.
Das würde ich immer noch nicht.
Am Ende überlebt er Sie noch.
Ja, warum nicht? Ich wünsche ihm alles Gute.
Kennen Sie ihn persönlich?
Ich bin ihm einmal auf der Frankfurter Buchmesse, als ich zum letzten Mal dort war, begegnet. Da ging er an mir vorbei und sagte: »Herr Handke, wie gehen die Geschäfte?« Seither frage ich das auch alle, die mir begegnen.
Nun frage ich Sie.
Wollen Sie mir zehn Euro schenken?
Als Ihnen voriges Jahr der mit fünfzigtausend Euro dotierte Heine-Preis von der Preisjury zugesprochen, dann aber vom Düsseldorfer Stadtparlament verweigert wurde, haben Sie sich zunächst gewehrt.
Ja, ich wollte diesen Preis.
Brauchten Sie das Geld?
Lassen Sie mich überlegen …
Matthias Matussek fragte im »Spiegel«, ob Sie vielleicht »finanziell bedürftig« seien.
Das schmeichelt mir.
Wieso?
Weil es doch schön ist, wenn jemand am Hungertuch nagt. Aber, im Ernst, ich habe als Kind und Jugendlicher erfahren, was Armut bedeutet, und die Angst, wieder arm zu werden, spielte in meinem Leben schon eine gewisse Rolle, weil ich nicht ausgehalten werden will, weder von einer Frau noch von einem Verleger wie zum Beispiel Wolfgang Koeppen, der, als er nichts mehr schrieb, darauf angewiesen war, dass Siegfried Unseld ihn finanzierte. Jedes Mal, wenn

mich Unseld besuchte, hat er sich auf eine leicht humorvolle, aber doch auch bekümmerte Weise beschwert, dass er Koeppen bezahlen muss. Da dachte ich, so will ich nicht enden, und habe eine Lebensversicherung abgeschlossen, sodass ich, seit ich sechzig bin, eine Rente bekomme. Das sind tausend Euro im Monat. Damit kann ich das Schlimmste verhindern.
Warum haben Sie die fünfzigtausend Euro des vom Berliner Ensemble initiierten alternativen Heine-Preises dann nicht für sich behalten?
Das war von vornherein klar.
Sie haben das Geld an eine serbische Enklave im Kosovo weitergegeben.
Ja, aber das hat die Leute, die vorher geschrieben hatten, mir käme es nur auf das Preisgeld an, offenbar nicht beschämt. Es scheint, als habe in gewissen Organen wie dem *Spiegel* die Scham, wenn man den letzten Satz in Kafkas Roman *Der Prozess* variiert, nicht überlebt.
2005 hatten Sie noch gesagt, Sie würden »grundsätzlich« nie mehr einen Preis annehmen.
Richtig, ja.
Warum hätten Sie den Heine-Preis trotzdem genommen?
Wahrscheinlich wollte ich wirklich das Geld. Aber jetzt stehe ich dazu: Ich nehme ab sofort keinen Preis mehr an.
Wer weiß ... *

---

* Das Preisgeld des ihm 2008 verliehenen Thomas-Mann-Literaturpreises der Bayerischen Akademie der Schönen Künste stiftete Peter Handke der Akademie. 2009 nahm er den tschechischen Franz-Kafka-Literaturpreis an; 2010 den Vinzenz-Rizzi-Preis, verliehen vom Slowenischen Kulturverband und dem Zentralverband slowenischer Organisationen in Kärnten.

Wüssten Sie noch einen?
Den Nobelpreis.
Ja, aber dann bitte gleich den für Physik, für Frieden und für Literatur, alle drei, das wäre super. Nein, Spaß beiseite, ich glaube, dass der Nobelpreis, zumindest der für Literatur, schon seit Längerem nichts mehr zählt. Man sollte das Geld wieder der Nobelstiftung geben und damit Waffen herstellen, wie es ursprünglich war.
Sie scherzen, aber im Innersten sind Sie noch immer verbittert.
Ah ja?
Frank Schirrmacher hat es in der »FAZ« als »die ultimative Form sozialer Demontage« bezeichnet, dass man Ihnen den Heine-Preis wieder aberkannte.
Ja, aber die *FAZ* ist doch die Zeitung, die das zu verantworten hatte. Zuerst haben sie die Aberkennung verursacht, und dann haben sie sich scheinheilig zurückgezogen und Demokratie gespielt. Mein Freund, der Verleger Michael Krüger, hat kürzlich zu mir gesagt, diese Zeitung will immer recht behalten …
Wie Sie!
(*Handke nimmt einen Löffel vom Tisch, um ihn als Wurfgeschoss zu benutzen, legt ihn aber dann wieder hin.*) Ich wollte sagen, diese Zeitung will immer recht behalten und begeht dabei ein Unrecht nach dem anderen.
Besonders scharf haben sich die Grünen gegen die Vergabe des Preises an Sie ausgesprochen.
Ja, weil die völlig kulturlos sind. Keiner von denen ist ein Leser, fast keiner. Oder sie lesen strategisch. Es gibt Leute, die lesen ein Buch, und kaum sind sie fertig, glupsch, ist es weg, als wäre das Lesen nur eine Erledigung oder eine Beseitigung des Buches.

In einem Interview mit dem österreichischen Magazin »News« sagten Sie, auf den Satz von Bert Brecht »Der Schoß ist fruchtbar noch, aus dem das kroch« anspielend, für Sie seien jene, die da heute herauskriechen, nicht die Rechtsradikalen, sondern, Zitat, »die Grünen, der Typ, der Bundeskanzler ist, und der Bombenminister«. Damit meinten Sie Gerhard Schröder und Joschka Fischer.
Das habe ich gesagt, weil man Milošević mit Hitler verglich und von serbischen Konzentrationslagern sprach. Aber die Geschichte wiederholt sich nicht. Das Scheußliche nimmt immer neue Gestalten an. Der fruchtbare Schoß gebiert nicht immer die gleichen Erscheinungen, sondern das Schreckliche tritt heute anders auf, säuselnd und süßlich und humanitär und dauernd das Wort »Demokratie« oder auch das schöne Wort »grün« benutzend. Das habe ich zu sagen versucht.
Fühlen Sie sich missverstanden?
Es ist nicht nur Missverstehen. Es ist …
Hass?
Ja, die Dichter werden seit Langem gehasst.
Das wäre ein schönes Schlusswort.
Wollen Sie ein Glas Wein mit mir trinken?
Ich möchte Ihnen noch von einem Erlebnis, das ich mit Ihrem »Feind in Deutschland« hatte, berichten.
Ich kann ja inzwischen dem Wind zuhören.
In einem Interview, das ich mit Marcel Reich-Ranicki vor einigen Jahren führte, wartete er die ganze Zeit auf eine bestimmte Frage, die ich ihm stellen sollte. Sie fiel mir aber nicht ein. Erst am Schluss brach es aus ihm heraus: Er werde in Deutschland von vielen gehasst, weil er Jude sei. Er sei hier von Antisemiten umgeben, zu denen er vermutlich auch Sie zählen würde.

Sind Sie jetzt fertig?
Nein, ich will sagen, wie abwegig es wäre, Sie für einen Antisemiten zu halten.
Natürlich.
In Ihrem Roman »Der Chinese des Schmerzes« tötet der Held einen Neonazi, der Hakenkreuze auf Baumstämme sprayt. »Dieses Zeichen«, schreiben Sie da, »ist das Unbild der Ursache all meiner Schwermut.«
Ja, der Genozid an den Juden ist der Grundschock meines Lebens. Ich will Ihnen eine Geschichte erzählen, die Ihrem Erlebnis mit jenem Menschen …
Reich-Ranicki …
… nicht unähnlich ist. Kurz nachdem ich meine Bücher über Jugoslawien veröffentlicht hatte, kam in Österreich die Regierung aus der rechtsextremen Haider-Partei und der konservativen ÖVP an die Macht, und da zeigte sich in Frankreich, wo ich seit Langem wohne, eine alte Österreich-Feindschaft. Es gibt Völkerfeindschaften, die über Jahrhunderte dauern, und man hat in die Ablehnung der österreichischen Regierung auch das österreichische Volk eingeschlossen, so als hätte es da nicht auch welche gegeben, die gegen diese Regierung waren. Damals sagte ich in einem Interview mit einer französischen Zeitung, nun habt ihr Belgrad bombardiert, nun könnt ihr auch gleich Wien bombardieren. Also da bin ich Patriot geworden. Zwischen Patriotismus und Nationalismus ist ja ein Unterschied. Der Patriot reagiert nur, wenn sein Land angegriffen wird.
Sie haben auf Ihre ironische Art reagiert.
Nein, das kam schon aus einem gewissen Grimm heraus. Ich dachte, diese Scheißfranzosen wissen doch gar nichts. Kein europäisches Volk ist so unwissend wie die Franzosen,

einzelne ausgenommen. Da habe ich gespürt, dass ich als Österreicher auch eine patriotische Ader habe. Aber dann schrieb man, ich sei ein Verbündeter von Jörg Haider, was genauso lächerlich ist, wie mich für einen Antisemiten zu halten.
Was Sie auch sagen, es schadet Ihnen.
Ja, seltsam.
Warum, glauben Sie, hat es Günter Grass, was den Verkauf seiner Bücher betrifft, eher genützt, als er gestand, er sei als Jugendlicher Mitglied der Waffen-SS gewesen?
Das müssen Sie beantworten.
Sie nannten die Art seines Geständnisses »selbstgerecht« und ihn »eine Schande für das Schriftstellertum«.
Ja, aber es gab eine Zeit, da hatte ich eine große Sympathie für ihn. Grass war als Dreißigjähriger ein Genie, was ich nie war. Das ist ganz selten, dass jemand so im Flug die Welt erwischt. Die Welt flog ihn an, so kann man das sagen. Doch danach hat er diesen Anflug nur dauernd nachgeahmt, und das ist schlimmer, als wenn er aufgehört hätte zu schreiben. Er hat sich nie verwandelt. Ein Künstler ist nur dann ein exemplarischer Mensch, wenn man an seinen Werken erkennen kann, wie das Leben verläuft. Er muss durch drei, vier zeitweise qualvolle Verwandlungen gehen. An Goethe kann man das gut studieren. An Grass kann man überhaupt nichts studieren. Er ist durch seinen raschen Erfolg in Deutschland eine offizielle Figur geworden und hat sich dann nur noch selbst imitiert.
Dem sind Sie entgangen.
Dem bin ich entgangen, ja. Ich bin kein öffentlicher Mensch. Ich bin ein Idiot im griechischen Sinne, ein Nicht-Dazugehöriger. Ich finde in der Öffentlichkeit nie das Maß,

wie ich umgehen soll mit meinem Dasein als Schreiber, obwohl auch mich der Erfolg lange verwöhnt hat. Aber ich habe mich dadurch fast schuldig gefühlt. In meinem Briefwechsel mit dem Dichter Nicolas Born gebrauche ich das Wort »Entschuldigung«. Als ich zum ersten Mal tausend Mark für eine Lesung bekam, habe ich mich beinahe geschämt.

Sie sind nicht abgehoben.

Doch, ich bin dann schon für ein paar Momente gefährlich abgehoben und habe mir in einer Art Größenwahn eingebildet, ich sei etwas ganz Einmaliges. Zu Bruno Ganz habe ich damals den blöden Spruch gesagt: »Ich bin ein großer Schriftsteller.« Aber das wurde auch prompt bestraft, indem ich danach fast die Sprache verloren hätte. Also da bekam ich eins übergezogen vom Himmelsgewölbe.

In Ihrem letzten Theaterstück »Spuren der Verirrten« heißt es: »Ein Held wollte ich immer sein ... Und was bin ich geworden? Ein Schläger, der nicht einmal zuschlagen kann. Ein Killer, zu zage zum Killen. Ein Amokläufer ohne Opfer, ein Irrläufer, ein Kümmerling, eine krakeelende Randfigur.«

Ja, das sind Übertreibungen. Man muss die Dinge zuspitzen als Schreibender, und das ist dann ein leichtes Futter, das von gewissen Journalisten gegen einen gewendet wird.

Sie wollten kein Held sein?

Doch, natürlich wollte ich auch immer ein Held sein.

»Bin auch ich ein Selbstvergötterer?«, fragen Sie in Ihrem autobiografischen Buch »Mein Jahr in der Niemandsbucht«.

Das ist kein autobiografisches Buch, sondern ein episches, und jede Epik ist ein zugleich erweiterndes und verengendes Spiel. Ich bin nicht Homer, ich habe keinen Odysseus und kein Troja. Ich kann nur das Problematische oder das anders spannende oder andersgelbe Epos des Friedens erzählen, verstehen Sie? Ich habe einmal ein Stück geschrieben, das heißt *Über die Dörfer*. Darin gibt es einen absolut hirnrissigen Satz: »Der ewige Friede ist möglich.« Einerseits ist das totaler Blödsinn, andererseits kommt dieser Satz immer wieder zu mir zurück. Ich brauche ihn. Er ist mir zugeflogen aus der Finsternis wie eine Frucht, die mich nährt. Eigentlich kann man so einen Satz gar nicht sagen, und ich habe ihn auch nur einmal gesagt. Meine Art zu schreiben, ist ja nicht direkt, sondern wird immer mehr ein Umkurven. Ich bin ein Umkurver, fast ein Umreißer. Ich mache große Bögen um das, was ich sagen möchte, weil ich weiß, es kann nicht so gesagt werden, wie ich es sagen will. Aber dieses eine Mal habe ich es gesagt.

Als Trost?
Um Gottes willen, nein! Mit dem Wort »Trost« können Sie mich jagen. Mit Trost hat Literatur überhaupt nichts zu tun. Der Satz flog mich an. Mir ist unlängst auf der Mariahilfer Straße in Wien etwas passiert. Es war früh am Morgen, und plötzlich dachte ich, alle Menschen, die mir da entgegenkommen, sind schön, sie haben schöne Augen. Das war genau so ein Stuss wie der Satz über den ewigen Frieden. Aber es hat mich angeflogen. Nur dieser Anflug zählt in der Literatur. Alles andere ist bloß Laune.
Sie sagen das so apodiktisch.
Wollen Sie mich frotzeln?
Man fürchtet, wenn man mit Ihnen spricht, immer, dass man das Falsche sagt.
Ja, hoffentlich! Ich bin schon ein reizbarer Mensch. Meine Reizbarkeit macht mich einerseits grimmig, das kann bis zur Verachtung gehen, andererseits macht sie mich offen für das Schöne, das andere vielleicht übersehen.
In einem Interview mit Peter Hamm sagten Sie, ein guter Schriftsteller muss auch ein guter Mensch sein.
Das stimmt. Oder besser: Ein Schriftsteller muss guttun. Er muss nicht unbedingt Gutes tun. Aber er muss guttun, so wie ein Ding guttut. Ein Buch tut gut. Ein Mensch kann gut tun, auch wenn er nichts Gutes tut. Das Guttun ist mein Ideal.
Aber Sie erreichen es nicht.
Doch, doch. Das Guttun ist mein Beruf.
Ich wäre mir nie so sicher, was anderen guttut.
Von Ihnen spreche ich nicht. Sie tun ja nicht gut …
Darf ich lachen?
Sie sind ein Tunichtgut.

Mich wundert, dass man Sie für humorlos hält.
Mich auch. Denn es stimmt nicht. Ich bin zwar kein extra humoriger Mensch, das wäre ja fürchterlich. Der wahre Humor ist eine Begleiterscheinung der Tragik, auch der Verzweiflung. Wenn der Humor nur humorig ist, werde ich todtraurig davon.
Leben Sie gern?
Oh ja!
Immer?
Wenn ich das Gefühl habe zu leben, dann lebe ich gern. Zu leben ist einfach eine Pflicht, glaube ich.
Würden Sie gern ewig leben?
Ja, schon, wenn der Verstand, das Sehnen und die Träume bleiben. Warum nicht? Man darf sich das nur nicht ausmalen, so wie ich mich auch davor hüte, mir auszumalen, was nach dem Leben kommt. Als der vorige Papst starb, der polnische, der ja ganz öffentlich gestorben ist, habe ich gedacht, der wird vielleicht baff sein. Also bei dem habe ich gespürt, dass nach dem Tod nichts kommt. Aber bei anderen kann es anders sein. Wir verschwinden ins Blau oder ins Rot oder ins Grün, weiß der Teufel …
Wie wollen Sie sterben?
Das kann ich Ihnen ganz genau sagen: entweder am Schreibtisch, mit dem Bleistift in der Hand, schreibend, oder während ich jemanden rette, aus einem Feuer zum Beispiel, einem brennenden Haus.

Jonathan Littell
2008

Es kommt nicht oft vor, dass ein Schriftsteller mit nur einem Werk in die schwindelnden Höhen des Weltruhms katapultiert und so von Anfang an der Notwendigkeit seiner Selbstvermarktung enthoben wird. Jonathan Littell, gebürtiger US-Amerikaner und durch seine Einbürgerung vor einem Jahr zusätzlich Franzose, hat sein bisher einziges Interview im deutschsprachigen Raum dem *Spiegel* gegeben. Auf seinen voluminösen (1380 Seiten) und, muss man sagen, skandalösen Roman über den nationalsozialistischen Horror, *Die Wohlgesinnten*, der 2006 auf Französisch und mittlerweile auch in siebenundzwanzig Übersetzungen erschien, reagierten Rezensenten und Leser entweder fasziniert oder angewidert. Ich las das Buch in einem Zug durch.

Also würde ich, so dachte ich, dem scheuen Autor, gelänge es mir, ihn für ein Gespräch zu gewinnen, nichts vorlügen müssen. Als ich Delf Schmidt, dem Cheflektor des Berlin Verlags, mein Anliegen vortrug, sagte er gleich: »Unmöglich!« Nun begann die Verführung. Ich schickte Littell mein Interview mit dem Nazi-Bildhauer Arno Breker und schrieb ihm, ich hätte auch schon mit Elias Canetti, den er schätzt, und Ernst Jünger, der in seinem Buch vorkommt, gesprochen. Immerhin wollte er mich nun kennenlernen. Die Gelegenheit dazu ergab sich anlässlich einer Podiumsdiskussion in Berlin*, die der Star geduldig wie ein Schüler, der gehorcht, absolvierte. »Ich bin ein guter Deutscher«, sagte er mir tags darauf beim gemeinsamen Lunch in einem italienischen Restaurant, zu dem er nach durchzechter Nacht etwas verkatert erschien. Angereiste Journalisten hatte er sich, wie später zu lesen war, während des offiziösen Abendessens nach der Diskussion mit Ellbogenstößen vom Leib gehalten. Das Fernsehen und Fotografen waren nicht zugelassen.

Mir saß er nun gegenüber, dieser bleiche, vierzigjährige Jüngling mit Ohrring und fahlem Blick, dem man die Leidenschaft, die in ihm lodert, nicht ansieht. Wie schon abends zuvor trug er unter dem Sommeranzug ein T-Shirt mit dem berühmten Spruch aus Melvilles Erzählung *Bartleby*: »I would prefer not to.« Seine geradezu schamlose Offenheit überraschte mich. Sogar eine Tonbandaufzeichnung erlaubte er. Delf Schmidt, der, von gelegentlichen Lachkrämpfen geschüttelt, daneben saß, rief in regelmäßigen Abständen das Wort »absurd« in den Mittagshimmel. Unsere Unterhaltung, die wir auf Englisch führten, Littells erster Muttersprache, dauerte knapp zwei Stunden. Bevor er in das Taxi stieg, das ihn zum Flughafen brachte, rief mir der Schriftsteller noch zu, ich könne ihn zur Fortsetzung

---

* Diskussionsteilnehmer: Jörg Baberowski (Professor für Geschichte Osteuropas, Berlin), Raphael Gross (Direktor des Jüdischen Museums, Frankfurt), Annette Wieviorka (Professorin am Nationalen Forschungszentrum für Wissenschaft, Paris), Étienne François (Direktor des Frankreich-Zentrums der Freien Universität, Berlin)

des Gesprächs in Barcelona, wo er wohnt, angeblich um dem Rummel um seine Person zu entgehen, gerne besuchen. Aber es war genug.

Sie hassen Interviews.
Ja, man soll mein Buch lesen, das genügt. Wer sich für einen Schriftsteller interessiert, weil er sein Buch liebt, kommt mir vor wie jemand, der sich für Enten interessiert, nur weil er gern Stopfleber isst. Es ist Unsinn.
Sie sind mit einem einzigen Buch zum Star der internationalen Literaturszene geworden.
Genau das ist das Problem. Ich weigere mich, ein Star zu sein. Ich interessiere mich für andere Menschen, aber ich hasse es, über mich zu sprechen. Mein schwedischer Verleger hat mir einen langen Brief geschrieben, in dem er mich bat, nach Schweden zu kommen, um Interviews zu geben, damit er mein Buch besser verkaufen kann. Ich habe das abgelehnt.
Sie haben auch 2006 den Prix Goncourt, den renommiertesten französischen Literaturpreis, abgelehnt.
Nein, den kann man nicht ablehnen. Ich bin nur nicht zur Verleihung gegangen.
Der Preis ist mit zehn Euro dotiert, kein großer Verlust.
Auf die zehn Euro warte ich noch immer vergeblich. Ich habe darum gebeten, mir den Scheck zuzuschicken. Aber bis heute habe ich ihn nicht bekommen. Als Julien Gracq 1951 den Prix Goncourt zurückwies, sagte die Jury, fuck you, und hat ihn ihm trotzdem verliehen. Ich finde alle Literaturpreise grotesk und lächerlich.
Sie haben das damit begründet, dass solche Preise viel mit Mar-

keting, aber nichts mit Kunst zu tun hätten. Sie wollten in keinen Wettkampf mit anderen Schriftstellern treten.
Ich habe für meinen französischen Verlag eine Erklärung verfasst, da stand auch noch anderes drin. Der Verleger hat aus dem Text nur die Stellen veröffentlicht, die ihm angenehm waren, das andere hat er weggelassen.
Würden Sie den Nobelpreis annehmen, der Ihnen über eine Million einbrächte?
Nein, denn ich habe jetzt genug Geld.
Genug für das ganze Leben?
Ja, absolut. Ich habe mein Geld gut angelegt. Ich habe vorgesorgt.
Das bedeutet, Sie bräuchten nichts mehr zu schreiben?
Im Prinzip nicht. Ich lebe sehr bescheiden. Ich brauche nicht viel. Aber seit ich berühmt bin, kann ich mit jeder Zeile Geld verdienen, sogar wenn ich etwas so Dummes veröffentliche wie meinen Essay *Le sec et l'humide*, *Das Trockene und das Feuchte*, den ich vor meinem Roman geschrieben habe. Ich profitiere von meinem Ruhm, aber ich hasse ihn. Vor sechs Monaten habe ich zu meinem Agenten gesagt, ich werde eine »Endlösung«, wie es auf Deutsch heißt, für meine Berühmtheit finden. Er fragte mich, was ich damit meine. Ich antwortete, das werde er schon noch sehen.
Ein guter Anfang wäre es, würden Sie aufhören, öffentlich aufzutreten wie kürzlich anlässlich einer Berliner Podiumsdiskussion, bei der sie sich von Historikern befragen ließen.
Das werde ich tun. Man hat mich mit viel Überredungskunst zu diesem Auftritt verleitet. Es war schrecklich. Man wiederholt sich dauernd. Eine Zeit lang fand ich es ganz akzeptabel, Kompromisse zu machen. Ich wollte nicht als jemand erscheinen, der sich versteckt wie Pynchon. Ich bin

kein Einsiedler. Ich will nur nicht mit diesen langweiligen Leuten reden.
Ihr Kollege Houellebecq zog sich aus der Affäre, indem er für die Öffentlichkeit eine falsche Biografie erfand.
Das möchte ich nicht. Ich will nicht mit meiner Berühmtheit spielen. Mögen Sie Houellebecq?
Im Gespräch ist er recht amüsant und sehr fatalistisch.
Gefällt Ihnen, was er schreibt?
»Elementarteilchen« fand ich interessant. Und Sie?
Ich habe noch nichts von ihm gelesen.
Ihr Lieblingsautor ist Flaubert, richtig?
Einer meiner Lieblingsautoren. Flaubert ist wahrscheinlich der Autor, der mir das größte Vergnügen bereitet. Wenn ich ihn lese, denke ich, uuaaahh, diese pure Schönheit des Stoffes! Wer ist Ihr Lieblingsautor?
Proust.
Mit Proust wird es mir ergehen wie mit Flaubert, uuaahh. Den habe ich mir aufgespart für Regentage.
Was Sie mit Houellebecq verbindet, ist die Betonung des Sexuellen.
Darüber können wir gerne reden, solange es nicht persönlich wird.
In Ihrem Roman beschreiben Sie ausführlich die homosexuellen Praktiken der Hauptfigur, eines SS-Offiziers im Zweiten Weltkrieg. Ich habe mich gefragt, woher Sie Ihre Kenntnisse haben.
Darauf antworte ich nicht. Chacun sa merde, wie die Franzosen sagen. Das ist privat. Sie sollten mich nicht fragen, mit wem ich ficke. Ich frage Sie ja auch nicht, mit wem Sie ficken.
Ich ficke nicht.

Dann tun Sie mir leid. Mögen Sie Käse?
Käse?
Es gibt hier eine französische Käseplatte.
Ich teile alles mit Ihnen.
Eingeschlossen Ihre sexuellen Geschichten. Aber im Ernst, sind Sie wirklich nicht an Sex interessiert?
Es gibt ja verschiedene Arten von Sex.
Ich verstehe.
Darf ich aus Ihrem Buch zitieren?
Bitte!
Da heißt es auf Seite 701: »Mein Arsch öffnete sich für ihn wie eine Blüte, und als er endlich eindrang, wuchs eine Kugel aus weißem Licht am unteren Ende meines Rückgrats, kletterte mir langsam den Rücken hoch und löschte den Kopf aus.« Das ist sehr poetisch.
Ja, aber ich werde Ihnen nicht die Motive erzählen, warum ich das schrieb.
Ich dachte, Sie haben diesen schwulen Ich-Erzähler gewählt, der außerdem noch mit seiner Schwester schläft und seine Mutter ermordet, um ein Gleichgewicht zur Perversität des Nationalsozialismus herzustellen.
Nein, das war nicht der Grund. Die Gründe sind persönlich. Ich habe meine Probleme, und ich arbeite an meinen Problemen auf meine Art. Das geht niemanden etwas an. Zu glauben, ein Autor wisse, warum er dies oder jenes schreibt, ist ein weitverbreiteter Irrtum in der Geschichte der Literaturkritik. Ich habe keine Schwester, und meine Mutter lebt. Ich habe zu ihr gesagt, die Tatsache, dass mein Romanheld seine Mutter ermordet, habe mit ihr nichts zu tun, das gebe es schon bei den alten Griechen, bei Aischylos, in der *Orestie*, blablabla …

Sie sind verheiratet und haben zwei Söhne …
Ich bin nicht verheiratet.
Nicht?
Nein, ich lebe mit meiner Partnerin seit zehn Jahren zusammen, aber wir sind kein Ehepaar.
Dann steht in Ihrem Lebenslauf, den man überall lesen kann, etwas Falsches.
Über mich wird viel Falsches geschrieben.
Sie führen ein sozusagen normales Familienleben.
So ist es.
Kennen Sie Thomas Bernhard?
Ich schätze ihn sehr, aber in Ihrem Interview mit ihm kam er mir etwas seltsam vor.
»Jemand, der sowieso schon zum Ausgefallenen neigt«, sagt er da, »wird letzten Endes immer versuchen, sich zu verstecken.«
Vielleicht bin ich wie er.
Er vergleicht sich mit einer Feuerlilie, die versucht, »unter den Leberblümchen unterzutauchen, gleichzeitig aber stolz ist, dass sie diese Feuerlilie ist«. Man wolle großartiger sein als die anderen, zugleich aber total geschützt.
Haben Sie schon einmal bei einer Amputation zugesehen?
Nein.
Wenn jemandem ein Bein oder ein anderer Körperteil amputiert wird, macht man eine Drainage, das heißt, man legt einen Schlauch unter das Fleisch, damit der Eiter abfließt. Beim Schreiben macht man in gewissem Sinne das Gleiche. Man reinigt sich.
Sie mussten dieses Buch schreiben. Es war ein innerer Zwang.
Ich glaube, dass alle Bücher, die es wert sind, gelesen zu werden, aus einem inneren Zwang entstehen.
Hätten Sie Ihren Roman über die nationalsozialistischen

Gräuel und einen perversen Täter, in dem Sie sich spiegeln, nicht geschrieben, wären Sie wahnsinnig geworden.
Das will ich nicht sagen.
In einem Interview mit dem Historiker Pierre Nora sagten Sie, von Anfang an habe Sie die »Frage nach den Motiven der Leute, die töten, gefesselt«.
Ja, mich interessierten die Mörder, nicht die Opfer. Das hat manche erstaunt, weil ich Jude bin. Aber ich schrieb dieses Buch als Mensch, nicht als Jude. Man hat gesagt, von einem Nichtjuden hätte man so ein Buch nicht akzeptiert. Man hätte mich geprügelt, man hätte, verzeihen Sie den vulgären Ausdruck, »torn me a new asshole«. Man hätte mich einen Antisemiten genannt. Aber weil ich jüdisch bin, sagte man, aha, er ist Jude, und sogar Claude Lanzmann, der Autor von *Shoa*, hat sein Okay gegeben. Also wurde ich unantastbar. Aber so dachte ich nicht, als ich schrieb. Im Nachhinein war es vielleicht ein strategischer Vorteil, dass ich Jude bin, aber das hat nichts zu tun mit der Konzeption des Buches.
Fühlten Sie sich befreit, als der Roman fertig war?
Ich weiß nicht. Ich denke eher in ökonomischen Kategorien. Druck wird aufgebaut und abgebaut und dann wieder aufgebaut. Es ist nicht so, dass ich dachte, fein, jetzt hast du diesen Roman geschrieben, jetzt kannst du die nächsten vierzig Jahre lang Party machen.
Dass Sie nach so einem monströsen Buch einen weiteren Roman schreiben können, ist schwer vorstellbar.
On verra! Lassen Sie das meine Sorge sein und nicht die Sorge der Journalisten. Ich meine nicht Sie persönlich, aber ich sitze lieber in meinem Arbeitszimmer und schaue den Himmel an, als mich in Zeitungen über meine Projekte zu

äußern. Wenn ich heute mein Buch von außen betrachte und die Wirkung, die es hatte, den ganzen Wirbel, stelle ich fest, dass, unabhängig davon, ob es gut oder misslungen ist, eine Menge Energie darin steckt. Es ist eine Bombe voll Energie. Nun kann man fragen, wie diese Energie entsteht. Wenn man zu schreiben beginnt, weiß man nicht, was daraus wird. Man hat Ideen, man hat einen Impuls. Man setzt sich hin ...

Könnten Sie ohne das Schreiben leben?

Ja, sehr gut sogar, wenn Sie das Schreiben auf die Arbeit am Schreibtisch beschränken. Von mir gibt es bisher, abgesehen von einem schlechten Science-Fiction-Roman, den ich mit neunzehn schrieb, und einem theoretischen Aufsatz, nur vier Kurzgeschichten, die *Études*, für die ich nicht mehr als einige Stunden brauchte, und den Roman *Die Wohlgesinnten*, für dessen Niederschrift ich exakt hundertzwölf Tage benötigte. Wenn Sie aber sagen, das Schreiben schließt auch die Notizen, das Denken, das Recherchieren, die ganze Vorbereitung ein, dann schreibe ich ununterbrochen. Ich bin wie ein Stierkämpfer, der sich für den Kampf präpariert. Wenn ich dem Stier dann gegenübertrete, kämpfe ich gegen die Sprache und die Grammatik, die mir widersteht und die ich besiegen muss.

Das Grausamste, beim Lesen kaum Erträgliche in Ihrem Roman ist die Beschreibung des 1941 von den Deutschen verübten Massakers von Babyn Jar, jener Schlucht bei Kiew, in der 33 000 Juden planmäßig erschossen wurden.

Ja, aber ich dachte beim Schreiben nicht an die Leichen, sondern ich ging vor wie ein Maler, der vor der Leinwand steht und überlegt, ob er da ein wenig Rot, ein kräftiges Grün oder Gelb oder Schwarz nehmen soll. Das Schreiben ist wie das Mischen von Farben. Man sucht den richtigen Ton.

Ich zitiere eine Stelle, an der Sie beschreiben, wie der Erzähler die von den ersten Salven nur Verwundeten endgültig exekutiert. Er steigt über die Leichenhaufen: »Das war entsetzlich glitschig, das weiche, weiße Fleisch verschob sich unter meinen Stiefeln, die trügerischen Knochen brachen unter meinen Schritten und ließen mich straucheln, ich versank bis zu den Knöcheln in Schlamm und Blut ...« Was fühlten Sie, als Sie das schrieben?

Nichts. Ich denke, wenn ich schreibe, nur an die Wörter. Ich tue meine Arbeit, und wenn das Buch dann erscheint, muss der Leser die seine tun. Ich glaube sehr an die Arbeit des Lesers. Als ich den Roman *Absalom, Absalom!* von William Faulkner las, den ich unendlich bewundere, kam ich mir wie jemand vor, dessen Kopf immer wieder in einen Sumpf gedrückt und wieder herausgezogen und wieder hineingedrückt wird, sodass er glaubt zu ersticken. So etwas wollte ich auch erreichen. Deshalb habe ich sehr lange Absätze gewählt, die dem Leser nicht erlauben, sich zu erholen.

Die Welt, in der wir leben, ist für Sie ein einziger Schrecken.

Ja, sie ist ziemlich unerträglich. Sie ist ein Albtraum, beschissen, ein einziges Grauen, aber es gibt keinen Ausweg.

Man kann sich umbringen.

Der Selbstmord ist für mich keine Option. Ich denke wie Beckett, der sagt, er kann nicht mehr weitergehen, und dann doch weitergeht. Alle Schriftsteller, die ich liebe, dachten so, Blanchot, Bataille, Burroughs ... Denn was ist die Alternative? Man kann ein Junkie werden, aber das kam für mich nie infrage. Ich nehme auch keine Pillen. Ich trinke nur etwas viel Whiskey, aber nicht, um zu vergessen. Man muss den Scheiß durchstehen und weitermachen. Man muss wie Sokrates ein stoisches Konzept vom Leben entwerfen und so anständig wie möglich über die Runden kommen. Foucault hat das die »Selbstsorge« genannt. Man soll sein Vergnügen haben, soweit es geht, und möglichst niemandem schaden. Ich halte nichts von der Selbstzerfleischung durch das dauernde Denken.

Man muss sich ablenken ...

Nein, im Gegenteil, man muss sich den Schrecken immer vor Augen halten, um das Schöne, das es trotzdem gibt, mehr zu genießen.

Haben Sie es je verflucht, geboren zu sein?

Ja, das kam vor, nicht jeden Tag, aber manchmal. Ich habe mehrere Jahre in Bosnien und Tschetschenien als Mitarbeiter der »Aktion gegen den Hunger« verbracht. Ich kenne den Krieg, und ich sage Ihnen, ich hatte auch eine Menge Spaß in dieser Zeit. Denn wenn man weiß, die nächsten dreißig Sekunden können die letzten im Leben sein, es braucht nur eine Granate einzuschlagen, und du bist weg, fühlt man den Augenblick intensiver als in einer Whiskey-Bar in New York oder dem Restaurant, in dem wir gerade sitzen. Das Gemeine am sogenannten Frieden ist, dass man an die Gefahr, in der man sich ständig befindet, nicht denkt. Wenn ich jetzt aufstehe und auf die Straße gehe, kann mich ein Auto überfahren, und ich bin tot. Dann bleibt *Die Wohlgesinnten* tatsächlich mein erster und letzter Roman ... Haben Sie Kinder?

Nein.

Jedes Mal, wenn ich meine Kinder sehe, denke ich: Sie gehen in die Schule und kommen vielleicht nicht mehr zu-

rück. Es könnte sie jemand entführen und töten oder in einen Keller sperren wie dieser Verrückte aus Österreich*. Es ist ein schrecklicher Gedanke. Aber was kann man tun?
Wie erklären Sie Ihren Kindern den Sinn des Lebens?
Sie sind noch klein, sieben und fünf Jahre alt. Aber sie wissen alles. Der Ältere stellte mir, als er erst vier war, genau diese Frage: Warum sind wir hier, warum gibt es Restaurants, warum gibt es Morde? Warum, warum, warum … Er verstand damals schon, dass der Mensch nur lebt, weil er tötet. Er sagte, wenn du Fleisch isst, tötest du Tiere. Er wollte nicht länger zu einer Familie gehören, die tötet. Eine Zeit lang war er dann Vegetarier.
Sind Sie religiös?
Nein. Die einzige Theologie, mit der ich sympathisiere, ist die Agnostik. Wenn es einen Gott gibt, dann ist er ein erbärmlicher Stümper, denn er hat Scheiße gebaut. Die Welt, die er erschaffen hat, ist ihm gründlich misslungen. Wenn wir all die falschen Erklärungen, Gott, die Religionen, die Transzendenz, aus unserem Leben entfernen und einfach nur sehen, was um uns geschieht, was wir einander antun und wie wir alles zerstören, dann müssen wir sagen, es ist abscheulich, es ist grauenvoll, und man begreift es nicht.
Warum sind Sie freiwillig in Kriegsgebiete gegangen?
Einfach so, weil ich es wollte. Man könnte, wenn man es zynisch formuliert, sagen, die Leute meiner Generation, die sich im Frieden langweilen, können als Reporter oder Mit-

---

* Josef Fritzl (geboren 1935), hielt auf seinem Grundstück in Amstetten 24 Jahre lang eine seiner Töchter in einem Keller gefangen und zeugte mit ihr sieben Kinder, von denen drei bis zu ihrer Befreiung am 26. April 2008 ihr Leben ebenfalls in dem Verlies verbrachten.

glied einer humanitären Organisation in diese Gebiete gehen, da haben sie, ohne jemanden töten zu müssen, viel Spannung und ein paar nette Erlebnisse und tun sogar etwas Konstruktives. Vor hundert Jahren hätte ich mich vielleicht wie Ernst Jünger verhalten, der sich freiwillig zur Front meldete, um etwas Aufregung zu haben. Im Zweiten Weltkrieg ist er dann mit einem Glas Sekt auf das Dach eines Pariser Hotels gestiegen, während die Bomben fielen. Exakt das Gleiche habe ich, bevor ich Jünger gelesen hatte, in Sarajevo gemacht, nur trank ich Whiskey statt Sekt und rauchte eine Zigarre. Man kann auch mit einer Frau schlafen, während die Bomben fallen.
Haben Sie das getan?
Ich spreche nicht von mir. Aber ich hatte eine bosnische Freundin, sechzehn Jahre alt, die mir eine wunderbare Geschichte erzählte. Jedes Mal, wenn ihre Familie bei Alarm in den Keller lief, ging sie mit ihrem Freund zum Ficken in eine der leeren Wohnungen. Ich halte das für eine sehr gesunde Reaktion. Man muss sich, wenn gestorben wird, jedes Vergnügen gönnen. Die Liebe ist immer nahe am Tod.
Und erst der Krieg ermöglicht ...
... den Frieden.
Wenn man den Zynismus auf die Spitze treibt, könnte man meinen, dass wir die sechzig Jahre Frieden in Mitteleuropa Hitler verdanken.
Absolut, in gewisser Weise.
Salman Rushdie sagte, als ich ihn interviewte, wer so denke, gehöre zu den Verdammten.
Dann gehöre ich auch dazu.
Haben Sie die in Deutschland größtenteils negativen Rezensionen über Ihren Roman gekränkt?

Nein, gar nicht. Ich war von der hohen Qualität der deutschen Kritiken, auch wenn sie vernichtend waren, angenehm überrascht. Die Argumente waren meist dumm, aber man hat sich Mühe gegeben. Man hat zumindest das ganze Buch gelesen, während die französischen Kritiker es nur überflogen. Etwas merkwürdig fand ich bloß, dass ein Kritiker mein Judentum besonders hervorhob und es mit Kitsch und Pornografie in Verbindung brachte. Denn gerade in Deutschland ist doch diese Assoziation ein altes Klischee.

Was, glauben Sie, ist der Grund für die deutschen Verrisse?

Daniel Cohn-Bendit sagte mir, die Deutschen beanspruchen das Monopol, zu wissen, was es mit der Grausamkeit auf sich hat, wie übrigens auch die Juden, die sich als die einzigen Opfer gebärden, obwohl sie nicht die einzigen waren.

Sie glauben, die Deutschen wollen nicht, dass ihnen ein Ausländer etwas über den Holocaust erzählt, den sie verschuldet haben?

Nein, ich glaube das nicht, aber falls es stimmt: Fuck them!

Die Rezensentin der »Zeit« nannte Sie einen »Idioten«.

Nichts ist mir mehr gleichgültig als das.

Wenn man die Bezeichnung »Idiot« wie Peter Handke, der sie einmal auf sich anwandte, im griechischen Sinne versteht, bedeutet sie »Außenseiter«. So gesehen ist sie ein Kompliment, keine Beleidigung.

Über Peter Handke will ich nicht sprechen. Ich habe ihn verehrt. Ich habe ihn geliebt. Aber seit er diesen Unsinn über den Krieg in Bosnien geschrieben hat, lese ich seine Bücher nicht mehr. Er hat, indem er sich mit den serbischen Mördern verbündete, einen schrecklichen Fehler begangen. Das ist unverzeihlich.

Er hat seinen Standpunkt, und Sie haben Ihren.
Es geht nicht um Standpunkte. Handke hat nie einen Fuß nach Bosnien gesetzt. Er betrachtet alles mit den Augen der Serben. Ich habe diesen Krieg von allen Seiten erlebt, ich war bei den verdammten Serben, den verdammten Kroaten und den verdammten Bosniern. Ich lag mit bosnischen Männern in den Schützengräben in Nedzarici und hörte die Schreie ihrer geschändeten Frauen, die wie eine Welle zu uns herüberdrangen. Wenn eine Familie in ihrem Haus in Foča sitzt, und plötzlich kommt jemand mit einem Maschinengewehr, kettet die Tochter an den Heizkörper und vergewaltigt sie vor den Augen der Eltern, dann ist das nicht lustig. Gut, man kann sagen, so ist die Welt. Aber man muss nicht hingehen und freundlich zu diesen Verbrechern sein und ihnen die Hände schütteln. Das ist obszön, und genau das hat Handke getan. Er sollte den Mund halten. Er mag als Künstler phantastisch sein, aber als Mensch ist er mein Feind. Man muss die Bereiche trennen. Man darf unmoralisch sein, solange man sich in der Kunst bewegt. Aber sobald man diesen Bereich verlässt und politisch spricht, gelten andere Regeln. Wenn Sie Handke mit Céline vergleichen, der ein Faschist war und antisemitische Pamphlete geschrieben hat, werden Sie verstehen, was ich meine. Céline war ein großartiger Dichter, und ich kann heute sagen, ich schätze ihn, weil er tot ist. Aber hätte ich in den Dreißigerjahren des vorigen Jahrhunderts gelebt, hätte ich versucht, ihn zu töten.
Peter Handke tötet niemanden.
Okay, aber er ist ein Arsch.
Gehen Sie wählen?

Ja, ich gehe wählen wie jeder anständige Bürger. Ich war noch nicht lang genug Franzose, um gegen Sarkozy stimmen zu können, aber ich werde als Amerikaner Obama wählen. Obama wird der nächste Präsident der Vereinigten Staaten, da bin ich ganz sicher. Er wird zwar im Irak kaum etwas ändern können, aber im Inneren schon, denn er ist eine charismatische Persönlichkeit, und in einem politischen System, das charismatisch strukturiert ist wie das amerikanische, kann so jemand viel bewirken.

Wissen Sie immer, was gut und was böse ist?

Ja, das weiß ich. George Bush ist böse und Dick Cheney noch mehr.

Ist im Leben nicht alles relativ?

Nein, nichts ist relativ. Ich kann das sagen, denn ich habe die wirkliche Welt gesehen. Das war kein Film. Mag sein, dass wir nicht die Wahl haben zwischen Gut und Böse, aber wir haben die Wahl zwischen dem Bösen und dem etwas weniger Bösen.

Jetzt sprechen Sie fast wie der Papst.

Der Papst ist der Schlimmste von allen. Er ist kriminell, denn er verbietet Kondome, während in Afrika die Menschen an Aids krepieren.

Ich dachte, Sie sind Fatalist.

Einerseits ja, denn ich stimme mit Beckett überein, der geschrieben hat, wir kriechen unser Leben lang im Morast. Wir essen, wir ficken, wir scheißen, wir versuchen, ein kleines Licht anzuzünden, und am Schluss sterben wir, das ist alles. Andererseits habe ich wie jeder, auch Sie, eine … Wie heißt das deutsche Wort? »Weltanschauung«? Auch die Nazis hatten eine »Weltanschauung«. Jeder hat eine »Weltanschauung«, weil wir ohne »Weltanschauung« nicht exis-

tieren können. Wir brauchen sie, so wie wir einen Automechaniker brauchen.
Hilft das im Notfall?
Manchmal schon. Sehen Sie, ich bin in Amerika während des Vietnamkrieges aufgewachsen, aber ich wollte nicht in diesen Krieg. Damals sagte mein Vater zu mir, sei unbesorgt, wenn du volljährig bist, schicke ich dich nach Schweden. Denn in Schweden gab es ein Gesetz, das es erlaubte, amerikanische Deserteure aufzunehmen.
Sie wollten nicht sterben.
Nein, falsch. Ich wollte nicht gezwungen werden zu töten.
Ist Ihr Vater ein gläubiger Jude?
Absolut nicht. Schon meine Großeltern waren nicht gläubig. Sie waren Kommunisten.
Was dachten Sie, als Claude Lanzmann sagte, Sie hätten einen »richtig guten jüdischen Kopf«?
Ich fand es grotesk, und ich habe mich sehr deutlich dagegen gewehrt. Ich sagte zu ihm, was er da rede, sei Scheiße. Er hat mir auch einen Brief geschrieben, in dem stand, ich hätte wunderbar jüdische Kinder. Ich antwortete, ich hätte wunderbare, aber keine wunderbar jüdischen Kinder. Er ist besessen von diesem Thema.
Warum stört es Sie so, wenn man Sie jüdisch nennt?
Weil ich es ablehne, einer Gruppe anzugehören, welcher auch immer. Man soll zu mir auch nicht Amerikaner oder Franzose sagen, obwohl ich jetzt beides bin. Ich kann sehr gut ohne solche Benennungen leben. Okay, meine Wurzeln sind jüdisch, meine Vorfahren, und ich habe eine jüdische Physiognomie, wie Sie sehen (*er wendet den Kopf zur Seite*) ... Ich habe eine jüdische Nase und jüdische Lippen. Das ist genetisch bedingt. Aber was soll's! Ich sage ja auch nicht

zu Ihnen, Sie haben einen österreichischen Kopf, obwohl Sie ein neurotischer Wiener Journalist sind, der alles relativ findet und behauptet, er ficke nicht.
Das war gelogen.
Ich wusste es! Sie haben das nur gesagt, um mich zu provozieren.

Günter Wallraff
2004

Ja, sagt Günter Wallraff, er habe sich, seit er unter dem Vorwurf stehe, für den Geheimdienst der DDR als Spitzel gearbeitet zu haben, öfter den Tod gewünscht. Wir sitzen einander an seinem Küchentisch gegenüber. Er braucht in seiner Nähe die Kaffeemaschine, damit er sich während des Gesprächs jederzeit aufputschen kann. Mich überrascht seine Antwort. Ich hatte ihn gefragt, ob ihn die Todessehnsucht, unter der er in seiner Jugend litt, eingeholt habe. Aber ich hatte mit einem energischen Nein gerechnet. Denn im Kampf, dachte ich, blüht er auf. Ich war mit der These nach Köln gereist, er brauche, um sich vom Denken an den Tod abzulenken, die Feinde, die er besiegen muss. In einem seiner frühen Gedichte stehen die Zeilen: »Ich werde nie aufhören zu versuchen, nicht mehr zu denken. Ich spüre den Schwellton des wachsenden Todes. Ich fülle meinen Kopf, die Bombe, mit Dynamit. Ich lege die Zündschnur. Ich hoffe auf den zündenden Funken.«

»Leben«, schreibt Fernando Pessoa, »heißt nicht denken.« Günter Wallraff gesteht mir entwaffnend, er sei »gerne blöd«. Er sei primitiv, er sei ein Steinzeitmensch. Er schalte

die Fernsehnachrichten aus, bevor er mutlos werde. Er lasse sich den Glauben an die Möglichkeit einer besseren Welt nicht nehmen. Er halte, sagt er, Naivität für eine gute Eigenschaft. Und dann schenkt er mir eine Überschrift: »Ich bin ein Neandertaler.« Es ist ein gefährlicher Satz. Wallraff hat Ende der Sechzigerjahre in DDR-Archiven nach Beweisen gegen untergetauchte Nazi-Verbrecher geforscht und nicht bemerkt, welche Herren ihm da zu Diensten waren. Heute sagt er, er habe damals beim Wort Agent an James Bond gedacht. Die netten Herren von der Staatssicherheit aber sahen so spießig aus. »Auch Leni Riefenstahl«, sage ich, »hat sich damit herausgeredet, sie sei naiv gewesen.«
Da stutzt Günter Wallraff. Dass ich ihn mit Hitlers Lieblingskünstlerin vergleiche, verwirrt ihn kurz. Aber er wehrt sich nicht. Nur ein kindliches Staunen huscht über das zerfurchte Gesicht. Später wird er sagen, er sei immer Kind geblieben. Ich denke, ohne es auszusprechen: Das ist sein Verhängnis.
Literatur ließ er, sein lyrisches Frühwerk verdammend, nur gelten »als Waffe im Klassenkampf«. »Die DKP ist die Partei, der ich am nächsten stehe«, sagte er 1972 in einem Interview. »Für einen lohnabhängigen Arbeiter, dem Zugehörigen der größten und wichtigsten Klasse einer Gesellschaft, sind die Voraussetzungen in der DDR gegeben, die eigene Situation in die Hand zu nehmen und sich zu verwirklichen. Es ist ein langsamer, aber ein im marxistischen Sinne sich entwickelnder Weg der Arbeiterklasse.« Und: »Man kann nicht sagen, der Journalist im Westen habe viel größere Freiheiten. Das stimmt nicht. Das ist Quatsch.«
Erst die Ausbürgerung seines Freundes Wolf Biermann, sagt er heute, habe ihm die Augen geöffnet. Wie aber erträgt er

es, dass ihn der Freund nun als Lügner hinstellt? »Der Wallraff und der Heiner Müller«, so Biermann, »glaubten beide, die Stasi über den Tisch ziehen zu können, aber sie wurden von der Stasi gefickt.« Ich frage: »Tut das nicht weh?« Wallraff schweigt lange. Seine Züge versteinern. »Darüber müssen Sie mit Biermann sprechen«, sagt er dann. Den Kampf um seine moralische Integrität, die er sich, um sein Lebenswerk zu retten, wieder erobern muss, führt er nicht gegen Biermann. Der Feind ist der Axel-Springer-Verlag, dessen Zeitungen *Die Welt* und *Berliner Morgenpost* ihn als informellen Mitarbeiter »IM Wagner« apostrophierten, obwohl nichts bewiesen ist. Zwar existieren unter dem Wallraff seit dem Auffinden seiner Stasi-Akte unstrittig zuzuordnenden Decknamen »Wagner« Berichte über westliche Waffen-Projekte, über das Lehrmaterial einer Hamburger Offiziersschule und anderes. Aber davon, so der Beschuldigte, habe er nichts gewusst: »Ich war vielleicht leichtgläubig. Das mag man mir vorwerfen. Ich rede mit jedem. Ich habe keine Berührungsängste. Aber dass ich in fremdem Auftrag Informationen geliefert habe, ist ausgeschlossen.«

Das entspreche nicht seinem Charakter. Dazu sei er zu sehr auf die eigenen Projekte fixiert gewesen, ein Besessener, ein Chaot, ein Egozentriker. In einem Text, den er, 23-jährig, berauscht durch eine Überdosis Meskalin, wie besinnungslos niederschrieb, heißt es: »Gehetzt werden durch sich selbst … Irgendwo in sich selbst etwas suchen, was noch mir gehört, noch ich selbst bin, spezifisch ich bin, aber alles ist durch mich durch und nicht ich, nie ich, vielleicht ich. Fortgeschwemmt von der ewigen Ichbesessenheit und für immer ganz allein gelassen, und damit nie fertigwerden.« Als Ausweg, so Wallraff damals, »bleibt nur noch der Selbstmord«. Ich frage ihn, ob er je versucht habe, sich umzubringen. Er erzählt, er sei einmal schwer betrunken auf das Dach seines Hauses geklettert, habe sich in die Dachrinne gelegt und trotz Zuredens seiner Frau keine Anstalten gemacht, wieder herabzusteigen. Erst als sie drohte, ihn zu verlassen, und auf die Straße lief, sei er heruntergesprungen und ihr, splitternackt, wie er war, nachgerannt. Da sei die gläserne Haustür hinter ihm zugefallen. Todesmutig habe er sich durch die Scheibe geworfen und so schwer verletzt, dass er beinahe verblutet wäre.

Als Selbstmordversuch ist das auf Anhieb nicht zu erkennen. Aber es zeigt, was Wallraff am meisten fürchtet: »Meine größte Angst ist die Verlustangst.« Befragt, ob er jemals für längere Zeit allein gewesen sei, antwortet er: »Gute Frage!« Das Alleinsein erträgt er nicht, weil es ihn zum Nachdenken zwingt. In seinem Text *Meskalin* ahnt er es schon: »Gedankenzwang, Wortzwang ... Auf sich selbst zurückgeworfen werden und sehen, dass nichts da ist, und das nicht einsehen wollen und mit allen Mitteln dagegen ankämpfen und dadurch in sinnlose Selbstzerstörungswut fallen.« Und dann steht da: »Von allem fliehen wollen.« Ich hatte mir die Worte rot angestrichen. Sie sind der Schlüssel zum Verständnis der Rollenspiele, in die Günter Wallraff sich rettete, um nicht zugrunde zu gehen. Er gab sich als Obdachloser aus, als Mönch und Ministerialrat, arbeitete als Tagelöhner bei Thyssen und schlich sich beim Gerling-Konzern als Bürobote ein. Die spektakulärsten Aktionen aber waren seine Verwandlung in den Reporter »Hans Esser«, als der er 1977 drei Monate lang für Springers *Bild* recherchierte, und 1985 seine Maskerade als türkischer

Gastarbeiter »Ali«, dessen erniedrigende Erfahrungen er in dem Weltbestseller *Ganz unten* beschrieb.

Früher, sagt Wallraff, habe er manchmal gedacht, es gebe ihn gar nicht. Nur in der Hülle einer fremden Identität habe er existieren können. »Es ist wie ein Rausch«, schrieb er 1989 in einem Aufsatz, der in der *Zeit* erschien. Kaum hatte er eine Rolle abgelegt, stellten sich Entzugserscheinungen ein. Panisch plante er die nächste Verkleidung. Doch seit seinem Auftritt als »Ali« ist ihm kein großer Coup mehr gelungen. Als er sich vor drei Jahren, um aufzuzeigen, dass die Paläste der Herrschenden noch heute von Arbeitssklaven errichtet werden, mit dunkler Perücke und Kontaktlinsen statt der Brille, die er sonst trägt, beim Bau des Berliner Regierungsviertels bewarb, wurde er, obwohl durch die Maske, wie er betont, um zehn Jahre verjüngt, aus Altersgründen nicht eingestellt. Er ist jetzt zweiundsechzig. Doch er weigert sich, sein Alter anzunehmen. Schon den fünfzigsten Geburtstag habe er verdrängt, nicht gefeiert. Als ich ihn frage, ob er sich noch, wie in einem Filmporträt zu sehen war, durch jene verschärfte Art von Liegestützen in Form hält, bei denen er die Arme und Beine vom Boden löst und in der Luft, bevor er wieder aufkommt, in die Hände klatscht, springt er vom Stuhl und ruft: »Mal sehen, ob es noch geht.«

Fünfmal stemmt er sich hoch. Der Stolz, dass er seinen durch die vielen Verwandlungen geschundenen Körper noch so beherrscht, stimmt ihn euphorisch. Mehrere Knochenoperationen hat er schon hinter sich. Eine Zeit lang ging er auf Krücken. Nun, da er sich wieder fit fühlt, kann er sogar über sein Alter scherzen. Für sein immer wieder verschobenes Lieblingsprojekt, sich als Rentner in einem Altersheim einzumieten, um die Missstände dort aufzudecken, müsse er sich, sagt er lachend, bald nicht mehr tarnen. In diese Rolle sei er hineingewachsen. Ich freue mich über seine Heiterkeit. In den Talkshows, in denen er wortreich den Verdacht, er habe für den Osten spioniert, zu entkräften suchte, wirkte er oft wirr und verstört. Als ihn nach einer Pressekonferenz, in der er sich an der Seite seines Anwalts zu den Vorwürfen geäußert hatte, ein Journalist nach seinem Befinden fragte, brach er in Tränen aus. War ihm das peinlich? »Ich schäme mich nicht meiner Gefühle«, erklärt er mir. »Ich weine bei meiner Frau. Aber ich will keine Schwäche zeigen, wenn sie von meinen Gegnern ausgenutzt werden kann.«

»So spricht ein Krieger«, sage ich. Da sieht er mich wieder mit jenem ratlosen Staunen an, mit dem er, als ich ihn mit Leni Riefenstahl verglich, reagierte. Er sei Pazifist. Er habe sich bei der Bundeswehr geweigert zu schießen. Ihm fehle die Fähigkeit zur Aggression. »Sie ertragen das Leben nur, wenn Sie kämpfen«, insistiere ich. »Sie brauchen Gegner.« »Jetzt nicht mehr«, sagt Wallraff. Er hat sich zum drittenmal Kaffee eingeschenkt. Im Nebenzimmer klingelt das Telefon. Er geht hinüber. Ich blättere, während er telefoniert, in meinen Unterlagen. Da steht, er sei schon als Jugendlicher auf die Stärkeren losgegangen. »Ich kann mich da an Situationen erinnern«, sagte er in einem Gespräch mit Heinz Ludwig Arnold, »dass ich mich in sinnloser Wut als Einzelner diesen mächtigeren Cliquen entgegenschmiss, dann allerdings immer wieder einen in die Fresse bekam, mich aber damit nicht abfand. Da gab es, aus der Wut heraus, den Kürzeren zu ziehen, den Drang, nicht aufzugeben.« Der mächtigste Gegner, mit dem er sich anlegte, ist bis heute die Springer-Presse.

In seinem Enthüllungsbuch über die *Bild*-Zeitung, *Der Aufmacher*, nannte er das Blatt »eine gigantische Fälscherwerkstatt«, »Zentralorgan des Rufmords« und, in einem Gedicht, »das Gebiss der Finsternis«. Das Buch wurde Schullektüre. *Bild* gibt es noch immer. Man schlägt zurück. Günter Wallraff müsste das, wie Claus Peymann ihm jüngst empfahl, »lockerer sehen«. Den Beweis, dass er nicht spioniert hat, wird es nie geben. Aber auch das Gegenteil ist nicht zu beweisen. Vielleicht stimmt die Vermutung, auf die er sich verzweifelt stützt, dass sich im Riesenapparat des Ministeriums für Staatssicherheit jemand hervortun wollte, indem er den Ahnungslosen zum Spitzel beförderte und aufschrieb, was dieser leutselig ausplauderte. Man wird es nie wissen. Dieser Kampf ist für Wallraff nicht zu gewinnen, auch wenn er gerichtlich erreicht, dass ihn die Zeitungen nicht mehr als »IM Wagner« bezeichnen dürfen.* Mag sein, dass er das spürt. In letzter Zeit schlafe er schlecht, sagt er, als er vom Telefonieren zurückkommt. Sonst könne er sogar im Sitzen und Stehen schlafen.

Die Anschuldigungen zermürben ihn. Ihm schlage der »blanke Hass« entgegen. Man wolle ihn mit »Totschlagzeilen« vernichten. Dass einer wie er, der sich nicht anpasst, Erfolg habe, könnten jene, die sich dem Zwang der Karriere beugen, nur schwer ertragen. Ich sage: »Wären Sie nur

---

* Das Hamburger Oberlandesgericht hat 2006 letztinstanzlich untersagt, Günter Wallraff eine IM-Tätigkeit zu unterstellen.

Schriftsteller, hätten Sie Ihren Frieden.« »Das Schreiben«, sagt Wallraff, »ist für mich eine Qual.« Nur in den Aktionen, die er inszeniert wie ein Schauspiel, dessen Hauptdarsteller er ist, kann er den Todesgedanken vergessen. 1974 kettete er sich in Athen an einen Lichtmast und verteilte Flugzettel, auf denen er das Militärregime, das damals dort herrschte, zur Freilassung der politischen Gefangenen aufforderte. Absichtlich begab er sich in Gefahr. Die Folter, die er nach seiner Verhaftung erleiden musste, hat er genau beschrieben: »Zwei Spezialisten in Zivil schlugen meinen Kopf an einer Tischkante und auf dem Fußboden blutig. Außerdem Schläge mit einer Kette, die an meinem Hals befestigt war. Schläge in Magen und Milz. Schläge mit einer Eisenstange und mit Absätzen von Stiefeln auf die Zehen des linken Fußes.« Die Opferrolle ist ihm, sofern er sie freiwillig auf sich nimmt, die liebste Rolle.

Der soziale Furor, mit dem er sich für die Verfolgten und Entrechteten einsetzt, kommt erst zur Ruhe, wenn er sich den Demütigungen, die jene erdulden, selbst unterwirft. Willi Winkler hat das in der *Süddeutschen Zeitung* auf eine »katholisch-masochistische Konstitution« zurückgeführt. Man könnte darin auch eine Neigung zur Selbstbestrafung erkennen. »Morgen Telegramme in alle Himmelsrichtungen schicken und um Entschuldigung flehen, dass alles so ist, wie es ist«, schrieb Wallraff im Drogenrausch. Das Schuldgefühl ist sein katholisches Erbe. »Lieber Gott, mach mich kaputt«, habe er als Kind vor dem Einschlafen gebetet. Erst durch die Arbeit, sagt er, habe er den Todestrieb überwunden. »Durch den Spionageverdacht«, sage ich, »werden Sie wieder zurückgeworfen.« Er richtet den Blick zur Decke. »Es nervt«, stöhnt er. »Es lähmt die Kreativität.«

Er müsse das hinter sich bringen. Denn er habe schon alles für ein neues Projekt vorbereitet.

Die Idee dazu kam ihm vor einem Jahr, als ihm auf dem Moskauer Flughafen die Weiterreise nach Tschetschenien, wo er sich über Menschenrechtsverletzungen informieren wollte, verweigert wurde. Er hatte sich in einem Interview kritisch über Präsident Putin geäußert. Nun habe er vor, erzählt er mir, sich über die grüne Grenze in das vom Krieg geschüttelte Land einzuschleusen, um sich, als »normaler Bürger« getarnt, den dortigen Lebensbedingungen auszusetzen. »Jetzt haben Sie es verraten«, sage ich. »Oh, Gott!«, ruft er und lacht. Es ist ein komischer und zugleich befreiender Moment. Günter Wallraff gibt sein bestgehütetes Geheimnis preis, aber es scheint ihm nichts auszumachen.*
Er reißt ein Blatt von einem rohen Kohlkopf, der neben der Spüle liegt, verzehrt es und bietet mir auch eines an. Davon und von Bananen, sagt er, ernähre er sich, da er nicht kochen könne. Ohne Bananen wäre er längst verhungert. Wenn er ausgiebig speisen wolle, gehe er in ein Restaurant.

»Wo ist Ihre Frau?«, frage ich. »Wir wohnen getrennt«, antwortet er. Seine Arbeit sei mit einem geordneten Familienleben nicht zu vereinen. »Aber unser Verhältnis ist gut.« Die beiden jüngsten Töchter, sechs und zwölf Jahre alt, leben auch bei der Mutter. Wallraff hat noch drei Töchter aus zwei früheren Ehen. Fröhlich berichtet er, ein lesbisches Liebespaar, das sich weiblichen Nachwuchs wünschte, habe sich

---

* Aufgrund einer Warnung und konkreten Bedrohung musste Günter Wallraff kurzfristig auf die Umsetzung dieses Projekts verzichten.

vor einiger Zeit mit der Bitte um eine Samenspende an ihn gewandt. Er wäre dazu bereit gewesen. Er sei ein hilfreicher Mensch. Zum Glück habe die Rechtslage, die untersagt, dass der Spender erfährt, wer den Samen bekommt, seine Wohltat verhindert. Denn das Paar habe sich mittlerweile entzweit. »Sie sind viel lustiger, als man denkt«, sage ich. »Ja, sehen Sie mal«, stimmt er begeistert zu. »Man kennt mich nicht. Ich habe auch in meiner Arbeit immer wieder gezeigt, wie wichtig es mir war, Spaß zu haben. Ich sehe mich nicht nur in der Opferrolle.« »Sie haben es«, füge ich hinzu, »eine sinnliche Freude genannt, sich als Schwächerer gegen die Mächtigen zu behaupten.«

»Ja«, sagt er, »Sinnlichkeit ist ein Begriff, den ich gern verwende. Um die Unsinnlichkeit mache ich einen großen Bogen.« Später, beim gemeinsamen Abendessen in einer Gaststätte, verrät er mir, er bevorzuge Frauen mit barocken Formen. Mit magersüchtigen Models könne er nichts anfangen. Dass er die seiner Meinung nach falschen Bilder, die von ihm kursieren, zurechtrücken kann, beflügelt ihn. In der Sexualität, sagt er, könne er sich ganz fallen lassen. Da sei er mit sich identisch. Nur durch die Liebe zu seinen drei Frauen habe er überlebt. Man werde das in seiner Autobiografie, die aber erst posthum erscheinen dürfe, nachlesen können. »Warum posthum?«, will ich wissen. Da wird er ganz leise. Er beschreibe darin auch seine Verfehlungen, flüstert er. Ich versuche mir auszumalen, was damit gemeint sein könnte. Hat Günter Wallraff, der Gutmensch, das Böse in sich aufgespürt? Hat er erkannt, dass auch in ihm Abgründe schlummern? Er sei, gesteht er, nicht immer treu gewesen. Seine erste Ehe sei daran zerbrochen. »Fällt Ihnen sonst nichts Schlechtes an Ihnen ein?«, frage ich.

»Ich bin jemand«, erwidert er, »der Versprechungen ernst meint, sie aber dann oft nicht einhalten kann.« »Das ist eine lässliche Sünde«, sage ich. Wallraff blickt ratlos. Da schlage ich ihm etwas vor: »Größenwahn.« Nun braust er auf: »Da liegen Sie völlig daneben. Das würde ja bedeuten, dass ich mich für etwas Besonderes halte. Das Gegenteil ist der Fall. Ich erhebe mich doch nicht über andere. Ich mache mich kleiner, als ich bin.« Dass man die Inszenierung der Erniedrigung, die anderen ungewollt widerfährt, auch hybrid finden kann, versteht er nicht. Dazu denkt er zu schlicht. Doch gefühlt hat er schon, dass er nach seiner Aktion in Griechenland und dem Leidensbericht *Ganz unten* Gefahr lief, als Märtyrer dazustehen. Eine Karikatur zeigte ihn damals mit Dornenkrone. Um dem Image als Schmerzensmann entgegenzuwirken, begann er, seine »egoistischen Motive« hervorzukehren. »Zu sagen, ich tue eine Arbeit, weil ich für andere was erreichen will«, erläuterte er 1986 in einem Interview, »ist eine sekundäre Rationalisierung, die man ihr überstülpt, um sie zu legitimieren.«

Heute formuliert er es kurz und bündig: »Ich habe das auch für mich getan.« Und: »Es war ein Spiel.« Günter Wallraff hat mit den Jahren zu einer Leichtigkeit, die auch mit Humor zu tun hat, gefunden. Es freue ihn, wenn Leser ihm schreiben, sie hätten über das eine oder andere in seinen Büchern gelacht. Der berühmte Germanist Hans Mayer habe an ihm eine satirische Begabung entdeckt. Es sei doch komisch, wenn er, wie in *Ganz unten* beschrieben, als angeblich todkranker Türke in einem Bestattungsinstitut seine Einsargung und Überführung in die Heimat bestelle. »Wo wollen Sie beerdigt werden?«, frage ich. »Gar nicht!«, ruft er. Er wolle in einer Baumkrone sterben und von Geiern gefressen werden. Aber leider gebe es ja keine Geier in Deutschland. Er wirkt jetzt fast ausgelassen. Sogar über seine vermutete Agententätigkeit kann er sich lustig machen. Niemals, sagt er, hätte er sich als Deckname »IM Wagner« gewählt. Die Musik Richard Wagners sei ihm ganz fremd. »IM Eulenspiegel« hätte er sich genannt. Der Schalk sei sein Vorbild.

»Stülpen wir uns doch die Narrenkappe über und treten wir auf im ganz großen Zirkus«, schrieb er, 16-jährig, in einem Schulaufsatz, der ihm wichtig genug erschien, um ihn in eine Sammlung seiner besten Texte mit dem Titel *Ich – der andere* aufzunehmen. Ich lese ihm die Stelle vor. Ja, sagt er, er sei ein Narr. Denn die Weisheit der Narren bestehe darin, sich dumm zu stellen.

Elfriede Jelinek
2004

Kaum haben Sie erfahren, dass Sie den Nobelpreis bekommen, haben Sie verkündet, Sie verdienen ihn nicht. Wenn aber andere das Gleiche sagen, verletzt es Sie.
Ich war ja ganz sicher, dass der Peter Handke dran ist, der lebende Klassiker.
Ja, aber andere dürfen nichts gegen Sie sagen.
Nein! Das ist, wie wenn Sie behindert sind und im Rollstuhl sitzen. Da darf auch niemand anderer Krüppel zu Ihnen sagen, aber Sie selbst dürfen es. Ich darf es sagen. Die anderen nicht!
Der Vatikan hat sich darüber aufgeregt, dass eine, wie es hieß, nihilistische Neurotikerin den Nobelpreis bekommt.
Das fand ich besonders schlimm, denn der Vatikan sollte doch eigentlich auf der Seite der Schwachen und Kranken stehen. Der sollte eher sagen, lasst doch die arme Frau in Ruhe, die kann nicht anders, es ist schön, dass sie ihn bekommen hat, auch wenn nihilistisch ist, was sie schreibt. Der Vatikan müsste doch die Mühseligen und Beladenen schützen.
Aus Barmherzigkeit …
Ja, ich finde das äußerst unchristlich vom Vatikan.

Marcel Reich-Ranicki hat geschrieben, Sie seien eine ganz tolle Frau, aber ein gutes Buch sei Ihnen nicht gelungen.
Das ist die größte Demütigung, zu sagen, sie ist eine beeindruckende, engagierte Frau, aber schreiben kann sie halt

nicht. Das ist Verachtung. Damit kann ich schwer leben, weil ich mich ja selbst schon genug verachte.

Das Recht, Sie herabzusetzen, steht allein Ihnen zu.

Ja, genau, ich möchte nicht, dass es ein anderer tut. Ich möchte die Sahnetorte, mit der ich mich bewerfe, nicht sozusagen aufgehoben und voll Dreck ein zweites Mal ins Gesicht bekommen, obwohl ich natürlich weiß, dass es eine Anmaßung ist. Denn es kann ja jeder über mich sagen und schreiben, was er will.

Der Schriftsteller Martin Mosebach hat Sie einen der »dümmsten Menschen der westlichen Hemisphäre« genannt.

Das fand ich lustig, denn der hat ein wahres Wort gelassen ausgesprochen. Ich bin tatsächlich dumm. Nur kann er das gar nicht wissen, weil er mich nicht kennt. Kindermund tut Wahrheit kund.

Wenn Sie jemand klug nennt ...

... glaube ich das nicht. Ich weiß, dass ich nicht klug bin. Sie könnten zum Beispiel mit mir nicht diskutieren, weil ich nicht intelligent genug bin, einen Gedanken zu Ende zu denken. Unlängst hat mich das Fernsehen zu einer philosophischen Diskussion eingeladen. Ich habe geantwortet, tut mir leid, ich bin dumm wie Brot, ich kann das nicht.

Sie sagen das mit einem Lachen.

Ja, aber mein Lachen ist in Wahrheit ein Flehen. Tiere zeigen die Zähne, weil sie um Gnade bitten.

Die bleibt Ihnen versagt. Je mehr Sie sich selbst heruntermachen, desto heftiger werden Sie angegriffen.

Ja, können Sie mir das vielleicht erklären?

Möglicherweise ertragen es manche nicht, dass Sie alles erreicht haben, was man erreichen kann, und sich trotzdem nicht freuen.

Das haben mir auch andere schon gesagt.

Der Kolumnist Franz Josef Wagner schrieb in der »Bild«-Zeitung: »Nehmen Sie Ihr Preisgeld, geben Sie es aus für Therapeuten, und werden Sie glücklich!«

Also, eine Million Euro gebe ich bestimmt nicht für Therapeuten aus. Da kauf ich mir lieber ein japanisches Kleid.

In anderen Zeitungen wurden Kandidaten genannt, denen man den Nobelpreis eher gegönnt hätte: Doris Lessing, Joyce Carol Oates, Philip Roth ...

Ja, aber ich kann doch nichts dafür, dass ich ihn bekommen habe. Ich habe ihn mir ja nicht selbst verliehen.

Die Dichterin Friederike Mayröcker antwortete auf die Frage, ob sie Ihnen gratulieren wolle: »So selbstlos bin ich nicht.«

Das wundert mich. Ich hätte mich reinen Herzens gefreut, wenn sie ihn bekommen hätte, weil ich gedacht hätte, Gott sei Dank, ich bekomme ihn nicht. Ich wusste ja seit einigen Jahren, dass ich auf einer Liste stehe, und hab täglich für Handkes Gesundheit gebetet. Ich hab gebetet, dass er nicht stirbt oder krank wird oder wieder irgendwelche Blödheiten über Serbien äußert.

Ist es wirklich so schlimm, mit dem weltweit höchsten Literaturpreis ausgezeichnet zu werden?

Einerseits fühle ich mich natürlich geehrt. Es freut sich ja auch ein Schuster, dessen Arbeit anerkannt wird. Andererseits ist es für mich eine Folter. Denn ich will meine Ruhe haben. Im Moment trau ich mich kaum aus dem Haus. Ich bin auf öffentliche Verkehrsmittel angewiesen, weil ich kein Auto habe. Jetzt kann ich nicht mehr mit der U-Bahn fahren, weil ich es nicht ertrage, angesprochen zu werden. Ich empfinde jede Zuwendung, auch eine positive, als Körperverletzung. Ins Kaffeehaus kann ich auch nicht mehr gehen.

Wenn Sie Ihre Ruhe haben wollen, dürften Sie keine Interviews geben und nicht im Fernsehen erscheinen.
Das stimmt. Ich hab mich zu wenig gewehrt. Ich hab zu oft mitgespielt aus einem unbewussten Gehorsamkeitsreflex heraus, der mir von meiner extrem autoritären Mutter antrainiert wurde. Ich rede ja auch mit Ihnen.
Ihre Mutter ist vor vier Jahren gestorben.
Ja, ich bin jeden Tag froh, dass sie tot ist. Sie war 97 und ist zuletzt völlig verrückt geworden. Die Paranoia, die sie latent immer schon hatte, ist voll ausgebrochen. Sie glaubte, mein Mann stiehlt ihren Schmuck. Er durfte das Haus nicht betreten. Es war eine rasende Eifersucht. Sie hat schon, als ich ein Kind war, jeden, den ich mochte, aus meiner Umgebung entfernt.
In Ihrem Roman »Die Klavierspielerin« beschreiben Sie das neurotische Verhältnis zu Ihrer Mutter. Sie wohnten im selben Haus. Das Schreiben war Ihre Zuflucht.
Das Schreiben war mein Rettungsboot, aber befreit hat es mich nicht. Ich war wie ein Tier von früher Kindheit an auf diese Frau fixiert, die absolute Macht über mich hatte. Seit ihrem Tod hat sich manches geändert, aber gesund bin ich nicht geworden. Die Angst wird immer größer statt kleiner.
Welche Angst?
Es ist eine spezielle Form von Agoraphobie, die ausbricht, wenn ich in einer Menschenmenge angeschaut werde. Ich bin als Mädchen ein Jahr lang nicht aus dem Haus gegangen und war als Kind schon Patientin, weil ich wie eine Verrückte im Zimmer hin und her gerannt und mit dem Kopf gegen die Wand geknallt bin. Mein damaliger Psychiater hat gesagt, dass ich auf diese Weise den Druck, unter dem ich stand, loswerden wollte. Das war kein schöner Anblick.

Sind Sie geheilt?
Ich mache das manchmal noch heute, aber nicht so extrem. Ich knalle nicht mehr gegen die Wände. Es ist, als ob in mir etwas toben würde, eine Wut, die mich aber heute zum Schreiben bringt. Das Schreiben ist ja bei mir ein leidenschaftlicher Akt, eine Art Rage. Ich bin nicht jemand, der wie Thomas Mann an jedem Satz feilt, sondern ich fetz halt herum. Das geht zwei, drei Stunden, dann falle ich zusammen wie ein Soufflé, in das man mit einer Nadel sticht.
Können Sie ohne Schlafmittel schlafen?
Nein, um Gottes willen, ohne Valium geht gar nichts. Meine Grundausstattung sind Valium, Betablocker und Antidepressiva. Das Theaterstück *Bambiland* hab ich in einem einzigen Drogenflush hingeschrieben.
Froh werden Sie auch durch das Schreiben nicht.
Nein. Froh macht mich nichts. Nur manchmal gerate ich während des Schreibens in so Zustände, in denen ich nicht mehr ganz bei Bewusstsein bin. Es ist eine Art Trance wie beim Orgasmus. Aber auch da weiß ich, wie es entsteht. Letztlich ist alles Arbeit, sogar die Liebe.
Die Liebe?
Ja, auch die Liebe, so wie ich sie beschreibe. Was andere als die tiefen, starken Gefühle beschreiben, das hat bei mir etwas Maschinelles wie ein Räderwerk, das ineinandergreift. Ich zerre es an die Oberfläche.
Erinnern Sie sich an Ihr erstes Liebesverhältnis?
Ja, sicher. So senil bin ich noch nicht, dass ich mich daran nicht erinnere. Aber ich will darüber nicht sprechen.
Das Schöne behalten Sie lieber für sich.
So ist es. Meine Kreativität kommt aus dem Negativen. Ich

kann nichts Positives beschreiben. Aber natürlich hatte ich auch ganz große Leidenschaften in meinem Leben.
Glücksmomente?
Natürlich! Ich bin ja kein Unmensch. Ich bin ein sehr warmherziger und liebesfähiger Mensch, aber darüber schreibe ich nicht. Ich schreibe über das Zerstörerische, aber das kann ich nur, weil ich auch das andere kenne. Die Leute sülzen über ihre romantischen Erlebnisse, wenn die Sonne untergeht auf Mallorca. Aber wer macht die Drecksarbeit? Ich muss die Drecksarbeit machen. Ich räume den Gefühlsdreck weg. Das ist meine Aufgabe. Ich bin in der Literatur die Trümmerfrau, die Frau mit dem Mülleimer. Ich bin die Liebesmüllabfuhr.
Ein anderes Motiv Ihres Schreibens, sagten Sie in einem früheren Interview, sei die Rache. In Ihrem Roman »Die Kinder der Toten« müssen alle sterben, die sich am Leben erfreuen können.
Alle, die leben können, ja, und wenn sie schon tot sind, töte ich sie ein zweites Mal, doppelt hält besser.
Am Schreibtisch sind Sie die Mörderin.
Genau, weil das ja im wirklichen Leben nicht geht. Am Schreibtisch führe ich Krieg gegen die Menschen, die es sich in der Normalität, um die ich sie beneide, bequem gemacht haben und das Leben genießen können. Ich bin da im Grunde ganz totalitär. Ich sage, dass nach dem, wie die Nazis hier gehaust haben, niemand das Recht hat, ruhig und glücklich zu leben.
Ihr Vater war Jude.
Ja, er hat den Nationalsozialismus mit Müh und Not überlebt, weil ihn die Ehe mit meiner Mutter schützte. Die war zwar auch nicht rein arisch, weil sie einen jüdischen Großvater hatte, konnte sich aber einen gefälschten Ariernach-

weis beschaffen. Als man sie zwingen wollte, sich scheiden zu lassen, hat sie das abgelehnt. Da war sie heldenhaft.
Sie hat Ihren Vater gerettet.
Ja, aber 49 Verwandte aus der väterlichen Linie sind in der Nazizeit umgekommen. Eine Cousine von mir hat das einmal gezählt. Ich sehe noch heute die Leichenberge, die man fand, als die Alliierten in die Konzentrationslager kamen. Mein Vater ist mit mir nach dem Krieg, als ich ein Kind war, in die Filme gegangen, die das dokumentierten. Die liefen im Kino, aber die waren natürlich für ein Kind nicht geeignet. Ich war wie gelähmt vor Entsetzen.
Aus dem Entsetzen wurde Hass.
Ja.
Wenn Ihnen der ausgeht ...
Dann muss ich mich selber hassen. Da hilft gar nichts. Der Hass ist mein Motor. Nicht hassen zu müssen wäre für mich eine Erholung. Aber diese Erholung ist mir offenbar nicht gegönnt.
Haben Sie jemals konkret daran gedacht, sich das Leben zu nehmen?
Nein, komisch. Denn eigentlich wäre das die logische Konsequenz meiner Selbstverachtung. Aber man krallt sich dann halt an das bisschen Leben, das da ist, wie ein Krebskranker, der sich noch im letzten Stadium an jeden Tag klammert und nicht sterben will.
Wie stellen Sie sich Ihr Alter vor?
Schrecklich! Vor dem Alter habe ich panische Angst, seit ich bei meiner Mutter diesen Verfallsprozess miterlebt habe. Also, bevor es mit mir so weit kommt, hoffe ich, dass ich es schaffe, mich umzubringen. Man müsste dann einen Arzt kennen, der einem hilft. Denn ich könnte es nur mit Tab-

letten machen, auf die sanfte Art. Ich könnte mich nicht erhängen. Man muss die Tabletten, damit man sie nicht auskotzt, mit Apfelmus mischen.
Ach!
Ja, und vorher noch zusätzlich Valium schlucken.
Sie sind furchtbar. Ich kann mit Ihnen kein professionelles Interview führen.
Ich entwaffne Sie …
Ja.
… weil Sie sehen, dass ich wirklich hilflos bin.
Ja, und ich kann Ihnen nicht helfen.
Mir kann niemand helfen. Aber mit Ihnen rede ich gern. Ich bin nur so erschöpft momentan. Sie sehen jetzt, wie jemand verfällt, der zu lange keiner menschlichen Gesellschaft ausgesetzt war.
Ich bin auch erschöpft.
Ja, fein. Wenn Sie auch verfallen, ist es gut.
Gibt es noch einen Wunsch, den Sie sich gern erfüllen würden?
Ja, reisen. Ich würde zum Beispiel wahnsinnig gern nach New York fliegen können. Ich möchte, bevor ich sterbe, einmal die Wolkenkratzer sehen. Aber das geht nicht mit meiner Krankheit. Wenn ich da aus dem Flugzeug steige und diese Schnelligkeit und den Lärm und den ganz anderen Rhythmus erlebe, der dort herrscht, falle ich auf der Stelle tot um.
Sie rühren mich.
Ja, ich finde auch, dass ich rührend bin in meiner Bescheidenheit. Ich habe keine großen Ansprüche ans Leben. Ich bin schon glücklich, wenn ich mir im Fernsehen einen alten Film anschauen kann. Denn ich bin ja abhängig vom Fernsehen, weil ich nicht ins Kino gehen kann.

Nicht einmal das?
Nein, denn da sind Türen, die schließen sich, und es wird finster, da fühle ich mich eingesperrt, obwohl ich weiß, dass ich jederzeit flüchten kann.
Die Literaturkritikerin Iris Radisch hat in der »Zeit« unlängst bemängelt, dass Sie Ihre Weltsicht allein aus dem Fernsehen beziehen.
Frau Radisch kennt mich nicht. Ich kenne sie auch nicht. Aber natürlich bezieht sie ihre Weltsicht auch aus dem Fernsehen, nur weiß sie es nicht, das ist der Unterschied. Wenn sie vor der Kamera ihre schönen Beine übereinanderschlägt, dann macht sie das, weil sie es in einem Film so gesehen hat. Es gibt ja nichts Authentisches. Was wir heute für die Wirklichkeit halten, ist eine Fernsehwirklichkeit. Darüber schreibe ich.
Iris Radisch will, Zitat, über die »flüchtige, vielsagende Welt« vor Ihrer Tür etwas lesen.
Ja, weil sie nicht begreift, dass man das Leben auch mitbekommt, wenn man zu Hause bleibt. Ich finde das so zum Kotzen, wenn gesagt wird, meine Literatur sei nicht welthaltig, da seien keine Inhalte, keine Figuren. Denn die Literatur ist doch, spätestens seit Joyce oder Beckett, viel weiter. Ich habe ja nichts dagegen, wenn einer Geschichten erzählt. Ich les ja selbst gerne Krimis. Aber daneben kann es doch anderes geben. Man will heute wieder realistische, saftige Erzählungen haben. Jemand, der wie ich mit der Sprache arbeitet und die privaten Dinge wie ein Arzt auf ihre Symptomatik abklopft oder wie ein Pantoffeltierchen die Realität abflimmert, um auf witzige Art die sozialen Klischees zu entlarven, den lässt man nicht gelten. Der wird vernichtet.

Weil man den Humor nicht versteht.
Im Ausland versteht man den. Meine Lebenstragödie ist, dass man in Deutschland die Juden ausgerottet hat und es dieses jüdische Biotop, diesen Witz, den ich von meinem Vater habe, hier nicht mehr gibt. Was ich so ironisch hinsage, wird hier todernst genommen. Für Ironie haben die Deutschen keinen Sinn. Auch Frau Radisch nicht.
Die Schwedische Akademie hat die Vergabe des Nobelpreises an Sie unter anderem damit begründet, dass Sie es als »unerschrockene Gesellschaftskritikerin« verstehen, »das Unvermögen der Frau« zu beschreiben, »in einer Welt zum Leben zu gelangen, in der sie von stereotypen Bildern zugedeckt wird«.
Ja, Männerbildern.
Das Bild der Frau, sagen Sie, wird von den Männern bestimmt.
Ja, wir Frauen müssen alle durch die männliche Beurteilungsschleuse, und die da bestehen wollen, erreichen das nicht durch Leistungen irgendwelcher Art, sondern müssen sich auf den Markt der Körper werfen. Ich hab früher oft so als Witz erzählt, ob man Nobelpreisträgerin ist oder eine 16-jährige Schülerin, ist ganz egal, entweder die Männer pfeifen einem nach oder sie rufen einem »fette Sau« hinterher. Jetzt bin ich selbst Nobelpreisträgerin. Aber das erhöht meinen Wert in den Augen der Männer nicht, eher im Gegenteil. Ich werde dadurch für sie noch monströser.
Für mich nicht.
Sie sind eine Ausnahme. Sie haben mir bei unserem ersten Interview etwas gesagt, an das ich oft denken muss, nämlich dass es nicht nur das Problem der Frauen ist, nicht leben zu können. Lebensunfähig können auch Männer sein.
Kafka, Robert Walser ...

Ja, da gebe ich Ihnen inzwischen recht.

Als lebensuntauglicher Mann hätten Sie es womöglich noch schwerer, weil Sie sich nicht als Feministin mit den unterdrückten Frauen identifizieren könnten.

Das stimmt. Als Mann hätte ich mich wahrscheinlich längst umgebracht. Andererseits könnte ich als Mann den Nobelpreis besser genießen. Denn ein Mann wird attraktiv durch den Erfolg. Ich bin ja nicht Feministin, weil ich Männer bekämpfe, die Frauen verprügeln und vergewaltigen. Dass man dagegen ist, ist ja klar. Ich bin Feministin, weil dieses erdrückende phallische, phallokratische Wertsystem, dem die Frau unterliegt, über alles gebreitet ist. Die Unterwerfung unter das taxierende männliche Urteil ist für mich eine ewige narzisstische Kränkung.

Heute werden auch die Männer von den Frauen taxiert.

Gut, ich kann sagen, der Mann ist ein Schlappschwanz, ein lächerliches Männchen wie unser Kanzler Schüssel* oder Jörg Haider, der ist ja auch klein und aufgeblasen. Aber das zählt nicht. Die Macht, zu definieren, was schön ist, hat immer der Mann.

Hat sich das nicht geändert? In der Werbung sieht man zunehmend junge, muskulöse Männer mit Waschbrettbauch, die offenbar den Frauen gefallen wollen.

Nein, denn das sind Männer für Männer. Auch das Schönheitsideal des Mannes wird von ihm selbst bestimmt. In der Modebranche sind doch alle schwul.

Ich wage es kaum zu sagen, aber ich finde, Sie sind eine schöne Frau.

---

* Wolfgang Schüssel war als Mitglied der ÖVP von Februar 2000 bis Januar 2007 österreichischer Bundeskanzler.

Das freut mich natürlich. Aber es stimmt nicht. Ich bin nicht schön. Ich habe eine zu große Nase, eng stehende Augen. Mein Gesicht ist eher charaktervoll. Nicole Kidman ist schön. Das weibliche Ideal, dem die meisten Filmstars entsprechen, ist die größtmögliche Annäherung an das Kindchenschema: große Augen, kleines Näschen, aufgeworfene Lippen, herzförmige Backenknochen.
Es finden doch nicht alle das Gleiche schön.
Ja, Sie haben halt einen seltsamen Geschmack.
Obwohl Sie es ablehnen, nach Ihrem Äußeren beurteilt zu werden, sind Sie stets auffällig geschminkt und gekleidet.
Das sind Stilisierungen, und das weckt natürlich die Neugier. Vielleicht sollte ich es aufgeben. Aber warum eigentlich?
In unserem ersten Gespräch haben Sie es nicht ausgeschlossen, sich liften zu lassen.
Das schließe ich auch heute nicht aus. Noch brauch ich es nicht. Aber irgendwann kommen die Augenlider dran. (*Sie zieht mit beiden Händen die Haut an den Schläfen nach oben und sieht nun wie eine Chinesin aus.*) So ist es doch schöner, oder?
So erkenne ich Sie gar nicht mehr.
Ich kann mir ja ein Schild umhängen, wo draufsteht, dass ich es bin.
Ich dachte, Sie ertragen es nicht, wenn man Sie anschaut.
Das ist wahr. Also wäre es schad ums Geld. Als wir uns das erste Mal trafen, war ich um einiges jünger und wollte noch mitspielen auf diesem Markt der Körper. Das will ich jetzt nicht mehr.
Damals sagten Sie, Sie wären gern lesbisch.
Ja, das wäre angenehm.

Sie würden in der Sexualität gern das Vertraute suchen.
Ich hätte es leichter, ja, weil in einer lesbischen Beziehung das Alter und das Aussehen nicht so wichtig sind. Ich fühle mich in Gesellschaft von Frauen wohler. Von Männern fühle ich mich eher bedroht. Ich habe Angst vor ihnen.
Alice Schwarzer vertritt den Standpunkt, die Frau könne sich zwischen Homosexualität und Heterosexualität frei entscheiden. Sie meint, das sei nicht vorherbestimmt.
Schön wär's.
Sie schlägt die weibliche Homosexualität als strategische Maßnahme vor, um von den Männern unabhängig zu werden.
Das ist mir ganz neu. Heißt das, ich könnte jetzt sofort lesbisch werden?
Ja, wenn Sie nur wollen.
Das geht nicht, denn ich weiß ja um die Triebkraft des Begehrens. Die ist viel stärker als jeder Wille. Ich kann mich doch nicht zu einem bestimmten Begehren zwingen.
Sie könnten asketisch leben.
Ja, das kann ich natürlich. Die Triebhaftigkeit lässt sowieso nach mit dem Alter, bei mir jedenfalls, nicht bei allen. Die, bei denen sie nicht nachlässt, tun mir entsetzlich leid. Es gibt Frauen, die Männer regelrecht angehen im Alter. Die haben ein schweres Leben. Aber so bin ich nicht, Gott sei Dank. Ich bin am liebsten allein.
Trotzdem sind Sie seit dreißig Jahren glücklich verheiratet.
Ja, aber das ist keine normale Ehe.
Sie wohnen in Wien. Ihr Mann wohnt in München. Sie besuchen ihn gelegentlich …
Mein Mann hat mir die schwersten Strafen angedroht, wenn ich über ihn etwas sage. Er möchte nicht in die Öffentlichkeit.

Ich zitiere aus unserem ersten Interview: »*Er ist ein extremer Einzelgänger wie ich, beinahe autistisch.*«
Ja, wir passen halt gut zusammen.
Kinder zu bekommen, sagten Sie, haben Sie immer vermieden, weil Sie nicht wollten, dass ein unschuldiges Wesen Ihre Neurosen ausbaden muss.
Da habe ich aufgepasst, ja. Zum Glück ist das für mich heute kein Thema mehr. Ich war neulich beim Röntgen. Da hat mich die Ärztin gefragt, ob ich schwanger bin, weil man das vor dem Röntgen fragen muss, denn der Fötus könnte geschädigt werden. Ich hab gelacht und gesagt, das habe ich ja wohl hinter mir. Also Mutter kann ich nun nicht mehr werden. Auf dieses Einzige, wodurch die Frauen den Männern überlegen sind, habe ich freiwillig verzichtet, obwohl ich mich nach einem geordneten, bürgerlichen Leben mit Familie sehne. Ich möchte sein wie die anderen, aber ich bin es nicht.
Sie sollten sich damit abfinden, dass Sie etwas Besonderes sind.
Das kann ich nicht. Ich empfinde die Menschen, die mit dem Leben zurechtkommen, als eine erdrückende Mehrheit, zu der ich nicht gehöre, und, das muss ich, bitte schön, dazusagen, ich empfinde dabei keinen Stolz, das schwöre ich, Ehrenwort!
Ist ja gut!
Das müssen Sie mir glauben.
Ich will Ihnen Ihr Unglück nicht nehmen. »*Eine gewisse Beharrlichkeit im Verzweifeln*«, *schreibt Albert Camus in seinem Tagebuch*, »*erzeugt schließlich Freude.*«
Nicht bei mir.
Sie müssen Geduld haben.
Vielleicht sollte ich mich wieder behandeln lassen. Ich habe

ja schon einige Therapien hinter mir. Wenn ich einen Psychiater bei mir in der Nähe fände, wäre es leichter, weil ich nicht so weit fahren müsste. Ich könnte mir denken, dass mir eine Verhaltenstherapie nützt. Man müsste mich dressieren wie einen Hund. Denn der Mensch ist ein Tier. Mein Psychiater müsste mich jeden Tag am Abend durch fünf Theater oder ins Kino schleifen, und wenn ich hinauswill, müsste er mich festhalten und sagen: »Nein, Sie bleiben da sitzen!«

Das ist nicht Ihr Ernst.

Doch! Ich brauche Erziehung, eine harte Dressur. Dann würde ich vielleicht ein wenig besser funktionieren, wie eine Maschine, die man repariert. Ich wäre ja schon froh, wenn ich ohne Angst aus dem Haus gehen könnte. Das wäre für mich schon ein Fortschritt.

Sie waren viele Jahre Mitglied der Kommunistischen Partei Österreichs. Ihr politisches Engagement hat Ihnen Halt gegeben.

Ja, aber das ist nun auch vorbei.

1991 sind Sie aus der Partei ausgetreten.

Ich wollte, indem ich einer Gruppe beitrete, die die sogenannten kleinen Leute vertritt, etwas gegen dieses wuchernde Kapital unternehmen, das alles frisst. Ich wollte politisch etwas bewirken, aber nicht nur so elegant vom Schreibtisch aus, sondern konkret.

Sie sind gescheitert.

Vollkommen! Der Kapitalismus hat auf der ganzen Linie gesiegt. Mein Kampf war sinnlos wie das meiste im Leben.

Auch das Schreiben?

Auch das Schreiben. Ich strebe heute mit meinem Schreiben nur noch das Überleben an. Ich werfe mich, indem ich schreibe, aus mir heraus. Denn wenn ich mir meiner Identität bewusst werde, bin ich tot. Ich will mich nicht kennenlernen. Ich lebe aus zweiter Hand, aber ich beklage mich nicht. Ich bin an der Lebensferne, die meine Krankheit ist, selber schuld. Mein Selbsthass kommt jeden Tag. Ich weiß, dass ich mit dem Schreiben nichts ändere. Aber was soll ich sonst tun? Ich kann ja nichts anderes. Das Schreiben ist für mich ein Segen, weil ich dazu das Haus nicht verlassen muss. Wäre ich nicht Schriftstellerin, wäre ich Sozialrentnerin.

Salman Rushdie
2006

Sie sind der berühmteste lebende Schriftsteller der Welt.
Nein, nur mein Name ist berühmt, weil er mit gewissen Ereignissen in Verbindung gebracht wird, und jeder glaubt, mich zu kennen, auch wenn er kein einziges Buch von mir gelesen hat.
Schmeichelt Ihnen das?
Im Gegenteil! Es ist, als wäre etwas berühmt, das ich nicht bin. In den Jahren, als ich unter der Todesdrohung der Fatwa lebte, kam es mir vor, als schrieben andere meine Lebensgeschichte. Jeder Taxifahrer hatte eine Meinung über mich. Es gab Tausende Stimmen, gegen die ich nicht ankam mit meiner Stimme.
Wie ist es heute?
Es kommt immer noch vor, dass ich, wenn ich einen Raum voller Menschen betrete, die ich zuvor nie getroffen habe, in den Gesichtern lesen kann, dass alle von mir eine Vorstellung haben, die nichts zu tun hat mit dem, der ich tatsächlich bin. Ich muss dann zuerst den Salman Rushdie, für den sie mich halten, wegwischen, damit sie begreifen, wer tatsächlich vor ihnen steht.
Aber so geht es doch jedem Star.

Das stimmt. Aber in meinem Fall kam etwas Ärgerliches hinzu, nämlich die Frage, ob ich ein guter Mensch sei oder ein schlechter. Es gab lange Zeit eine Menge Leute, ich meine nicht Moslems, die mir extrem feindselig gegenüberstanden.

Man gab Ihnen die Schuld an Ihrem Unglück. Man sagte, Sie hätten mit Ihrem Roman »Die Satanischen Verse«*, das, was Ihnen danach widerfuhr, selbst heraufbeschworen.

Ja, und das passiert einer Madonna zum Beispiel nicht. Über die wird viel Klatsch geschrieben, harmloses Geschwätz. Damit könnte ich umgehen. Aber in meinem Fall war es anders. Ich wurde nicht als normale Berühmtheit behandelt, sondern einerseits als eine Art Dämon verdammt, andererseits idealisiert. Weder das eine noch das andere entsprach der Person, als die ich mich fühlte.

Sie sind zu einem Symbol für etwas geworden, das Samuel Huntington den »Kampf der Kulturen« nannte.

---

* erschienen 1988

Ja, aber das langweilt mich.
Sie werden sich damit abfinden müssen, so wie sich Marilyn Monroe mit ihrem Image als Sexsymbol abfinden musste.
Ich wäre lieber ein Sexsymbol.
Nun waren Sie im Zusammenhang mit dem Streit um die dänischen Karikaturen* wieder in aller Munde. Kaum ein Be-

---

* Serie von zwölf Mohammed-Karikaturen, erschienen am 30. September 2005 in der dänischen Tageszeitung *Jyllands-Posten*

richt verzichtete auf den Vergleich Ihres Falles mit dem der bedrohten Karikaturisten.
Das ist legitim. Aber es wird sich legen. Der Streit um diese Zeichnungen ist eine Posse. In Zukunft wird man sich, wenn wieder so etwas passiert, sowohl an die Karikaturen als auch an mich erinnern. Also bin ich nicht mehr der Einzige.
Fanden Sie die Zeichnungen gelungen?
Die meisten nicht. Wäre ich der verantwortliche Redakteur gewesen, hätte ich nur eine veröffentlicht, die ganz lustig ist, nämlich die, wo Mohammed zu den Selbstmordattentätern sagt, sie sollten aufhören zu töten, die als Belohnung versprochenen Jungfrauen im Paradies seien ausgegangen. Aber das ist nicht das Entscheidende. Von denen, die auf die Straße gingen, haben die meisten die Karikaturen gar nicht gesehen, sondern wurden instruiert, sich beleidigt zu fühlen. Es ging nicht um Religion, sondern um Macht.
Warum haben Sie, obwohl Sie betonen, dass Sie ausschließlich Ihrer Literatur wegen geschätzt werden wollen, im vergangenen März ein politisches Manifest* unterschrieben, das Sie erneut in die Schlagzeilen brachte?
Da ging es um mehr, nämlich um den Protest gegen eine totalitäre Ideologie, die sich einer religiösen Sprache bedient. Wir, die Unterzeichner, teilen die Sorge, dass die westlichen Antworten auf dieses Phänomen zu beschwichtigend ausfallen. Hätte ich das nicht unterschrieben, hätte

---

* das »Manifest der 12«, veröffentlicht am 1. März 2006 in der französischen Satirezeitschrift *Charlie Hebdo,* u.a. unterzeichnet von Ayaan Hirsi Ali, Bernard-Henri Lévy, Taslima Nasreen und Ibn Warraq

ich mich als Feigling gefühlt. Das Merkwürdige ist, dass jetzt sogar viele islamische Führer finden, es sei ein Fehler gewesen, wie man mit mir nach den *Satanischen Versen* verfuhr, ein taktischer Fehler, weil es nicht funktionierte.

Ein Mullah sagte, hätte man Sie damals getötet, hätte es nie diese Karikaturen gegeben.

Ja, man darf sich diesen Leuten gegenüber nicht versöhnlich verhalten, weil sie sich dadurch ermutigt fühlen.

Obwohl die Regierung des Iran 1998 die Fatwa gegen Sie für beendet erklärte, wird sie jedes Jahr von islamischen Geistlichen wiederholt.

Das bedeutet nichts. Es ist ein Ritual. Fakt ist, dass das seit acht Jahren keine Auswirkungen mehr auf mein Leben hat.

Unlängst fand in Teheran ein sogenannter »Kongress der Selbstmordattentäter« statt, wo gelehrt wurde, wie man solche Attentate begeht.

Ich weiß.

Eine Studentin sagte in einem Interview, eines der Ziele sei die Ermordung des Schriftstellers Salman Rushdie.

Ich kenne das Zitat. Aber das ist nur noch Rhetorik, also kein wirkliches Mordkonzept, sondern Teil eines Todeskults. Den Leuten dort wird gesagt, das Leben sei unwichtig, interessant wird es erst nach dem Tod. Der radikale Islam hat sich in eine Kirche des Todes verwandelt.

Der Wahlspruch lautet: »Wer das Leben mehr liebt als den Tod, ist unser Feind.«

Genau. Das ist die scheußlichste Philosophie, die man sich vorstellen kann.

Die Attentäter werden indoktriniert.

Ja, aber das entschuldigt sie nicht. Man sagt ihnen, das Paradies ist das Ziel, die Welt ist ein Jammertal. Aber letztlich liegt die Entscheidung bei ihnen. Jeder Mensch ist selbst verantwortlich für seine Taten.

Auch wenn er arm und ungebildet ist?

Ja. Denn nicht Armut und Unwissenheit führen zu Unmoral. Sonst wäre die Welt voller Teufel. Sie können es in Indien sehen, wo vor allem die Armen aus den Dörfern gegen Ungerechtigkeit und Korruption votieren. Moralische Integrität hängt nicht vom Bildungsstand ab. Die meisten Terroristen kommen aus der gebildeten Mittelschicht.

Ist Ihre Wohnadresse noch immer geheim?

Nein. Ich habe zwar noch gelegentlich Kontakt zum britischen Geheimdienst, also die haben das nicht vergessen. Aber ich bewege mich frei und kann tun, was ich will. In New York fahre ich jeden Tag mit der U-Bahn, weil man so schwer ein Taxi findet.

Trotzdem ist bis heute ein Kopfgeld auf Ihre Beseitigung ausgesetzt.

Gut, aber erstens ist das Geld nicht vorhanden, und zweitens könnte der Mörder das gar nicht kassieren. Denn wohin soll er gehen, nachdem er mich umgebracht hat?

Würde ich Sie jetzt erschießen, könnte ich nicht entkommen, klar.

Man würde Sie verhaften. Der Mordaufruf war nur so lange gefährlich, solange er vom iranischen Staat ausging. Es wird eine Menge Lärm gemacht, aber in der Mitte des Lärms steht ein kleiner Chihuahua und bellt in ein Megafon. Die Fatwa an sich war nie die Gefahr, sondern die Tatsache, dass die iranische Regierung den Mord befahl. Die Briten haben mich nicht deshalb beschützt, weil manche Muslime nicht mochten, was ich geschrieben hatte, sondern weil ich britischer Staatsbürger bin und weil der Mordauftrag ein staatlicher Angriff auf die Souveränität Großbritanniens war.

Die meisten Muslime, sagten Sie, hatten gar kein Problem mit Ihrem Buch.

Ja, das können Sie bei meinen Lesungen sehen. Meine größten Fans sind Muslime, zumindest haben sie muslimische Namen. Ob sie strenggläubig sind, weiß ich nicht. Ich habe auch einen muslimischen Namen und bin trotzdem nicht religiös.

Sie waren es bis zu Ihrem fünfzehnten Lebensjahr.

Nicht wirklich. Ich bin in einer nicht religiösen Familie aufgewachsen. Wir gingen einmal im Jahr in die Moschee, so wie Christen zu Weihnachten in die Kirche gehen. Mein Vater sagte, verbeuge dich, wenn sich die andern verbeugen, und steh auf, wenn die anderen aufstehen. Mehr war da nicht.

Dennoch schrieben Sie 1985 in einem Zeitungsartikel, dass Sie als Schüler während einer Lateinstunde von einem Moment auf den anderen Ihren Glauben verloren.

Ja, aber das war eher ein Witz.

Was geschah in dieser Stunde?

Ich ging in Rugby in England zur Schule und sah eines Tages während der Lateinstunde aus dem Fenster auf die Kirche von Rugby. Das ist so ein neugotischer Bau, heute fände ich den ganz bemerkenswert, aber mit meinen fünfzehnjährigen Augen fand ich ihn grauenvoll. Plötzlich dachte ich, welcher Gott will in so einem Gebäude wohnen? Sei nicht blöd, da wohnt niemand! In diesem Moment erkannte ich ...

... dass alle Religionen Unsinn sind.

Richtig! Es war ein Zufall. Wäre da die Kathedrale von Chartres gestanden, wäre es vielleicht anders gekommen.
Leiden Sie manchmal darunter, an keinen Gott glauben zu können?
Nein, überhaupt nicht.
Nach dem Unterricht kauften Sie sich ein Schinkensandwich und aßen, um Ihren Atheismus unter Beweis zu stellen, das verbotene Schweinefleisch.
Ja, es schmeckte recht fade.
»*Kein Blitzschlag*«, *schreiben Sie*, »*traf mich. Ein wenig bedauerte ich jedoch den Verlust des Paradieses. Der islamische Himmel war mir als Heranreifendem äußerst verlockend erschienen.*« *Sie hatten erwartet, vier unberührte Gespielinnen zugeteilt zu bekommen, und fanden es schade,* »*die Freuden des Gartens der Düfte aufgeben zu müssen*«.
So dachte ich damals.
»*Vielleicht*«, *heißt es weiter*, »*bin ich Schriftsteller geworden, um die entleerte Gottkammer mit anderen Träumen zu füllen.*«
Ja, heute erwarte ich keine Jungfrauen im Himmel. Mein Ersatz für die himmlischen Freuden sind irdische Dinge: Liebe, Kunst, Imagination. Ich bin zufrieden mit dem, was es hier auf der Erde gibt.
Manche werden erst auf dem Sterbebett religiös.
Ich bestimmt nicht. Als mein Vater starb, es war 1987, er starb an Knochenkrebs, und ich war dabei …
Sie haben seine Leiche gewaschen.
Ja, das tat ich. Aber was mich am meisten bewegte, war, dass er bis zum letzten Atemzug bei seiner Gottlosigkeit blieb. Er glaubte bis zuletzt nicht, dass da irgendetwas jenseits des Todes sei. Er hat seine lebenslange Einstellung auch im Sterben nicht aufgegeben. Daraus habe ich gelernt.

Welches Wort benutzen Sie für das, was danach kommt?
Das Wort »nichts«. Ich meine, wenn Sie je eine Leiche gesehen haben, ob das nun die einer Katze oder die eines Menschen ist, dann wissen Sie, tot ist tot. Da kommen keine lieblichen Huris, weibliche Geistwesen, oder, wenn Sie eine Frau sind, Lustknaben, für die ewige sexuelle Glückseligkeit. Es tut mir ein bisschen leid, aber so ist es.
Ich möchte noch einmal aus einem Ihrer Essays zitieren …
Bitte.
1990 schrieben Sie: »Es ist wichtig, dass wir begreifen, wie intensiv wir alle die Bedürfnisse empfinden, die die Religion durch alle Zeitalter befriedigt hat … Erstens das Bedürfnis nach einer Artikulation unseres nur halb erahnten Wissens von Exaltation, von Ehrfurcht und Staunen. Zweitens brauchen wir Antworten auf das Unbeantwortbare: Wie sind wir hierher gekommen? Wie ist das ‚Hier' überhaupt hierhergekommen? Ist dieses Leben alles? Worin liegt der Sinn? Und drittens brauchen wir Regeln, nach denen wir leben können, Vorschriften für jedes verdammte Ding … Die Seele braucht diese Erklärungen, nicht rationale Erklärungen, sondern Erklärungen für das Herz.«
Ja, aber das heißt nicht, dass ich die brauche. Ich muss mich nur als Schriftsteller, der über religiöse Menschen schreibt, in das Weltbild dieser Menschen hineinfühlen können. Ich muss mich mit Religion beschäftigen, und ich sehe ein, dass sie andere nötig haben. Ich schreibe niemandem vor, was er glauben soll und was nicht.
Ihr so hartnäckig behaupteter Atheismus ist vielleicht auch eine Art Religion. Ich kann nicht glauben, dass Sie so leicht ohne die Vorstellung von etwas Höherem auskommen können.
Da kann ich Ihnen nicht helfen. Sie müssen es glauben. Fast

alle meine Freunde sind Atheisten. Ich fühle mich nicht als Ausnahme. Es ist ein großer Fehler zu meinen, man brauche, um ein moralisches Wesen zu sein, einen obersten Schiedsrichter, der einem sagt, was gut und was böse ist. Wenn Sie die Geschichte betrachten, werden Sie sehen, dass es die Idee, was gut und was falsch ist, immer schon vor den jeweiligen Religionen gab. Die Religionen wurden erst im Nachhinein von den Menschen erfunden, um diese Idee auszudrücken.

Im Christentum ist es verboten zu töten.

Ja, aber um nicht zu töten, brauche ich nicht das Christentum. Ich kann gar nicht töten.

Sind Sie sicher? Es könnte eine Situation kommen, in der Sie es müssen.

Natürlich, das kann jedem geschehen. Wenn jemand Ihr Kind umbringt und Sie ihn erschießen, ist das verständlich. So ist die menschliche Natur. Manchmal sind wir gezwungen, aufgrund gewisser Umstände Gewalt anzuwenden. Das heißt aber nicht, dass das moralisch gerechtfertigt ist. In meinem letzten Roman *Shalimar der Narr* beschreibe ich einen Mann, der in der französischen Résistance Nazis tötet, und einen indischen Terroristen, der im Kaschmir-Konflikt zum Mörder wird. Beide tun im Grunde das Gleiche. Aber die historischen Umstände sind nicht die gleichen, und deshalb bewerten wir das moralisch unterschiedlich.

Ja, eben. Es kommt auf die Maßstäbe an.

Genau das will ich zeigen. Der Mensch hat die Wahl.

Wissen Sie, wie Sie sich unter dem Naziregime verhalten hätten?

Ich hoffe, ich weiß es. Aber ich denke über diese Frage nicht nach. Einer der wertvollsten Ratschläge, den ich, als ich in

Cambridge Geschichte studierte, von einem Professor bekam, war, dass die Frage »Was wäre, wenn?« sinnlos ist. Es ist schwer genug, mit den Problemen, denen wir tatsächlich gegenüberstehen, fertigzuwerden. Die Frage, wie ich mich als Deutscher unter den Nazis verhalten hätte, ist eine unnütze Frage. Denn ich bin kein Deutscher, und ich lebe jetzt. Wenn Sie mich vor 1989 gefragt hätten, wie ich mit der Todesgefahr, in die ich dann geriet, umgehen würde, wäre die Antwort nicht optimistisch ausgefallen.
Als die Fatwa über Sie verhängt wurde, sagten Sie, Sie fühlten sich als toter Mann.
Ich hätte nicht darauf gewettet, das unbeschädigt zu überstehen.
In einem Interview für den »Guardian«, zwei Jahre später, entschuldigten Sie sich für Ihr Buch und erklärten, Sie seien zum Islam zurückgekehrt.
Das war ein Fehler. Mehr will ich darüber jetzt nicht mehr sagen.
Sie müssen nicht.
Es gab damals starken politischen Druck von allen Seiten. Die britische Regierung und viele andere meinten, ich sollte etwas tun, um das Problem aus der Welt zu schaffen. Jeder hatte eine Antwort, wie ich mich verhalten sollte. Ich möchte den Menschen sehen, der in so einer Situation keinen Fehler macht.
Wenn man Ihren Roman »Die Satanischen Verse« heute liest, kommt es einem vor, als hätten Sie Ihr Schicksal vorausgesehen.
Es gibt vielleicht Stellen, die diesen Eindruck erwecken. Im Nachhinein ist man immer klüger.
Über seinen ungefügigen Schreiber Salman verhängt Mohammed, der im Buch Mahound heißt, das Todesurteil.

Ja, es gibt Passagen ...

»Deine Gotteslästerung, Salman«, sagt Mahound, »wird dir nicht vergeben.«

Ich stimme Ihnen zu, dass es heute so aussehen könnte, als hätte ich vorausgesehen, was dann geschah. Aber ich habe es nicht vorausgesehen.

Vielleicht war das naiv.

Vielleicht. Ich habe, bevor der Roman erschien, das Manuskript zwei, drei Freunden gezeigt, die fanden, dass es darin einige riskante Passagen gab. Wir diskutierten darüber und kamen zu dem Schluss, dass ich sie nicht herausnehmen sollte. Denn wenn man als Schriftsteller nicht ohne Angst schreiben kann, sollte man gar nicht schreiben. Ich habe eine sehr hohe Auffassung von Literatur und von Kunst. Sie ist das Höchste, das Menschen hervorbringen können, und man kann dieser Berufung nur gerecht werden, wenn man den Mut und die Frechheit hat, sich nicht selbst zu zensieren.

Im Zuge einer Kampagne aus dem Jahr 1992, in der Ihnen eine Reihe von Schriftstellern in persönlichen Briefen, die auch als Buch erschienen, ihre Solidarität bekundeten*, schrieb der spanische Autor Manuel Vázquez Montalbán ...

Den Brief kenne ich nicht ...

Er ist in der englischsprachigen Ausgabe nicht enthalten.

Lesen Sie vor!

Montalbán schreibt: »Im Laufe der Jahrhunderte haben Götter und Priester einander abgelöst, um zu verhindern, dass wir

---

* *»Redefreiheit ist das Leben«. Briefe an Salman Rushdie. Die taz-Kampagne.* Hrsg. von Thierry Chervel, München 1992

unsere ursprüngliche Einsamkeit entdecken und ... entweder dem Leben durch Solidarität und Geschichte einen Sinn abgewinnen oder auf jegliches positive Kalkül verzichten, indem wir uns auf Zynismus oder einen freien Nihilismus beschränken, den wir uns oder anderen als geistiges Abenteuer darstellen, das zu allen möglichen Formen des Selbstmords führt ...«
Der Selbstmord kam für mich nie infrage.
Sind Sie dankbar dafür, auf der Welt zu sein?
Ich bin weder dankbar noch undankbar. Ich bin einfach da.
Montalbán fährt fort: »Wir glaubten, dass wir unter vielen Mühen ein wohlverdientes agnostisches Territorium gewonnen hätten, ohne zugunsten der von den Göttern und ihren Priestern gepeinigten Menschheit Schadenersatz zu verlangen ... Nie fiel uns ein, den Papst in Rom zum Tode zu verurteilen, ebenso wenig wie den Großmufti von Jerusalem, den Patriarchen von Moskau oder den ayatollsten der Ayatollahs ... Wir haben nachsichtig die zahllosen Albernheiten belächelt, die heute nicht einmal ein vernunftloses Tier akzeptieren würde.«
Ja, wir haben es zu selten gewagt, uns zu wehren.
Montalbán meint, die Ungläubigen werden von den Gläubigen beleidigt, nicht umgekehrt.
Dem stimme ich zu. Ich fühle mich ununterbrochen beleidigt. Aber mir fällt es nicht ein, deshalb eine Moschee anzuzünden. Das ist der Unterschied. Was mich an den Reaktionen auf die *Satanischen Verse* und auf die dänischen Karikaturen so stört, ist, dass sich jene, die Gewalt ausüben, als Opfer bezeichnen. Sie behaupten, man hätte sie verletzt. Aber in Wahrheit sind sie es, die verletzen.
Die Fundamentalisten sagen, durch die Gotteslästerung werden ihre Seelen getötet.
Ich habe niemandes Seele getötet.

Botho Strauß, der deutsche Schriftsteller ...
Ich kenne ihn.
... meint, die Verletzung sakraler Gefühle sollte ebenso strafbar sein wie die Verletzung der persönlichen Ehre.
Was heißt das? Hier muss man genau unterscheiden zwischen einer Meinungsäußerung und einer Verleumdung. In freien Gesellschaften ist es mein gutes Recht, meine Meinung über eine Religion oder eine Person zu äußern. Wenn ich sage, Sie sind ein Idiot, müssen Sie das ertragen. Wenn ich aber sage, Sie sind ein Mörder, obwohl Sie keiner sind, können Sie gegen mich strafrechtlich vorgehen. Es gab in England einen berühmten Fall, da hatte eine Zeitung über die Schauspielerin Charlotte Cornwell, die Schwester des Schriftstellers John le Carré, geschrieben, sie habe einen großen Arsch. Sie klagte gegen die Zeitung, und sie verlor. Denn über die Größe eines Arsches kann es verschiedene Ansichten geben.
Haben Sie gelesen, was Ihr Freund Günter Grass zum Karikaturenstreit sagte?
Nein.
Er fühlte sich an antisemitische Zeichnungen in dem nationalsozialistischen Hetzblatt »Der Stürmer« erinnert und nannte die Karikaturen eine »bewusste und geplante Provokation einer rechten dänischen Zeitung«. Die islamischen Proteste seien eine »fundamentalistische Antwort auf eine fundamentalistische Tat«.
Darin stimme ich nicht mit ihm überein, denn die politische Ausrichtung der Zeitung ist in diesem Fall ohne Bedeutung. Es ist eine rechte Zeitung, ja, und vielleicht wurden die Karikaturen tatsächlich veröffentlicht, um die Muslime zu ärgern. Aber es ist *eine* Sache, jemanden zu

ärgern, und eine andere, Bomben zu werfen. Es ist eine Frage der Verhältnismäßigkeit ...
Ja, aber ...
Bitte lassen Sie mich meinen Gedanken zu Ende führen. Wer wird hier interviewt? Sie oder ich?
Sie betrachten den Fall vom Standpunkt eines aufgeklärten Europäers aus. Sie müssten vielleicht versuchen, sich in einen Moslem hineinzuversetzen, für den Mohammed eine Art Vater ist.
Das ändert nichts. Wenn jemand meinen Vater beleidigt, würde ich trotzdem nicht dessen Haus niederbrennen. Wenn Sie nicht mögen, was in einem Buch über Ihre Religion geschrieben steht, können Sie das Buch wegwerfen oder ein eigenes Buch dagegen schreiben. Aber wenn Sie den Autor mit dem Tode bedrohen, überschreiten Sie eine Grenze. Dagegen wehre ich mich. Im Kampf um die Meinungsfreiheit zu kapitulieren, wäre der größte Fehler. Auch ich habe schon sehr unangenehme Karikaturen über mich in Zeitungen sehen müssen.
Sie pochen auf Ihr »Recht, beleidigt zu werden«, wie Sie es einmal nannten.
Ja, und ich werde ununterbrochen beleidigt. Jedes Mal, wenn Tony Blair den Mund aufmacht, beleidigt mich das.
Weil Sie seine Irak-Politik missbilligen?
Unter anderem.
Was halten Sie von Bushs Krieg?
Das einzige Positive daran ist die Beseitigung Saddam Husseins, der ein Monster von hitlerschem Ausmaß war, verantwortlich für den Tod von Millionen Menschen. Sonst kann ich an diesem Krieg nichts Gutes finden, denn er basiert auf einer absichtlichen Lüge. Es gab keine Massenvernich-

tungswaffen im Irak, das wusste man, aber man hat sich darum nicht gekümmert. Denn man brauchte einen Grund für den Einmarsch, der längst beschlossen war. Was Bush tat, war, wie alles, was er tut, das denkbar Schlechteste, und wir werden dafür eine Generation lang, vielleicht sogar länger, bezahlen.

Heute herrscht Bürgerkrieg im Irak.

Ja, aber das ist nicht das größte Problem. Das Schlimmste ist, dass Bush den islamischen Djihad, diesen sogenannten Heiligen Krieg, der bis dahin nur ein Mythos ohne politische Wirkung war, gleichsam erfunden hat. Davor gab es keine Zusammenarbeit der islamischen Staaten. Die Iraner hassten sowohl die Iraker als auch die Afghanen. Die Iraker hassten die Saudi-Araber, die Saudi-Araber hassten die Syrer. Präsident Bushs Vermächtnis an die Welt wird sein, eine islamische Internationale geschaffen zu haben, die es vor ihm nicht gab … Aber ich bin kein Politiker. Ich wollte in diesem Interview über anderes sprechen.

Gut, sprechen wir über die Liebe!

In Ordnung.

Sie sagen, dass muslimische Männer zur Liebe nicht fähig sind, weil sie nur in den Kategorien von Ehre und Schande denken und die Frau nicht als gleichwertig betrachten.

Ich sage das nicht über alle Muslime.

Im Koran heißt es, »die Weiber sind euer Acker. Geht auf euren Acker, wie und wann immer ihr wollt …«

Bitte verschonen Sie mich mit diesem Zeug! Ich kenne es.

Wie beurteilen Sie den Koran als Literat?

Das ist schwierig, weil ich nicht Arabisch kann. Ich lese Übersetzungen. Leute, die Arabisch sprechen, sagen, es gebe darin sehr poetische Stellen.

Goethe hat ihn ein Buch endloser Tautologien genannt.
Literarisch bereitet die Bibel zweifellos mehr Vergnügen. Der Koran besteht im Wesentlichen aus drei Teilen, den Erzählungen über das Leben des Propheten, der Beschreibung der paradiesischen Freuden für die Gläubigen, der Höllenstrafen für die Ungläubigen und, drittens, den Regeln, nach denen man leben soll.
Über die machen Sie sich in den »Satanischen Versen« besonders lustig. »Vorschriften, Vorschriften, Vorschriften«, heißt es da, »Vorschriften über alles und jedes, wenn ein Mann einen Furz ließ, sollte er sein Gesicht in den Wind richten, eine Vorschrift, mit welcher Hand man seinen Hintern säubern durfte …«
Über diese Stelle haben sich die Mullahs besonders geärgert.
Den Gläubigen wurde gesagt, Zitat, »wie viel sie essen durften, wie tief sie schlafen sollten und welche Stellungen beim Geschlechtsverkehr die göttliche Billigung erhalten hatten …«
Ja, so steht es im Koran. Ich habe nichts erfunden.
Am interessantesten finden Sie die Höllenbeschreibungen.
Ja, die sind natürlich das Spannendste.
Wie auch bei Dante.
Richtig. Nur ist Dante besser. Für einen Dichter ist das Paradies der langweiligere Ort, schlechte Musik, öde Mode, man trägt Nachthemden, betet die ganze Zeit oder zupft auf der Harfe. Wer will schon dort hin? In der Hölle ist es viel aufregender, etwas überheizt, aber eine tolle Party.
Sie lachen.
Ja, ich sehe das mit Humor, und ich glaube, dass der Kampf, den wir gerade erleben, auch ein Kampf zwischen jenen ist, die einen Sinn für das Komische haben, und jenen, die keinen haben.

Ayatollah Khomeini sagte: »Es gibt keinen Humor, es gibt kein Gelächter und keinen Spaß im Islam.«
Das sagte er, weil der Humor eine Gefahr für die Mächtigen ist. Er ist subversiv, denn er ist seinem Wesen nach immer respektlos. Wahrscheinlich hat mich mein Humor gerettet.
Sie meinen, in den Jahren Ihrer Verfolgung.
Ja.
Können Sie rückblickend in dieser katastrophalsten Erfahrung Ihres Lebens auch etwas erkennen, das Sie bereichert hat?
Ich habe eine Menge Geld verdient, also für meine Karriere war die Fatwa extrem vorteilhaft. Ist es das, was Sie hören wollen?
Nein, ich meine das eher im geistigen Sinne.
Ich verstehe, und ich kann Ihre Frage bejahen. Ich bin von Natur ein satirischer Autor, aber die Satire ist immer nur gegen etwas gerichtet. Ich wusste schon immer, wogegen ich kämpfte, aber als diese Bedrohung über mir schwebte, genügte das nicht mehr. Ich musste, damit ich ihr standhalte, auch wissen, wofür ich kämpfe. Ich musste mich entscheiden, für welche Werte ich mit meinem Leben einstehen will. Es gibt heute zwei Lager. In dem einen ist alles versammelt, das ich ablehne, Voreingenommenheit, Bigotterie, Obskurantismus, Tyrannei, Gewalt, Unterdrückung, in dem anderen alles, wofür ich stehe: Freiheit, Liebe, Humor, Kunst und so weiter.
Sie wissen heute, was das Richtige und was das Falsche ist.
Sie nicht?
Ich bin mir nicht sicher.
Das heißt, Sie können nicht kämpfen.
Genau! Ich sehe den Lauf der Geschichte und resigniere. Ich

weiß nicht, was gut und was böse ist. In Goethes »Faust« sagt der Teufel: »Ich bin ein Teil von jener Kraft ...«
»... die stets das Böse will und stets das Gute schafft.« *Sie kennen das Zitat.*

Ja, und im philosophischen Sinne stimmt es natürlich. Sie können das Gute nicht wollen, ohne dass es das Böse gibt, weil Sie es nur durch sein Gegenteil definieren können. Darüber wurde eine Menge Literatur geschrieben.

Der chinesische Philosoph Laotse sagt: »Was du vernichten willst, das musst du erst richtig aufblühen lassen.«

Ja, aber das ist ein sehr mystischer Gedanke, mit dem Sie im praktischen Leben nicht weiterkommen, es sei denn, Sie sind Fatalist.

Das bin ich. Das hat vielleicht mit meiner Biografie zu tun. Die Zeit, an die sich die Deutschen am liebsten erinnern, ist die des Wiederaufbaus in den Fünfzigerjahren, den sie, um es zynisch zu sagen, dem Krieg verdankten.

So kann ich nicht denken. Denn das würde bedeuten, ich bin dankbar für das Unglück, weil ich es überwinden kann. Ich bin dankbar für die Bombardierung von Dresden, denn sie ermöglicht mir, die Stadt wieder aufzubauen. Ich bin dankbar für den Holocaust, denn er gestattet mir das Gefühl der Entrüstung ... Wenn Sie so denken, gehören Sie, fürchte ich, zu den Verdammten. Es ist eine Tragödie, tut mir leid.

Ja, das ist es.

Das logische Ende eines solchen Gedankens ist ein kultureller Relativismus, den ich für eine der größten Gefahren halte, die den Westen heute bedrohen. Denn wenn wir nicht mehr wissen, wofür wir kämpfen, wenn wir angesichts der Feuerzeichen, die uns umgeben, keine moralischen Entscheidungen treffen, gehen wir unter.

Ich halte Sie ja nicht ab von Ihrem Kampf, im Gegenteil, ich beneide Sie. Nur anschließen kann ich mich nicht. Ich denke zu viel.

Vielleicht sind Sie weiser als ich.
Wie haben Sie sich Ihren Optimismus bewahren können?
Ich bin kein Optimist. Ich brauche nur so viel Optimismus, dass ich in der Lage bin, Bücher zu schreiben. Denn das können Sie nicht, wenn Sie nicht davon überzeugt sind, damit etwas in der Welt zu erreichen. Ich brauche den Optimismus nur als Brennstoff für meine Kunst.
Genügt es Ihnen nicht, zu sagen, Sie schreiben zu Ihrem Vergnügen?
Doch, selbstverständlich. Ich tue es zunächst nur für mich. Aber ich will auch wirken.
Sie wollen mit Ihrem Schreiben die Welt verändern.
Nein, denn die Welt verändert sich durch alles, was geschieht, ganz von selbst. Das Schreiben ist meine Art, auf der Welt zu sein, meine Obsession, wenn Sie so wollen. Ich bin wie der Kapitän Ahab in Melvilles *Moby Dick*. Ich jage den weißen Wal. Aber ich bin mir dessen nicht bewusst. Man verliert, während man schreibt, über sich die Kontrolle. Ich denke dann auch nicht an den kommerziellen Erfolg. Denn sonst würde ich schreiben wie Dan Brown, dessen einziges Ziel es ist, eine hohe Auflage zu haben … Aber wir wollten doch über die Liebe sprechen.
Okay, die Liebe!
Ich halte die Liebe für wichtiger als die Religion.
Sie sagen, dass die Liebe zwischen Mann und Frau den religiösen Fanatismus verhindert.
Ja, wenn sie funktioniert. Es gibt in manchen Kulturen, zum Beispiel in der islamischen Kultur, Deformationen in der Beziehung zwischen Männern und Frauen, sexuelle Deformationen, weil man Barrieren aufgebaut hat gegen den natürlichen Verkehr der Geschlechter. Dadurch ent-

steht die Notwendigkeit einer Kompensation, die zum Terrorismus führt.

In einem Aufsatz für einen Bildband des Fotografen Timothy Greenfield-Sanders mit Nacktaufnahmen weiblicher und männlicher Pornodarsteller berichten Sie von einem pakistanischen Kinobesitzer, der Pornofilme zeigte, was in Pakistan streng verboten ist. Als man gegen ihn vorgehen wollte, rechtfertigte er sich damit, die Filme hielten das männliche Publikum davon ab, sich der Al Kaida anzuschließen.

Ja, diese jungen Männer gingen befriedigt aus dem Kino hinaus, anstatt Terroristen zu werden.

»Porno für den Frieden«, schreiben Sie.

Gut, das war ein Scherz.

Welche Rolle spielt die Sexualität in Ihrem Leben?

Eine sehr große.

Sie sind in vierter Ehe mit einer über zwanzig Jahre jüngeren Schauspielerin verheiratet ...

Ja, ich hatte Glück.

Haben Sie je für längere Zeit allein gelebt?

Ja, natürlich.

Wenn man Ihre Biografie liest, sieht es so aus, als folgte eine Ehe der anderen.

Sie reden so, als wären Sie dabei gewesen. Meine zweite Ehe zerbrach kurz nach der Fatwa. Meine dritte Frau traf ich erst ein Jahr später. Damals wollte ich allein sein, um niemanden in die Sache hineinzuziehen. Aber ich bin auch heute noch oft allein. Meine Frau hat voriges Jahr drei Filme gedreht. Manchmal sehen wir uns über Monate nicht, und wir kommen damit gut zurecht.*

---

* Die Ehe mit Padma Lakshmi wurde 2007 geschieden.

Haben Sie Angst vor dem Alter?
Nein, außer wenn es mit physischem oder geistigem Verfall verbunden ist. Ich werde nächstes Jahr sechzig. Ich fühle mich nicht so alt, aber es erschreckt mich, wie schnell die Jahre vergehen. Der Vorteil des Alters ist, dass man nichts Überflüssiges mehr tut. Ich will die Zeit nützen, die mir noch bleibt. Am wichtigsten sind mir die Arbeit und die Familie. Ich habe zwei Söhne aus früheren Ehen, ich habe eine reizende Frau, und ich will Bücher schreiben. Ich werde, bevor ich nur noch sabbernd in einem Stuhl sitzen kann, meine Zeit nicht mit Dingen vergeuden, die ich nicht wirklich möchte. Bestimmt werde ich keine so langen Interviews mehr wie das mit Ihnen führen.

Das Schreien
Über Marcel Reich-Ranicki
2002

Warum schreit der Mensch? Ist nicht alles Reden und Schreiben nur ein gebändigtes Schreien? »Wir sind in Kommunikation gehüllt«, sagt der französische Philosoph Georges Bataille. »Wir sind auf diese unaufhörliche Kommunikation angewiesen, deren Fehlen wir bis in die tiefste Einsamkeit hinein als Suggestion zahlreicher Möglichkeiten, als die Erwartung eines Augenblicks erfahren, in dem sie zu einem Schrei wird, den andere hören.«

Marcel Reich-Ranicki konnte in seinen glänzendsten Momenten das Schreien nur mühsam bändigen. Aber man verstand jedes Wort. Er schrie gleichsam druckreif. Müssen wir nun befürchten, dass ihm, dem durch Martin Walsers *Tod eines Kritikers* tief Verletzten, die Stimme für immer versagt? Ich wünsche mir, dass er die gewohnte Form wiederfindet. Denn ich habe mich in seinen Ausbrüchen, die ich für Verzweiflungsausbrüche hielt, gespiegelt gesehen.

In einem Interview, das er mir im September 2000, nachdem er Sigrid Löffler aus dem *Literarischen Quartett* vertrieben hatte, in seiner Frankfurter Wohnung gab, wollte er nur über eines sprechen: den in Deutschland grassierenden Antisemitismus, unter dem er zu leiden habe. Darauf war ich nicht vorbereitet. »Einer der zentralen Fragen meines Lebens haben Sie sich noch nicht mal genähert«, dröhnte er, »Sie haben keine Ahnung!« Löfflers Schmähung des von ihm vorgeschlagenen und gelobten Romans *Gefährliche Geliebte* von Haruki Murakami nannte er einen »Hassausbruch«. Warum Löffler ihn hasse, fragte ich.

Reich-Ranicki: »Das fragen Sie? Mich haben viele Menschen in meinem Leben gehasst. Soll ich Ihnen erklären, warum?«

»Weil Sie ihre Bücher verrissen haben.«

»Ach, nur deshalb?«

»Die anderen Gründe kenne ich nicht.«

»Wenn Sie nachdenken, werden Sie die anderen Gründe finden.«

»Weil Sie laut sind.«

»Das ist wahrscheinlich ein Symptom. Dass ich laut bin, ist

nur ein Symptom. Sie wollen, dass ich Ihnen erkläre, warum mich viele Leute nicht leiden können ...«
»Sie meinen doch nicht, weil Sie Jude sind?«
Ich wollte es nicht glauben. Meine Bestürzung war nicht gespielt. Dass dieser alte, vitale Mann, der seine Angehörigen im Holocaust, den er mit Glück überlebte, verloren hatte, sich bis heute von Judenhassern umgeben fühlte, machte mich sprachlos. »Das wäre ja schrecklich«, murmelte ich. Aber ich bin Interviewer. Ich musste die Sprache wiederfinden. »Können Sie sich vorstellen«, fragte ich, »dass Sie den Leuten vielleicht aus anderen Gründen auf die Nerven gehen?«
»Ach, bitte«, flehte der Kritiker, den man Papst nennt, mit der ihm eigenen, ihn schützenden, ihm zum Schutzschild gegen das unauslöschliche Grauen gewordenen Theatralik, »verlangen Sie nicht von mir, dass ich mir etwas vorstelle! Ich habe keine Lust, mir etwas vorzustellen. Das kommt mir so vor, als wolle mir jemand an die Gurgel, und Sie fragen: Können Sie sich vorstellen, dass der Mensch Gründe hat? Er ist vielleicht aufgeregt. Er hat mit seiner Frau Krach gehabt. Er muss sich entladen.«
»Aber warum tut er das ausgerechnet bei Ihnen?«, bohrte ich.
»Weil ich auffalle!«, schrie Reich-Ranicki. »Wenn ich ruhig zu Hause säße, wäre meine Lebenssituation eine andere. Aber ich publiziere Kritiken, und zwar nicht in irgendeiner Literaturzeitschrift, sondern im *Spiegel*, in der *FAZ*. Ich trete im Fernsehen auf.«
»Ihr Schreien hat mit Verzweiflung zu tun«, sagte ich.
Da wurde er leise. Fünf Stunden hatte er auf mich eingebrüllt, mich einen begriffsstutzigen, dummen Menschen

genannt, eine »Katastrophe als Interviewer«. Nun hörte er auf zu schreien. Beinahe unhörbar tröpfelten die Worte ins Mikrofon: »Vielleicht, ja, vielleicht hat es damit zu tun, denn ich habe jahrelang schweigen müssen. Ich habe jahrelang mit meiner Frau, als wir im Verborgenen lebten, nur flüstern können …«
»Haben Sie es je verflucht, ein Jude zu sein?«
»Nein, ich hab es nicht verflucht. Aber wenn sich meine Ururgroßeltern hätten taufen lassen, und ich als Nichtjude geboren wäre und gar nicht gewusst hätte, dass da irgendwelche Vorfahren Juden waren, ooohhh …«
»Das wäre Ihnen lieber gewesen.«
»Oh Gott, wie viel lieber wäre mir das gewesen! Fragen Sie einen Schwulen, ob er nicht lieber als Nicht-Schwuler geboren wäre! Fragen Sie jeden Angehörigen einer Minderheit! Es ist nicht angenehm, einer Minderheit anzugehören. Das kann ich Ihnen mit voller Verantwortung sagen. Es ist schon viel bequemer, nicht einer Minderheit anzugehören.«
Später erzählte er mir einen Witz: »Es gibt doch diesen Witz, da sagt ein Jude: Lieber Gott, du hast unser Volk auserwählt, es reicht, jetzt wähl dir mal ein anderes aus.«

Ja, er konnte noch Witze erzählen. Heiter lud er mich zum Abendessen in sein Stammlokal ein. Ungeniert flirtete er mit der jungen Fotografin, die mich begleitete. Seine Frau mit dem schlohweißen Haarkranz, der ihr feines Gesicht wie ein fernes Leuchten umrahmt, ging wortlos voraus. Er hat sie im Warschauer Getto kennengelernt. Sie blieb seine Schicksalsgefährtin. Zuvor, als ich ihn gefragt hatte, ob ich sie, die stumm neben ihm saß, etwas fragen dürfe, hatte er noch gedonnert: »Nein, dürfen Sie nicht! Hören Sie zu!

Hören Sie zu, was ich sage!« Ich hatte aber den Blick nicht von ihr wenden können. Ihr betörendes Lächeln, hinter dem sich ein Geheimnis verbarg, das er nicht lüften wollte, hatte mich alle Vorsicht vergessen lassen. »Ich schaue dauernd Ihre Frau an, während Sie sprechen«, hatte ich gesagt. Da sprach er diesen schrecklichen Satz, schrecklicher als alle Verrisse: »Dann muss ich sie rausschmeißen.« Die Frau aber lächelte.

Nach dem Essen, Pfifferlingen mit Ei, die er nach jedem Hinunterschlucken genüsslich lobte, und zwei Gläsern Wein, die ihn, der zugibt, dass er nicht viel verträgt, leicht berauschten, sagte die Frau: »Ich habe einen Mann, der viel redet. Deshalb schweige ich.« Er war nun milde gestimmt. »Schreiben Sie«, diktierte er mir, als ich ihn fragte, was er an diesem Abend noch vorhabe, »ich freue mich auf das Lächeln meiner Frau.«

Ohne sie, behaupte ich, würde er nicht mehr leben. Dass

sie, die Gleichaltrige, vor ihm sterben könnte, daran will er nicht denken. Ich hatte die Frage gewagt, ob er Angst davor hätte.

»Darüber möchte ich mich nicht äußern«, hatte er mit dem letzten Rest von Selbstkontrolle hervorgestoßen. »Schluss! Weiter!«

»Darüber können Sie sich in Ihren wohlgeformten Sätzen vielleicht gar nicht äußern«, hatte ich tollkühn hinzugefügt. Da hatte mich sein Blick, befehlend und bettelnd zugleich, angesprungen: »Sie! Lassen Sie das Thema in Ruhe! Bitte!«

»Sie würden weinen«, hatte ich tonlos erwidert.

Das Weinen, die Kehrseite jenes Gelächters, an das Novalis dachte, als er notierte, Verzweiflung sei »am fürchterlichsten witzig«, hätte ihn vielleicht von dem Schmerz erlöst, den er in seiner Lautheit ertränkt. »Die menschliche Existenz«, schreibt Bataille in *Die Literatur und das Böse*, »ist in uns, an ihren periodisch neuralgischen Punkten, nur noch ein Schreien, qualvoller Krampf, unbändiges Lachen, in dem die Übereinstimmung aus der endlich geteilten Überzeugung von der Unergründlichkeit unserer selbst und der Welt erwächst.« Als Fußnote fügt er hinzu: »Es ist mir nicht möglich, auf den tiefsten Aspekt der Kommunikation einzugehen, die paradoxe Bedeutung der Tränen. Ich möchte jedoch anmerken, dass die Tränen wohl den Höhepunkt kommunikativer Gemütsbewegung und der Kommunikation darstellen.«

Heute scheint mir, ich war an jenem Septemberabend 2000 von dem irrwitzigen Wunsch erfüllt, diesen Höhepunkt zu erreichen. Ich wollte Marcel Reich-Ranicki zum Weinen bringen. Er aber tobte: »Sie wollen, dass ich mir den Tod

meiner Frau vorstelle? Ich finde das bestialisch, und ich werde Sie noch rausschmeißen aus dieser Wohnung. Dazu werden Sie es noch bringen. Weiter! Next question!«*
Ein heiliger Zorn trieb ihn an. »Sie sind ein schrecklicher Mensch«, sagte er, »ein abscheulicher Mensch, ein furchtbarer Mensch!« Ich war ihm nicht böse. Ich kann diesem gepeinigten Mann im Greisenalter nicht böse sein. Ich habe Respekt vor seiner Vergangenheit. Vielleicht ist das nur möglich, weil ich seiner Allmacht als Literaturkritiker nicht unterworfen bin. Aber ist ihr Walser, der sich der hohen Verkaufszahlen seiner von Reich-Ranicki verrissenen Bücher rühmt, unterworfen? Er kann schreiben, was er will. Es wird gedruckt. Was will er mehr? Mir ist die Märtyrerpose dieses Erfolgreichen unverständlich. Geschmacklos aber wird jene Pose, wenn er verkündet, er spiele mit dem Gedanken, aus Deutschland (ausgerechnet ins Haiderland Österreich) auszuwandern.
Da war mir Peter Handkes unverblümter Hass lieber. In einem Gespräch, das ich vor Jahren an einem sonnigen Herbstnachmittag mit ihm führte, verriet mir der Dichter: »Was in der Literatur herumkrabbelt, das möchte man alles vernichten.« In seiner Erzählung *Die Lehre der Sainte-Victoire* gebe es »ein langes Kapitel über den Kerl aus Frankfurt, wo er als Hund auftritt«. Das habe ihm »unglaubliches Vergnügen« bereitet. Ich sagte: »So sehen Ihre geheimen Triumphe aus.« »Ja«, antwortete Handke, »die linken Sachen mache ich im Vorübergehen, wie Stars das machen. Im Vor-

---

* Teofila Reich-Ranicki verstarb am 29. April 2011 im Alter von 91 Jahren.

beigehen geben sie dir einen kleinen Tritt. Niemand sieht es, aber der, der den Tritt bekommt, spürt es schon.«
Einen kleinen Tritt? Man muss das zitieren: »Vor mir, hinter dem Zaun, stand ein großer Hund – eine Doggenart –, in dem ich sofort meinen Feind wiedererkannte … Sein Körper wirkte bunt, während Kopf und Gesicht tiefschwarz waren. ›Sieh dir das Böse an‹, dachte ich. Der Schädel des Hundes war breit und erschien trotz der hängenden Lefzen verkürzt; die Dreiecksohren gezückt wie kleine Dolche. Ich suchte die Augen und traf auf ein Glimmen. In einer Brüllpause, während er um Atem rang, geschah nur das lautlose Tropfen von Geifer … Sein Leib war kurzhaarig, glatt und gelb gestromt; der After markiert von einem papierbleichen Kreis; die Rute fahnenlos … Im Blick zurück auf den Hund sah ich, dass ich gehasst wurde. Doch zu sehen war auch die Qual des Tiers, in dem sich gleichsam etwas Verdammtes umtrieb …«
Welche Qual? Handke lässt keinen Zweifel: »Er, der Wachhund, im Gelände, und ich im Gefilde … und der Stacheldraht zwischen uns …, durch den hindurch ich, geistesgegenwärtig und tagträumend zugleich, den Feind betrachtete, wie er in seiner von dem Getto vielleicht noch verstärkten Mordlust jedes Rassenmerkmal verlor und nur noch im Volk der Henker das Prachtexemplar war.« Man kann das nicht missverstehen.

»In eine schlimmere Situation als jene, in der ich mich im Warschauer Getto während des Zweiten Weltkriegs befand, bin ich nie mehr gekommen«, sagte mir Marcel Reich-Ranicki im Interview, »und kann ich auch nicht mehr kommen, es sei denn, in meiner Todesstunde.« Dieser vom

Schicksal Versehrte, dieser gottlose Wüterich will um jeden Preis auffallen, weil er sich nur lebendig fühlt, wenn man ihn hört. Aber wen hat er hingerichtet? Auch Peter Handke erfreut sich anhaltenden Ruhms. Der Literaturbetrieb ist kein Richtplatz und keine Mörderschule. Kein Dichter wird den verhassten Rezensenten erschießen. Man will ihn nur zum Verstummen bringen. Doch wenn einer, der nur überlebt, weil er schreit, verstummt, ist er tot.

Das Lächeln
Zum Tod von Ingmar Bergman
2007

Er konnte nicht lächeln. Ingmar Bergmans Physiognomie ließ ein über das ganze Gesicht sich ausbreitendes, es öffnendes Lächeln nicht zu. Wir saßen einander in einem spartanisch möblierten Hotelzimmer in München gegenüber. Der Fotograf, der mich begleitete, durfte zu Beginn ein paar Fotos schießen. Darauf sieht man: Bergmans zu den Schläfen hin schräg abfallende Augen, wie verhangen hinter einem Schleier von Traurigkeit, konterkarieren die durch den lächelnden Mund sich ausdrückende Absicht.

Es sind die Augen eines Einsamen, der ein Leben lang darum kämpfte, seiner Einsamkeit zu entfliehen. Er sagte es so: »Mein ganzes Leben als Künstler ist der Versuch, in Kontakt zu anderen Menschen zu kommen, also diese Alleinigkeit zu verlassen.« Er sagte nicht »Einsamkeit«. Der ungeschliffene Umgang mit der fremden Sprache verwischte diesen entscheidenden Unterschied. Denn allein war der damals zum fünften Mal Verheiratete nie gewesen.

Seine Frau Ingrid stellte stumm Mineralwasser und zwei Gläser auf den kniehohen Tisch.

»Meine Frau ist meine Sekretärin«, sagte Bergman und lachte.
Sein Lachen war schallend. Er hatte die schlimmste Katastrophe seines Lebens gerade hinter sich. Am 30. Januar 1976 war er wegen des Verdachts der Steuerhinterziehung während einer Probe im Stockholmer Königlichen Theater von der Polizei abgeführt worden. In der Haft hatte er einen Nervenzusammenbruch erlitten und versucht, sich das Leben zu nehmen. Obwohl der Verdacht sich als unhaltbar erwies, mied Bergman fünf Jahre lang seine schwedische Heimat, inszenierte am Münchner Staatsschauspiel und drehte unter anderem die Filme *Das Schlangenei* und (in Norwegen) *Herbstsonate*.
Mein Interview mit ihm, das ich für die *Münchner Abendzeitung* führte, war das erste, das er nach seiner Emigration einer Zeitung gewährte. »Warum akzeptieren Sie die Ein-

samkeit nicht?«, fragte ich. Darauf folgte, als hätte ich etwas vollkommen Verrücktes gefragt, sein zweiter Lachanfall. »Ich glaube«, sagte er, sich kaum beruhigend, »die akzeptiert niemand, niemand in der Welt. Gott im Himmel! Jedes Kind ab vier Jahren weiß doch, dass es diese menschliche Isolierung, diese Einsamkeit gibt. Und jedes menschliche Wesen strebt danach, sie zu verlassen und etwas zu finden, um da herauszukommen. Glauben Sie nicht?«

Er saß vorgebeugt. Sein verschleierter Blick, sah ich jetzt, war ein Kinderblick. Mit seinen feingliedrigen Händen gestikulierend, unterstrich er die Sätze, die er mir auf das Tonband sprach.

»Ich versuche mit meinen Filmen und meinen Inszenierungen, wenigstens in mikroskopischen Graden, die Welt besser zu machen, verstehen Sie? Ganz mikroskopisch. Danach strebe ich mein ganzes Leben, und das mache ich nur aus egoistischen Gründen. Das ist eingebaut in meine … Wie sagt man? Maschine.«

Über seine Lippen huschte wieder jenes verunglückende Lächeln.

»Ich bin Regisseur, warum sind Sie Journalist?« »Das kann ich jetzt nicht …«, murmelte ich. »Warum denn nicht?«, fragte er.

Da schaltete ich kurz das Tonband aus. Ein Interviewer, der plötzlich vom Interviewten befragt wird, noch dazu von einem, den er so verehrt wie ich damals, knapp dreißig, Ingmar Bergman verehrte, verliert die Fassung. Seine Filme hatten meine Pubertät erleuchtet und zugleich verdunkelt wie ein Gewitter. Versteinert hatte ich, fünfzehnjährig, in der letzten Reihe des Wiener Urania-Kinos auf die Vergewaltigungsszene in *Die Jungfrauenquelle* gestarrt. Nein, hatte ich gedacht, nein, das will ich nicht sehen! Danach war ich durch die nächtlichen Straßen geirrt, bis der Schock sich zu Gedanken verflüssigt hatte, die vereinbar waren mit dem Alltag eines schon durch den Blickkontakt mit der Nachbarstochter zu beglückenden Gymnasiasten.

Die verstörende Kunst Ingmar Bergmans hat mich für das meiste, was das Kino sonst zu bieten hat, untauglich gemacht. Das hätte ich ihm gerne gesagt, vielleicht sogar vorgeworfen, als er im Juni 1976 so unscheinbar in einer grauen Wolljacke über dem bunt gemusterten Hemd vor mir saß. Er aber stellte mir diese Kinderfrage: Warum? »Ich habe zu meinem Beruf ein gestörtes Verhältnis«, sagte ich. »Ja, warum denn?«, insistierte er. »Ich würde«, antwortete ich, »manchmal, anstatt zu fragen, lieber über mich etwas sagen.« Kaum hatte ich den Satz ausgesprochen, war er mir peinlich.

Bergman aber, dieser Menschenfischer, reagierte begeistert: »Ach so, ja, etwas Persönliches? Sie wollen kreativ sein? Dann sind wir ja nicht so weit weg voneinander. Sehr schön! Das finde ich sehr schön. Dann haben Sie ja die Antwort, warum ich sage, dass ich schaffe und Kontakt suche und versuche, die Welt ein bisschen besser zu machen. Ich will meine Erfahrungen anderen Menschen ... Wie heißt das? Überreichen?« »Vermitteln«, sagte ich, mich an das Korrigieren seiner etwas abseitigen Formulierungen klammernd, obwohl gerade der Zauber des Unkorrekten unser Gespräch so besonders machte.

In seiner 1987 erschienenen Autobiografie *Laterna magica* beschreibt Bergman, wie er während eines chirurgischen

Eingriffs seinen Glauben verlor. Als er aus der sechsstündigen Narkose erwachte, kamen ihm die sechs Stunden wie eine Sekunde vor. »Die verschwundenen Stunden der Operation«, heißt es im Buch, »gaben einen beruhigenden Bescheid: Du wirst absichtslos geboren, lebst ohne Sinn ... und wenn du stirbst, verlöschst du.« In unserem Interview, zehn Jahre davor, erzählte er mir die gleiche Geschichte in seinem tastenden Deutsch. Das Wort »verlöschen« gebrauchte er nicht.

Er sagte: »Diese eine Sekunde, diese sechs Stunden, waren ein phantastisches Erlebnis für mich. Denn ich bin dadurch zu der Überzeugung gekommen, man lebt, man wird eingeschaltet, und dann plötzlich, eines Tages, ist man ausgeschaltet. Das ist eine Existenz und dann eine Non-Existenz. Und während dieser phantastischen Zeit, von der Geburt bis zum Tod, ist alles drin, das Grausame, das Schöne, das Ungeheure, das Unwahrscheinliche, das Scheußliche, alles ist da. Und das finde ich fabelhaft. Für mich ist das genug.«

Er zeigte zur Decke, von der eine kugelförmige Lampe hing. »Als ich begriff, dass kein Gott da oben ist und mich niemand beobachtet, das war sehr schön. Da fühlte ich plötzlich eine Geborgenheit. Ich hatte ja immer Angst gehabt vor diesem Herrn da oben. Wenn man jung ist, hat man ja so viel Angst, und dann wird man so unglücklich und so intolerant. Man fürchtet so viele Dinge, und dann wird man so böse ...«

»Und dann?«

»Dann muss man dieses Böse erkennen und muss es auch akzeptieren. Erkennt man es und akzeptiert man es und sieht ihm ins Auge und ist damit ein bisschen, ich will nicht

sagen, befreundet, aber bekannt, dann kann man dagegen kämpfen.«
»Haben Sie je mit dem Gedanken gespielt, sich einer Psychoanalyse zu unterziehen?«, fragte ich.
Bergmans knallendes Lachen füllte den kargen Raum. Dass ich ihn so sehr erheiterte, machte ihn mir gewogen. Er hatte zunächst nur zwanzig Minuten mit mir sprechen wollen. Es wurden fast zwei Stunden daraus. »Wissen Sie«, sagte er, »ein Künstler therapiert sich ja selbst, und er darf dabei kein schlechtes Gewissen haben. Ein Tiger hat auch kein schlechtes Gewissen, wenn er ein schönes Tier frisst. Der Künstler muss seine Tiere fressen. Das gehört dazu. Wir müssen die besten Konditionen haben für unser Schaffen. Ein Künstler muss frei sein. Sonst geht es nicht.«
Mir fiel Dostojewskis so berühmter wie banaler Satz »Geld ist geprägte Freiheit« ein, und schon war ich in Gedanken damit beschäftigt, mir auszurechnen, welches Honorar ich für das Interview mit Bergman würde verlangen können. Da fragte er: »Haben Sie die Freiheit zu tun, was Sie tun wollen?« Vor Schreck antwortete ich wahrheitsgemäß: »Vielleicht verhelfen Sie mir dazu.« Nie sind mir beruflich so viele Peinlichkeiten passiert wie während dieses Gesprächs, und nie hat mich jemand, wenn ich aus meiner Journalistenrolle fiel, so generös aufgefangen wie Ingmar Bergman. »Am Anfang hatte ich auch überhaupt keine Freiheit«, sagte er, »nicht im Film und nicht im Theater. Aber heute bin ich hundertprozentig frei.«
»Sind Sie jetzt glücklich?«, fragte ich.
Er schenkte sich Mineralwasser nach, aber er ließ das Glas stehen.
»Nein«, antwortete er, »ich bin nicht glücklich. Aber ich

fühle mich wohl. Wissen Sie, ich bin wie ein Fisch, und ich habe mein Aquarium. Dieses Aquarium hat Grenzen, aber diese Grenzen lehne ich ab. Die sind für mich nur symbolisch. Natürlich bin ich wie alle Menschen durch die Dinge ringsum und in mir begrenzt. Aber ich habe mein Aquarium, und das habe ich sehr gern, und ich lade Sie ein, mich darin zu besuchen.«
Jetzt erst nahm er das Glas und leerte es.

Ich blätterte in meinen Notizen. Ich sollte dem Weltberühmten ja noch Details seines geplanten Films *Das Schlangenei*, den er in den Münchner Bavaria-Studios drehte, entlocken. Das hatte mir die Redaktion aufgetragen. Aber er wollte darüber nicht sprechen. Der Film spielt 1923, im Jahr des misslungenen Hitlerputsches, und zeigt, so viel wusste ich damals schon, am Beispiel der sich abzeichnenden Katastrophe den menschlichen Selbstvernichtungsdrang. Ich fragte: »Halten Sie den Menschen für von Natur destruktiv?« Da lächelte er wieder mit seinen traurigen Augen. Dann sagte er:
»Ja.«

Gerhard Richter
2007

Es gibt launenhafte Menschen, deren Gemütsschwankungen man gerne folgt, weil man die Zerstreuung sucht, die Blaise Pascal, noch ganz unchristlich, als die einzige Rettung vor dem Schauder des Denkens beschrieb. Es gibt aber auch eine Flatterhaftigkeit, die den, der ihr ausgeliefert ist, zerstören kann. Der Maler Gerhard Richter gehört, das darf ich aus leidvoller Erfahrung sagen, zu den Launenhaften, vor denen sich ein Journalist hüten sollte.

Seine Pressescheu ist legendär. Als er mich nach einem reizenden Briefwechsel, der sich über fast drei Jahre erstreckte, dennoch nach Köln, wo er wohnt und arbeitet, einlud, muss die Freude über die schon nicht mehr erwartete Zusage, sich von mir interviewen zu lassen, meinen Verstand umnebelt haben. Frohgemut stimmte ich zu, als er mir abverlangte, das auf Tonband Gesagte danach nicht nur korrigieren, sondern, wenn es ihm beliebt, komplett zurücknehmen zu dürfen. Wir trafen uns Ende März an zwei Tagen. »Was *Sie* sagen«, beruhigte er mich zu Beginn, »werde ich sicher nicht ändern.«

Also fing ich sofort an zu sprechen: »Ihre Bilder sind seit Jahren die weltweit teuersten eines lebenden Künstlers. Auf der vom Wirtschaftsmagazin *Capital* ermittelten Rangliste stehen Sie an der ersten Stelle. Eines Ihrer abstrakten Bilder wurde unlängst bei Sotheby's um vier Millionen Euro versteigert. In einem *Spiegel*-Interview sprachen Sie von wahnwitzigen Preisen und einem völligen Missverhältnis zwischen dem Wert und der Relevanz von Kunst. Die Zeiten seien verdorben. Manchmal kämen Sie sich wie ein Betrüger vor ...«
Nur ungern ließ ich mich von ihm unterbrechen, denn in meinem Hinterkopf lauerte schon die Ahnung, dass er die Sätze, die er mir schenkte, danach wieder würde zurückhaben wollen. Aber ein Interview ist ja kein Monolog des Interviewers. Peu à peu setzte sich der als schweigsam bekannte Maler mit kleinen Einwänden, Ergänzungen, schließlich sogar dezidierten Statements durch, die ich ohne jene Ahnung frohlockend als Start in einen spannenden Dialog gewertet hätte.
»Der Kunstmarkt«, sagte ich, eine seiner früheren Äußerungen zitierend, »würde Ihnen zur Zeit jeden Quatsch abnehmen.« Dem stimmte er zu. Nun aber Vorsicht! Darf ich hier, ohne mich strafbar zu machen, Gerhard Richters markantes Lachen, das sich während unserer sechsstündigen Unterhaltung mehrmals wiederholte, beschreiben? Er hat mir, nachdem ich ihm die schriftliche Fassung unseres Gesprächs zugeschickt hatte, deren Veröffentlichung und nach Rücksprache mit seinem Anwalt sogar das indirekte Zitieren verboten.
Ist die Beschreibung seines Lachens als eines kurzen, vom Schelmischen ins Diabolische changierenden »hehe« schon

ein Zitat? Als ich zum Kern meines Interview-Themas, das sich nach wochenlanger Vorbereitung herauskristallisiert hatte, vorstieß, war dieser gebändigte Heiterkeitsausbruch zunächst die einzige Reaktion. Ich sagte: »Trotz Ihres Ruhms haben Sie sich immer als ein Gescheiterter gefühlt.« Hehe. Richter lachte.

Wir saßen an dem sehr aufgeräumten Schreibtisch in seinem Atelier im Kölner Nobelvorort Hahnwald mit Blick in den Garten, in dem sein selbst entworfenes Wohnhaus steht. Zu meiner Rechten hing ein kleines Bild an der Wand, dessen weiße Übermalung wie Schnee ein vermutlich darunter verborgenes Chaos bedeckte. In dieses unfertige Bild habe ich mich verliebt. Doch als mir Richter nach seinem Publikationsverbot als »Aufwandsentschädigung« wahlweise eines seiner Werke oder eine Geldsumme anbot, wagte ich nicht, es mir auszubitten. Stattdessen nahm ich das Schmerzensgeld an, der Not gehorchend, peinlich berührt wie ein Lakai, dem der unzufriedene Dienstherr eine Gnade erweist.
»Künstler sein«, sagt Beckett, »heißt zu scheitern, wie kein anderer zu scheitern wagt.« Bin ich nun Künstler, weil ich gescheitert bin? In des weltberühmten Malers Stadtatelier in der Bismarckstraße, wo der zweite Teil unseres Interviews stattfand, hängt ein Foto des Dichters Thomas Bernhard, den er, wie ich schon vorher wusste, verehrt. Also kramte ich auch meine Bernhardschen Lieblingssätze aus den fünfzigseitigen Unterlagen hervor, die ich als Gedächtnisstütze vor mich hingelegt hatte:
»Es gibt ja nur Gescheitertes. Indem wir wenigstens den Willen zum Scheitern haben, kommen wir vorwärts, und

wir müssen in jeder Sache und in allem und jedem immer wieder wenigstens den Willen zum Scheitern haben, wenn wir nicht schon sehr früh zugrunde gehen wollen, was tatsächlich nicht die Absicht sein kann, mit welcher wir da sind.« Gerhard Richter gefielen die Sätze, obwohl er, wie ich seinen unter dem Titel *Text* erschienenen Tagebuchnotizen entnommen hatte, dem absichtlichen Scheitern die Hoffnung vorzieht, den »Glauben an die Kunst«, die er, der erklärte Atheist, in schwachen Momenten sogar zur »Religion« erhob.

Auch ich hoffe gern, notfalls sogar auf ein Wunder oder, wie Richter es nennen würde, auf den glücklichen Zufall. Anlässlich der Verleihung des Kunst- und Kulturpreises der deutschen Katholiken, den er 2004 erhielt, verglich ihn der Laudator, Würzburgs Bischof Friedhelm Hofmann, mit dem Apostel Paulus und lobte die Demut des Künstlers, der es zulasse, »dass seine Kunst eine Eigendynamik entwickelt, die weit über sein persönliches Vermögen hinausgeht.« Ja, auch ich wollte demütig sein.

»Mit dem Interviewen«, sagte ich, von der bestrickenden Freundlichkeit meines Gesprächspartners eingelullt, »ergeht es mir wie Ihnen, wenn Sie ein Bild anfangen. Ich weiß nicht, wohin es führt.« Wir sprachen über Liebe und Wut, über die Pein des Alterns, über den Tod und die Angst, über George Bush und den Krieg, über Auschwitz und Adenauer, über Brandt und Kohl und Schröder, ja sogar über den kunstsinnigen Westerwelle. In einem seiner betörenden Briefe hatte Gerhard Richter bange gefragt: »Was, wenn es zwischen uns nicht funkt?«

Aber es funkte ja! Das Wunder geschah. Ich las ihm wunderbar wütende Stellen aus seinen *Notizen* vor, in denen er sich in schlaflosen Nächten seinen Widerwillen gegen alles und jeden von der Seele geschrieben hatte. Die Linksintellektuellen, mit denen er sich nach seiner Flucht aus der DDR 1961 im Westen herumschlagen musste, nennt er darin ein »blasiertes Gesindel«, die Ausstellungsmacher, denen er doch zum Teil seinen Ruhm verdankt, beschimpft er als »Zuhälter« und »Teppichhändler«.

Die Kunsthochschulen attackiert er, obwohl er selbst von 1972 bis 1994 an der Akademie in Düsseldorf lehrte, mit folgenden Worten: »Wir haben mehr als ein Dutzend solcher Hochschulen in der Bundesrepublik, an denen die schlechtesten Künstler als Parasiten hausen und ihr Beisammensein zu einem System der Unzucht und Langweiligkeit aufblasen. Diese sogenannten Künstler, die sich nicht das Salz in der Suppe verdienen könnten, werden dort zu Professoren ernannt … Sie können dort nicht nur ihren Schwachsinn kultivieren und verbreiten und die Studenten damit besudeln …« Und so weiter.

Auf die herrlich humorvolle Entgegnung Richters, als ich ihm seine Zornesausbrüche vorlas, muss ich hier, um mich nicht strafbar zu machen, leider verzichten. Die nur im deutschen Sprachraum übliche Unsitte der sogenannten »Autorisierung«, die dem Befragten erlaubt, das von ihm Gesagte nicht nur umzuschreiben, sondern gänzlich zu streichen, führt jedes Zeitungsgespräch ad absurdum. Denn warum sollte ein Journalist sich die Mühe machen, seinem Gegenüber Antworten zu entlocken, wenn er sie dann nicht publizieren darf?

»Die Wände in meinem Atelier dürfen Sie beschreiben«, gestand mir Richter, nachdem er mir den Abdruck unseres

Gesprächs untersagt hatte, nicht ohne Zynismus zu. Aber er ist kein Zyniker. Das kann ich bezeugen. Er ist ängstlich, ja. Er fürchtet die Häme. Er wolle, sagte er mir, nicht öffentlich ausgebreitet sehen, dass er sich Anfang der Achtzigerjahre in psychoanalytische Behandlung begeben hatte. Aber darüber haben bereits andere vor mir berichtet. Auch die mir so beklemmend, dass ich beim Abtippen des Tonbandprotokolls in Tränen ausbrach, geschilderte Vergewaltigung seiner Mutter kurz nach Kriegsende ist längst bekannt. Ich habe die Quellen studiert. Nichts wesentlich Neues steht in meinem nun verbotenen Interview. Aber *wie* er erzählte, mit welchem Feingefühl, über sich, seine Kindheit im Krieg und die Qualen beim Malen, so entspannt, so anrührend, mit altersweiser Gelassenheit, das machte ihn mir und allen, denen ich, natürlich streng vertraulich, das Gespräch zur Lektüre gab, zutiefst sympathisch.

Das Alter (er ist im Februar fünfundsiebzig geworden) hat ihn besänftigt, dachte ich. Oder war alles Fassade? Spielte er mir die Milde nur vor? Ein ungläubiges Lächeln kräuselte seine schmalen Lippen, als ich, auf seine Tagebucheintragungen anspielend, sagte: »In Ihnen tobt ein Vulkan.« Zum Beweis rief ich ihm eines seiner Verdammungsurteile aus früherer Zeit in Erinnerung. »Politiker sind grundsätzlich ekelerregend«, hatte er 1983 notiert, »impotent und unfähig, nicht imstande, irgendetwas herzustellen, weder ein Brot noch einen Tisch noch ein Bild, und diese Unfähigkeit, irgendeinen Wert zu schaffen, diese totale Minderwertigkeit, macht sie eifersüchtig, rachsüchtig, anmaßend und lebensgefährlich.«

Er schüttelte sich. Für seine Ausfälle aus jüngeren Jahren geniert er sich heute. Aber das derzeit vergriffene Buch, in dem sie stehen, wird demnächst neu aufgelegt. Staunend, vielleicht sogar beifällig, kann man darin einen bemerkenswerten Kulturpessimismus entdecken. Die staatliche

Kunstförderung führe zu »Kunstverhinderung und Kunstvernichtung«. »Besonders niederträchtig« zeige sich die Kunstfeindlichkeit gerade bei den kunstinteressierten Politikern. Dazu war mir, als ich es las, naturgemäß unser Ex-Kanzler eingefallen, der sich von Immendorff in Gold malen ließ und mit Lüpertz befreundet ist.
»Schröder?«, fragte ich im Interview. Wie schade, dass ich nicht verraten darf, was mir Richter erwiderte! Wie bedauerlich, dass ich die gütigen Korrekturen seiner Sottisen über Künstlerkollegen, zum Beispiel Anselm Kiefer, will ich ein gerichtliches Nachspiel vermeiden, verschweigen muss! Kiefers Kunst, sagte ich, während sich mein Interviewpartner ein Schokoladestück in den Mund schob, sei für ihn, so stehe es in seinem Buch, nichts als »formloser, amorpher Schmutz als gefrorene, breiige Kruste, ekelerregender Dreck«. Da lachte er nicht.

Wir tranken Kaffee. Des Malers sanftäugiger Pinscher lag mir zu Füßen. Das Sonnenlicht fiel schon schräg durch die Terrassentür. Jetzt, so dachte ich, in diesem Frieden, will ich mit dem kleinen, freundlichen Mann, in dem Abgründe schlummern, noch über das Böse im Menschen sprechen.
»Haben Sie Mordphantasien?«, überraschte ich ihn. Richter entschuldigte sich, er müsse auf die Toilette.
Fröhlich pfeifend durchmaß er die weiten Räume des Ateliers, in denen die aus unzähligen kleinen Farbquadraten zusammengesetzten Entwürfe für das rechte Fenster im vorderen Querschiff des Kölner Doms, das er der Kirche schenkt, eine berückend heitere Atmosphäre schufen. Ich hatte mir tags zuvor diese noch von Plastikplanen verhängte letzte Spur der Kriegsschäden angesehen, mir andächtig

ausmalend, wie meisterlich bunt die Lücke bei meinem nächsten Besuch in der Domstadt gefüllt sein würde.
Aber nun sollte ja vom Bösen die Rede sein. Seltsam ernst, fast bedrückt kam Gerhard Richter von der Toilette zurück. Ich las ihm zwei Sätze aus meinem Interview mit Ingmar Bergman vor: »Man muss das Böse in sich erkennen, und man muss es auch akzeptieren. Denn wenn man es von vornherein ablehnt, dann verwandelt es sich in Dämonen, und die Dämonen haben keine Gesichter.« »Hehe«, sagte Richter. Ja, da war es wieder, das Lachen! »Machen wir morgen weiter«, schlug er vor. »Ich möchte Sie noch meiner Frau vorstellen.«
Wir gingen durch den Garten zum Haus. Vom Balkon rief der zwölfjährige Moritz, Richters älterer Sohn, und zeigte stolz seine neuen Schuhe. Die Frau, Sabine, Richters dritte, siebenunddreißig Jahre jünger als er, hielt sein viertes Kind, Theodor, gerade zehn Monate alt, im Arm. Blauäugig sah es mich an. Mein Tonbandgerät war noch eingeschaltet. »Es hat Ihre Augen«, sagte ich zu Gerhard Richter. »Meine sind inzwischen grau«, sagte er. »Aber sie waren mal blau.«

Hanna Schygulla
2007

Wenn Hanna Schygulla spricht, möchte man die Augen schließen, so betörend ist ihre den Sprachfluss in eine angenehm einschläfernde Melodie verwandelnde Stimme. Aber man möchte auch den wachen Blick nicht versäumen, mit dem sie ihren Gesprächspartner lustvoll verstört. Sie ist nach langen Jahren der Abwesenheit in das deutsche Kino zurückgekehrt, und sie ist auch in den Nebenrollen, die sie da spielt, noch immer der Star, zu dem sie Rainer Werner Fassbinder, der Frühverstorbene, machte.

Nun hat sie in Fatih Akins in Cannes mit dem Preis für das beste Drehbuch ausgezeichnetem Film *Auf der anderen Seite* schon fast eine tragende Rolle. Aber genug ist ihr das nicht. »Absolut nicht«, sagt sie. In dem Film *Die Tartarenprinzessin*, den sie demnächst in Sankt Petersburg dreht, spielt sie die russische Nationaldichterin Anna Achmatova. Nächstes Frühjahr tritt sie im Pariser Théâtre des Bouffes du Nord in einer One-Woman-Show Ihres Ex-Geliebten Jean-Claude Carrière als Sängerin auf.

Aber auch für eine Gastrolle in der ZDF-Krimiserie *Stolberg* ist sie sich nicht zu schade. Zum Interview im Restaurant des Kölner Hotels, in dem sie während der Dreharbeiten logiert, erscheint sie in bunte Stoffe gehüllt, redefreudig und neugierig zugleich. Denn sie hat sich auf dieses Gespräch vorbereitet. Sie will den Interviewer, den sie als einen Spezialisten für das Abgründige kennt, zur Lebensfreude bekehren. Sie will dabei milde bleiben.

Doch dann, nach Weißwein und mehreren Cognacs, verliert sie, entnervt durch die Unbelehrbarkeit des sie Befragenden, die Contenance. Ihr berühmtes Phlegma, das sie Gleichmut nennt, bricht für Momente auf, und eine heitere Variante des Zorns blitzt hervor. »Sind Sie jetzt glücklich?«, fragt sie, nachdem sie sich wieder beruhigt hat. »Haben Sie jetzt, was Sie hören wollten?« Der Interviewer bedankt sich. »Gut«, sagt sie und lacht, »dann können wir ja noch einmal von vorn anfangen.«

Wenn man liest, wie über Sie geschrieben wird, kann einem schwindlig werden. Man feiert Sie als die letzte Diva, als Mythos, Muse und Ikone des deutschen Films ...

Ja, aber wenn man mich kennenlernt, verwandle ich das innerhalb kürzester Zeit in Sympathie. Die Leute verehren mich dann, aber sie mögen mich auch. Das finde ich schön.

Ihren Ruhm verdanken Sie den Filmen, die Sie mit Rainer Werner Fassbinder drehten.

Das ist mein Kapital, ja, und ich finde es auch toll, dass man in mich so viel hineinprojizieren kann. Aber ich will nicht so eine abgehobene Figur sein. Denn das ist es, was so viele Stars kaputt gemacht hat. Ich habe gestern eine Dokumentation über Elvis Presley gesehen, und ich empfinde es als total krank, was da abging. So wollte ich nicht enden. Deshalb habe ich mich immer Anti-Star genannt.

Wären Sie auch, hätte Fassbinder Sie nicht entdeckt, Schauspielerin geworden?
Nein, wohl nicht. Ich war ja von der Schauspielschule schon weg, als er mich holte.
Ihre Kollegin Irm Hermann, mit der er auch privat liiert war, sagt: Die Legende, er sei ein Sadist gewesen, ist wahr.
Er konnte schon quälen. Genies sind ja immer unerträglich, mehr oder weniger. Die Tragik seines Lebens war, dass er die Hörigkeit als Liebesbeweis betrachtete, obwohl er dauernd sagte, er mache Filme gegen die Abhängigkeit. Ich meine, es ist doch sehr unerlöst, wenn man dafür kämpft, dass der Mensch nicht mehr getreten wird, und dabei selbst treten muss.
Hat er auch Sie getreten?
Nein, in mir hat er eine Weggefährtin gesucht. Ich war keine Jasagerin. Ich wollte nicht dahin kommen, so viele Verletzungen einzustecken, dass ich sie eines Tages genieße und danach schreie, verletzt zu werden.
Sie haben sich ihm nicht unterworfen.
Doch, schon. Ich liebe die Überwältigung, wenn ich fühle, dass etwas größer ist als ich. Aber ich muss auch spüren, dass in mir all die Naturkräfte blühen, die ich zum Leben brauche.
Sie haben sich gewehrt.
Ja, aber dafür hat er mich dann bestraft.
Erzählen Sie!
Als er *Lili Marleen,* unseren letzten gemeinsamen Film, mit mir machte, habe ich erfahren, dass mein Partner Giancarlo Giannini mehr Gage bekam als ich, obwohl ich die Hauptrolle spielte. Als ich mich darüber beschwerte, ist der Rainer auf die andere Straßenseite gegangen und hat plötz-

lich losgeschrien wie ein angeschossenes Tier. Am nächsten Tag ist er nicht am Drehort erschienen und hat behauptet, ich hätte ihn krank gemacht. Ich habe ihn gesucht und in einer Berliner Bar inmitten seiner Mannen gefunden. Die schwiegen alle. Ich nannte ihn Sklaventreiber. Das hat er mir nie verziehen. Er hat zwar dann weitergedreht, aber kein Wort mehr mit mir geredet. Die Regieanweisungen hat er mir durch seine Assistentin mitteilen lassen.
Er hat bis zu seinem Tod nie mehr mit Ihnen gesprochen?
Nein. Als er mit mir wieder arbeiten wollte, war es zu spät.
Weil er starb.
Ja, und das Seltsame ist, dass ich ihn einige Zeit davor anrufen wollte, aber ich hatte seine Telefonnummer nicht. Dieser Anruf wäre vielleicht lebensrettend gewesen.
Sie glauben, Sie hätten sein Sterben verhindern können?
Man weiß es nicht.
Was wollten Sie ihm denn sagen?
Darüber spreche ich nicht.
Wollten Sie ihm vorschlagen, ein Kind mit ihm zu bekommen?
Nein, obwohl ... Das wäre natürlich möglich gewesen.
Er hat sich ja so sehr nach einem Kind und einer Familie gesehnt.
Ja. Er hat mir das nie direkt gesagt. Aber ich wusste es.
Auch von Ingrid Caven, mit der er kurz verheiratet war, hat er sich ein Kind gewünscht.
Na, die Caven wäre nun wirklich dafür die Falsche gewesen. Mit mir wäre es die ideale Lösung geworden. Ich hatte ja damals schon diesen unbefriedigten Mutterdrang. Also hätte ich das sicher sehr gut gemacht mit dem Kind.
Sie waren Ende dreißig.
Ja, es war spät. Aber es wäre noch gerade gegangen.

Ihr damaliger Lebenspartner war der französische Drehbuchautor Jean-Claude Carrière.
Der wollte kein Kind. Ich hatte mir schon die Eierstöcke auspusten lassen und ihm strahlend verkündet, jetzt sei ich bereit. Darauf hat er geantwortet, was für ein unglücklicher Mensch er sei, denn wenn ich ein Kind bekäme, ginge ihm etwas ab.
Weil Sie ihm einen Teil Ihrer Zuwendung entzogen hätten.
Das fürchtete er, ja, denn jedes Mal, wenn ich Kinder sah, merkte er, dass ich von denen mehr fasziniert war als von den Erwachsenen. Jetzt ist er mit einer Jüngeren zusammen und mit zweiundsiebzig doch noch Vater geworden.
So ein Pech!
Ja, aber ich hadere nicht. Dass mir diese eine Möglichkeit des Frauseins nicht vergönnt war, ist der Preis, den ich zahlen musste, weil ich so lange Angst vor der Ehe hatte. Ich dachte, wenn ich mich binde, trete ich in die Ehefalle. Denn das hatte ich am Beispiel meiner Eltern erlebt, die nicht miteinander konnten, aber auch nicht auseinanderkamen. Diese Ehe war ein Gefängnis. Das wollte ich nicht wiederholen. Ich habe meiner Mutter unheimlich viel vorgeworfen in einem gewissen Alter.
Zum Beispiel?
Ich habe ihr vorgeworfen, dass sie mich auf die Welt gebracht hat. Denn ich wollte ja gar nicht leben. Daraus entstand dann diese Gleichgültigkeit, die ich in den Filmen ausgestrahlt habe. Die war das Rezept meiner frühen Jahre. Ich habe gedacht, mir ist alles egal. Ich habe mir das suggeriert. Man wird ja Schauspieler, um die Selbsthypnose zu lernen.
Das Phlegma war damals Ihr Markenzeichen. Elfriede Jelinek

hat Sie mit einem Seidentuch verglichen, das man in die Luft wirft, damit man Bilder darauf projizieren kann. In dem Film »Liebe ist kälter als der Tod«, schreibt Jelinek, versinken Sie förmlich in der Gleichgültigkeit dieses »beliebig geworfenen Tuchs«.

Ja, aber ich wollte nicht mein Leben lang dieses Seidentuch bleiben. Ich habe mich gefragt, ob ich eine dieser Knospen im Schaufenster eines Blumenladens bin, die nicht aufgehen können, weil man sie zum Zwecke der Haltbarkeit dauernd besprüht. In dem Film *Effi Briest* bin ich mir wie eine Mumie vorgekommen und dachte: Bin das ich? Um Gottes willen! Schleunigst aufhören!

Danach haben Sie einige Jahre nicht mehr mit Fassbinder gedreht.

Ja, das war meine Rettung. Aber er hat es nicht verstanden. Ich wollte glücklich werden. Denn es ist unsere Lebensaufgabe, uns zum Positiven hin zu verwandeln. Ich glaube an die Macht der Wünsche. Werde, was du sein möchtest! Das ist mein Lebensmotto.

Müssen Sie als Schauspielerin nicht auch aus dem Negativen schöpfen, um es darstellen zu können?

Wenn das so ist, dann bin ich keine Schauspielerin. Diese Lust am Negativen, aus der sich der Selbsthass nährt, möchte ich nicht bedienen. Die ist ein sehr deutsches Phänomen. Denn es war nach der Nazizeit unheimlich schwer, gerne deutsch zu sein. Ich glaube aber, diese Hasskultur, dieses Krebsgeschwür, überholt sich allmählich.

Isabelle Huppert, die zweimal Ihre Filmpartnerin war*, keine

---

* in *Die Geschichte der Piera* von Marco Ferreri und in *Passion* von Jean-Luc Godard

Deutsche, sagt, sie sei Schauspielerin, um ihren Selbsthass und ihre Schuldgefühle zu bannen. Sie vergleicht das mit einem Exorzismus.
Bei mir ist das nicht so. Ich habe ein magisches Verhältnis zu meinen Rollen. Es gibt eine Rückstrahlung von dem, was ich spiele, auf mein wirkliches Leben. Ich will mich nicht beruflich in eine Haut begeben, in der ich nicht leben möchte. Für die Isabelle kann ja eine Rolle gar nicht schrecklich genug sein. Die findet das toll.
Sind Sie denn nie verzweifelt?
Doch, natürlich. Sie können mich auch todunglücklich erleben. Da zweifle ich an allem und finde, ich habe mein Leben total vertan.
Was machen Sie dann?
Dann sage ich mir, dass ich wie eine Geige mehrere Saiten habe und ganz verschiedene Töne aus mir herausholen kann. Ich bin kein rundum fröhlicher, aber ein zur Freude aufgelegter Mensch. Ich brauche diese Vergötterung des Weltschmerzes nicht. Mich nervt dieses Rumgesabbere, dieses ewige Verneinen und Kritisieren. Wenn die Verzweiflung der Nährboden der Kunst ist, dann pfeife ich auf die Kunst. Wenn Sie sich vorgenommen haben, mich so lange zu fragen, bis ich gestehe, dass ich verzweifelt bin, dann sind Sie an die Falsche geraten …
Ich habe mir vorgenommen, Sie kennenzulernen.
Der Fassbinder hat auch immer gesagt, die Verzweiflung sei die einzige Wahrheit, die er anerkenne. Da sind Sie also in einer Tradition. Das ist absolut nichts Originelles, sondern unser ganzer abendländischer Kladderadatsch. Das ödet mich an. Können Sie sich nicht vorstellen, Herr Müller, dass jemand in einem anderen Kräftequadrat als dem

Ihrigen existiert? Können Sie nicht über sich hinausdenken?

Doch, selbstverständlich.

Natürlich bin auch ich manchmal darüber verzweifelt, dass ich nicht ewig lebe und dass ich nicht alles, was mir vorgeschwebt hat, verwirklichen konnte. Aber ich finde mich damit ab.

Ich auch.

Ich hoffe nur, dass ich im Alter nicht so hässlich werde, dass ich mich nicht mehr anschauen kann. Denn das wäre die pure Verzweiflung.

Sie werden bald vierundsechzig.

Ich weiß, meine Tage sind gezählt. Ich gebe mir noch zehn gute Jahre. Das ist nicht viel. Deshalb möchte ich an mein Alter positiv herangehen, indem ich wie in der Kindheit die Gegenwart genieße, ohne zu planen und ohne zu glauben, dass ich unbedingt noch etwas erreichen muss. Würde ich mich an meinen Körper, wie er früher war, klammern, würde ich mir eine Ohrfeige nach der anderen verpassen, weil doch alles aus den Fugen geraten ist.

Sie sehen, so wie Sie mir jetzt gegenübersitzen, viel jünger als in Ihren letzten Filmen aus.

Ja, das ist es eben. Ich bin nicht mehr filmogen.

Das Lachen verjüngt Sie.

Ja, aber das wollen die Filmemacher von mir nicht haben. Die lassen mich nicht lachen. Ich würde so gern in einer Komödie spielen, und ich glaube, das kommt noch. Wenn überhaupt noch etwas kommt, dann wird es vielleicht eine Komödie sein oder eine Tragikomödie. Ich sage mir immer, das Beste kommt zuletzt. Das ist meine Strategie.

In Ihrem neuen Film, »Auf der anderen Seite« von Fatih Akin, spielen Sie eine Mutter, deren Tochter erschossen wird.
Trotzdem ist das kein pessimistischer Film.
Nein, aber statt zu lachen, weinen Sie.
Ja, das war schwer. Danach war ich drei Tage krank, so hat mich das aufgewühlt.
Können Sie fluchen?
(Sie legt ihre Füße auf den Stuhl gegenüber). Ich sag immer »fucking hell«, ich weiß nicht, warum. Wenn ich meine Brille nicht finde oder mir am Computer was wegrutscht, wenn ich ein Opfer all dieser Krücken bin, sage ich »fucking hell«.
Und wenn Sie sich im Spiegel sehen?
Vor dem Spiegel sage ich nie »fucking hell«, komischerweise ... Wollen Sie nicht auch Ihre Füße hochlegen? Nein, wollen Sie nicht.
Ich muss aufpassen, dass unser Gespräch nicht zu privat wird.
Ja, das ist Ihr beruflicher Jagdinstinkt. Sie möchten das Schlupfloch entdecken, in dem ich mich verkrieche. Ich finde es aber viel wichtiger, dass ich mich nicht im Labyrinth meiner Fluchtwege verirre und keinen Ausgang mehr finde. Ich möchte, dass sich das Dickicht in eine offene Straße verwandelt.
Aber wir sind doch in einem Interview. Hätte ich Sie zufällig irgendwo sitzen gesehen, hätte ich Sie nicht angesprochen.
Ich weiß. Ich werde von Männern überhaupt nicht mehr angesprochen. Die Zeiten sind vorbei.
Ihr Gesicht ist ganz faltenlos. Sind Sie ungeschminkt?
Na ja, nicht ganz. Um die Augen herum war etwas. Das ist wahrscheinlich längst weggeschwommen. Ich dachte, heute zeige ich mich dem Herrn so, wie ich bin. So weit wollte ich gehen in meiner Entehrung. Die Schönheit im Alter

erreicht man ja nicht durch Schminke. (*Sie nimmt ihr zu einem Turban geflochtenes Tuch von Kopf und lockert die grauen Haare.*) Jetzt habe ich sogar meinen Turban für Sie abgenommen.

Sie verwirren mich.

Macht doch nichts! Dann werden Sie eben ein bisschen verrückter.

Einer meiner Lieblingssätze von Ihnen lautet: »Nur nicht zu viel denken, sich verschenken!«

Ja, ich halte nicht viel vom Denken, denn durch das Denken wird unser Dasein unendlich verkompliziert. Ich will mich von meinen Gedanken nicht auffressen lassen. Ich habe auch über meine Karriere nie besonders viel nachgedacht. Dreizehn Jahre lang habe ich meine kranke Mutter gepflegt ...

Sie haben Ihre Karriere riskiert.

Das spielte für mich keine Rolle. Denn ich habe das, was mit mir durch diesen Filmruhm geschah, immer angestaunt, und ich wusste, die Welle, die mich da so überdimensional hochgeschwappt hatte, kann auch hinunterschwappen, aber wenn ich nicht schlappmache, geht sie auch wieder hoch.

Als Ihnen David Lynch die Rolle in »Blue Velvet«, die dann Isabella Rossellini spielte, anbot, haben Sie abgelehnt.

Ja, weil mir das zu pervers war. Das Drehbuch war schrecklich. Eine Mutter zu spielen, deren Kind geraubt wird und die es genießt, von einem perversen Erpresser gequält zu werden, das war mir zu widerlich. Auf diesen ekligen Männertrip habe ich mich nicht eingelassen. Es gibt so viel Leid auf der Welt. Man braucht ja nur den Fernseher aufzudrehen. Das wollte ich nicht in der Fiktion auch noch multiplizieren. Aber ich kann mir vorstellen, dass ich irgendwann so weit komme, genau das zu spielen, was ich früher abgelehnt hätte, diese Horrorfrauen, die man mir schon oft angetragen hat, diese Bette-Davis-Typen. Es kann sein, dass ich das eines Tages unbeschadet verkörpern kann.

Welche Erinnerung haben Sie an Ihre Zusammenarbeit mit Jean-Luc Godard, mit dem Sie 1982 den Film »Passion« drehten?

Den habe ich zum Weinen gebracht.

Ach!

Ja, der weint sehr schnell, der Godard. Er wusste während des Drehens plötzlich nicht mehr, wie es weitergehen soll, er improvisiert ja viel, und dann hat er die Schauspieler beschuldigt und sie niedergemacht. Da hab ich zu ihm gesagt, siehst du denn nicht, dass alle von dir fasziniert sind und versuchen, ihr Bestes zu geben? Ich war ja durch den Fassbinder schon allergisch gegen Genies, die treten.

Sie haben nicht gekuscht.

Nein, ich habe gesagt, es gibt doch hier jeder, was er kann, aber was gibst denn du? Das hat ihn total aus der Bahn geworfen. Dass jemand keine Angst vor ihm hatte, das hat ihn gerührt. Er fing an zu zittern ...

Haben Sie ihn umarmt?

Nein, ich habe ihn stehen lassen. Ich habe das ausgehalten.

Mit wem war die Zusammenarbeit am angenehmsten?

Sie meinen, mit welchem Regisseur?

Es kann auch ein Filmpartner sein.

Mein liebster Filmpartner war Mastroianni*, erstens, weil

---

* Mit Marcello Mastroianni (1924–1996) drehte Hanna Schygulla *Flucht nach Varennes* (Regie: Ettore Scola, 1982), *Die Geschichte der Piera* (1983) und *Miss Arizona* (Regie: Pál Sándor, 1988).

er schon als Mann anziehend war, zweitens weil er so ein wandelndes Geheimnis war hinter seiner vorgetäuschten Oberflächlichkeit. Der wusste viel mehr und hat viel mehr gesehen mit seinem halbschläfrigen Blick, als man dachte. Er hat auch viel gelesen und sich für alles interessiert, obwohl er immer sagte, ihn interessieren nur Spaghetti und die Siesta. Er hat sich so heruntergeteilt. Aber was für ein Mensch er wirklich war, konnte man nur erahnen.

Hatten Sie mit ihm ein Verhältnis?

Nein. Er hat sich vor mir gefürchtet, der Mastroianni. Er dachte wohl, ich könnte hinter seine Fassade gucken.

Vor Ihnen, sagen Sie, haben sich viele Männer gefürchtet.

Ja, komisch, nicht? Ich denke gerade ...

Was?

Ich weiß nicht, ob ich es Ihnen erzählen will.

Soll ich raten?

Nein, ich glaube, Sie haben genug. Hören wir auf!

Ich wollte Sie noch fragen, ob es stimmt, dass Sie sich eine Totenmaske von Fassbinder wünschten.

Ja, das stimmt. Ich hab auch von mir selbst eine Totenmaske.

Das ist nicht möglich.

Doch, ich habe mir in Berlin, als ich dort Theater spielte, eine anfertigen lassen. Die hängt in meiner Pariser Wohnung. Ich meine, ich lebe noch. Aber eine Maske mit den eigenen Gesichtszügen sieht ja genauso aus wie eine Totenmaske.

Liselotte Eder, Fassbinders Mutter, war über Ihr Ansinnen empört.

Ja, sie hat es abgelehnt, und irgendwie kann ich das auch verstehen. Es hat ja nicht jeder so ein entspanntes Verhältnis zum Tod wie ich. Für mich ist der Tod wie eine letzte Steigerung. Ich bekomme oft Blumen geschenkt. Die stelle ich erst einmal hin, und wenn sie anfangen zu welken, schneide ich ihnen die Köpfe ab und lege sie in eine mit Wasser gefüllte Schale, damit sie noch einmal ganz toll erblühen. So werde ich das auch mit meinem Leben machen, wenn ich merke, dass es zu Ende geht.

Gerta Müller
Tonbandabschrift 1989

Zum ersten Teil des Gesprächs besuchte ich meine Mutter am 15. Juni 1989 in ihrer Wiener Wohnung. Die Fotografin Gabriela Brandenstein begleitete mich.

Ich bin wahnsinnig erschöpft, weil ich die ganze Nacht nicht geschlafen hab.
Ja, wieso denn nicht?
Das hab ich mich auch gefragt. Die einzige Erklärung ist, dass ich Angst vor möglichen Träumen hatte, die vielleicht mit dir zu tun gehabt hätten.
Gott im Himmel.
Fällt dir dazu schon was ein?
Ich hab überhaupt keine Angst vor Träumen, weil ich finde, dass man nicht alles wirklich erleben muss. Ich glaub, ich hab die meisten Erlebnisse in meinen Träumen gehabt.
Schönere als in der Wirklichkeit?
Kann man so sagen.
Nachts?
Nachts oder am Tag. Man stellt sich was vor, ob das in Wirklichkeit passiert oder im Traum, ist egal.

Du sprichst von Wunschträumen.
Ja, aber jetzt machen wir zuerst etwas Wirkliches.
Findest du es unwirklich, dass wir hier sitzen?
Ja.
Warum?
Ich freu mich, dass du gekommen bist. Das ist das Wirkliche.
Aber ich bin gekommen, um ein Interview mit dir zu machen. Das habe ich dir am Telefon gesagt, und du warst einverstanden.
Ja.
Es ist vielleicht merkwürdig, die eigene Mutter für eine Zeitung zu interviewen. Aber warum hast du zugestimmt?
Ich weiß, dass du immer so Interviews machst mit Leuten, und ich werde dir ehrliche Antworten geben, aber meine Antworten natürlich.
Ja, klar. Aber du hast gesagt, dass du es unwirklich findest.
Was heißt unwirklich?
Das frage ich eben.
Also da muss ich wirklich an den Handke denken, der sein bestes Buch gemacht hat, indem er über den Tod seiner Mutter geschrieben hat*, und als es erschienen war, hat er gesagt, er wird später noch mehr darüber schreiben.
Genaueres.
Ja, aber Gott sei Dank hat er das nicht gemacht.
Warum Gott sei Dank?
Weil das ihre Sache gewesen ist.
Du meinst ihren Selbstmord.

---

* *Wunschloses Unglück*, Salzburg 1972

Ja, ich habe sie überhaupt nicht gekannt und nur einmal ein bisschen gehört darüber.
Du hast das Buch gelesen.
Ja, und Gott sei Dank hat er nachher darüber nichts mehr geschrieben.
Erkläre mir, warum du sagst: Gott sei Dank.
Weil das ihr Problem war, nicht seines.
Meinst du, er hat sie ausgenutzt, um ein Buch zu schreiben?
Irgendwie schon.
Ich weiß jetzt auch nicht, ob ich mich wirklich für dich interessiere, oder nur frage, weil ich ein gutes Interview machen will. Stört dich das?
In keiner Weise.
Na, was meinst du dann?
Ich weiß nicht.
Stört dich die Fotografin?
Nein, ich finde sie sehr sympathisch.

Du kennst sie doch gar nicht.
Nein, aber das ist ganz wichtig.
Mir wäre lieber, du würdest mir eine Antwort geben.
Auf was?
Warum du sagst, es stört dich, dass der Handke über den Tod seiner Mutter schreibt, es stört dich aber nicht, dass ich mit dir ein Interview mache.
Ich hab darüber viel nachgedacht.
Warum hast du getrunken heute?
Das habe ich überhaupt nicht getan.
Aber ich merke es doch.
Ja, das ist dein Problem … Also ich habe viel nachgedacht, warum der Handke dieses Buch geschrieben hat, komischerweise. Wie es herausgekommen ist, hat es mir jemand im Büro auf den Schreibtisch gelegt.
Ja, der Handke versucht zu ergründen, warum sich seine Mutter das Leben genommen hat.

Ich habe dir damals gleich gesagt, ich würde mich nie umbringen.
Warum nicht?
Weil ich weiß, dass man eines Tages sowieso stirbt, nicht, also das ist doch überhaupt kein Problem.
Hast du auch während des Krieges nie daran gedacht, es zu tun?
Nein, niemals.
Du hast mir einmal erzählt, man trug damals Gift bei sich.
Ja, das hatte ich.
Wo trug man das?
Ich habe es später in einen Teich geschmissen.
Trug man das in einem Medaillon?
Nein, ich weiß nicht, irgendwie habe ich es bei mir gehabt. Das hat mir ein Arzt in Deutschland gegeben.
Was für ein Gift war das?
Ich weiß nicht, wie es geheißen hat. Ich habe es gehabt. Man konnte sich damit umbringen. Aber ich habe mich nicht damit umgebracht.
Wann hast du es bekommen?
Das war 1945, wie ich aus Polen nach Deutschland gekommen bin.
Hast du es gewollt?
Nein, ein jüdischer Arzt hat es mir gegeben. Der hat gesagt, du kannst das haben, und wenn du nicht leben willst, dann kannst du das essen, und dann bist du tot, aber ich habe es in den Teich geschmissen.
Wann?
In Wien. 1949 bin ich nach Wien gekommen.
Warum hast du es nach dem Krieg so lange behalten?
Das weiß ich nicht. Um eine Chance zu haben.

Eine Chance, dich umzubringen.
Ja, aber ich habe es nicht getan.
Nein, aber du hast das Gift, obwohl der Anlass, aus dem du es bekommen hast, nämlich der Krieg, vorbei war, behalten.
Ja, das ist ganz interessant. Ich denke eigentlich jetzt erst darüber nach. Ich habe es immer behalten.
War es ein Gefühl der Freiheit, diesen Ausweg zu haben?
Ja, ganz sicher, denn ich könnte mich nicht erhängen oder von einem Hochhaus herunterspringen.
Du wolltest dir die Möglichkeit offenhalten, dich umzubringen.
Nein, das könnte ich nicht.
Aber dann sag doch, warum du es so lange behalten hast.
Das ist mir ein Rätsel, aber eines Tages habe ich es in den Teich geschmissen.
In einem Brief hast du mir einmal geschrieben, ich wäre nicht der Sinn deines Lebens, aber eine Zeit lang sei ich der Grund dafür gewesen, dass du dich nicht umgebracht hast, weil du ein kleines Kind nicht im Stich lassen wolltest.
Ja, ganz richtig.
Aber trotzdem hast du das Gift behalten. Das ist doch ein Widerspruch.
Was ist da für ein Widerspruch?
Einerseits sagst du, du hättest dich nie umgebracht, andererseits hast du das Gift behalten.
Also ich hab dieses Gift gar nicht so wichtig genommen.
Wo hast du es aufbewahrt?
Irgendwo in der Tasche. Wieso hältst du dieses Gift für so wichtig?
Ich glaub, dass das die Leute interessiert.
Aber das ist überhaupt nicht das Wichtigste in meinem Leben.

Wo hast du es getragen während des Krieges?
Während des Krieges hatte ich überhaupt kein Gift.
Hat man es bekommen, um sich, wenn man vergewaltigt wird, töten zu können?
Das weiß ich nicht. Ich bin von Polen nach Michendorf* gekommen, und da haben sie mir das gegeben für den Fall, dass ich nicht überleben will.
Aus welchen Gründen nicht überleben? Was war so schwer auszuhalten? Ich will das wissen, ich habe so was ja nie erlebt.
Um eine Chance zu haben, nicht mitzumachen.
Wobei?
In einem Regime. Mir hat sich die Frage dann gar nicht gestellt, denn komischerweise bin ich nie vergewaltigt worden, weder von einem Mann noch von einem Regime. Ich habe mich mit meiner Vorstellung, wie man mit dem Leben fertigwird, einfach durchgesetzt.
Du bist doch vom Hitler-Regime in gewisser Weise schon vergewaltigt worden.
Nein, überhaupt nicht.
Aber dieser Mann hat doch dein Leben sehr stark bestimmt.
Ja, obwohl ich gar keine Ahnung hatte, dass es den überhaupt gibt.
Hast du ihn denn nicht wahrgenommen?
Ich habe überhaupt nicht gewusst, dass es den gibt. Ich war fünfzehn Jahre alt, als er einmarschiert ist**, und ich hab überhaupt nicht gewusst, dass es den gibt.

---

* bei Potsdam
** Gerta Müller wurde am 6. Oktober 1923 in Preding bei Graz geboren.

Wo warst du 1938?
In Graz.
Und er kam auch nach Graz?
Ja, und da bin ich hinuntergegangen, ich war immer eine sehr gute Schülerin, und ich bin sehr gern in die Schule gegangen, und da bin ich hinuntergegangen, es war so ein Auflauf da, und ich hatte mich immer geärgert, dass einige Mitschülerinnen auf dem Klassenfoto vor mir gesessen sind, und bin also hinuntergegangen und hab gesehen, die standen schon da in weißen Uniformen, weißen Blusen und schwarzen Röcken, und ich war nicht dabei. Da habe ich gedacht, jetzt hast du schon wieder verloren, weil du nicht vorne stehst.
Waren das Mädchen vom BDM?
Ja, vom Bund deutscher Mädchen, und ich war wieder mal nicht dabei.
Du konntest nicht dabei sein, weil dein Vater* ein politisch Verfolgter war.
Ja, aber das habe ich nicht gewusst, bis er aus dem KZ nach Hause gekommen ist. Ich habe nicht gewusst, dass es ein KZ gibt, bis er herausgekommen ist … (*weint*)
Aber er muss doch gefehlt haben in der Familie.
Ja, aber wo er war, wusste ich nicht.
Wo hätte er denn sein können so lange?
Ich habe es nicht gewusst.
Wenn ein Vater sieben Jahre fehlt … (Sie hört nicht auf zu weinen …) Wir können auch eine Pause machen. Warum erschüttert dich das jetzt so?

---

* Johann Müller, 1899–1956

Ich hab nicht gewusst, dass es ein KZ gibt. Ich bin die ganze Zeit in Polen gewesen.
Du warst von der Familie weg.
Ja.
Wann bist du nach Polen gekommen?
Ich war zuerst zum Arbeitsdienst eingezogen 1939 in Ochsenhausen bei Biberach.
Das war die erste Station.
Ja, und dann bin ich nach Polen gekommen.
Was musste man machen im Arbeitsdienst?
Nichts, kochen oder Hauswirtschaft oder in den Außendienst gehen.
Für andere Leute.
Ja, sicher. Ich bin gekommen von Ochsenhausen nach Odolanów, nach Adelnau, das war schon in Polen. Ich bin in Polen geblieben bis '45.
War das eine Strafe?
Nein, das war ganz normal. Für mich war es die Rettung, denn sie hätten mich auch in ein KZ schmeißen können.
Weißt du, warum sie es nicht getan haben?
Nein, weiß ich nicht.
Warum hast du dich für all das nie interessiert, für dein Leben? Weißt du wirklich nicht, warum du nicht ins KZ gekommen bist und wann der Vater abgeholt wurde?
Doch, das war in Wien.
Damals wurden Christlichsoziale, Sozialdemokraten, Monarchisten und Kommunisten verhaftet. 50 000 politische Gefangene gab es damals in Österreich. Dein Vater war einer davon.
Ja.
Was war seine Position?
Das weiß ich nicht.

Du wirst doch wissen, was er von Beruf war, ich bitte dich.
Er hat mir immer gesagt, wenn sie dich in der Schule fragen, was dein Vater ist, dann sag, du weißt es nicht. Heute weiß ich, dass er ein engagierter Gewerkschafter war, ein christlichsozialer.
Landessekretär der christlichen Gewerkschaften war er.
Ja, du weißt mehr als ich.
Später ist er dann aufgestiegen.
Ja, zum Regierungsrat.
War er Regierungsmitglied?
Nein, aber er war dann im KZ mit diesen Leuten zusammen, Schuschnigg, Seitz, Olah, Figl ...*
In Dachau?
Ja, unter anderem. Er war in verschiedenen Lagern.
Das hast du mir nie erzählt.
Er war ja ein Bauernsohn. Darum konnte er nicht ganz nach oben kommen, weil er keine Schulbildung hatte. Er ist von daheim fortgerannt, ohne auch nur eine Hauptschulbil-

---

* Kurt Schuschnigg: christlichsozialer Politiker. 1934–38 Bundeskanzler im austrofaschistischen Ständestaat. 1939–45 in den KZ Dachau, Flossenbürg und Sachsenhausen inhaftiert.
Karl Seitz: führender Sozialdemokrat. 1919–20 Staatsoberhaupt der Ersten Republik, 1923–34 Bürgermeister von Wien. Internierung im KZ Ravensbrück Juli 1944–April 1945.
Franz Olah: Mitglied der Revolutionären Sozialisten Österreichs, Gewerkschafter. Verhandlungspartner der Regierung Schuschnigg. 1938–44 im KZ Dachau, bis 1945 im KZ Buchenwald.
Leopold Figl: im austrofaschistischen Ständestaat Mitglied des Bundeswirtschaftsrats, ab 1937 Direktor des »Reichsbauernbundes«. 1938–45 u.a. in den KZ Dachau und Mauthausen. Nach Kriegsende Bundesparteiobmann der neu gegründeten ÖVP und erster Bundeskanzler der Zweiten Republik.

dung zu haben, und dann hat er einmal zu mir gesagt, ich habe alles gelesen von Karl May bis Goethe.
Darauf war er stolz.
Ja, ziemlich, aber er konnte nichts werden.
Hoher Funktionär immerhin.
Ja, und das war auch der Grund, warum ich nach dem Krieg nach Österreich kam. Er konnte mir eine Stellung verschaffen.
Hat er mit dir nie über seine Zeit im KZ gesprochen?
Wir hatten keine besonders gute Beziehung. Aber eine Geschichte hat er mir dann erzählt, die weiß ich noch … (*weint*) Er hatte Geburtstag, und er war sehr krank im KZ …
Krebskrank.
Ja, er hatte alles Mögliche, und er hatte Geburtstag, und es gab einen Arzt im KZ, der auch ein Verfolgter war, und der hat ihm seine Brotration zum Geburtstag geschenkt.
Und das rührt dich zu Tränen.
Ja.
Du bist, während du das alles erzählst, sehr erschüttert. Kannst du mir erklären, warum? Hast du deinen Vater so sehr geliebt?
Irgendwie schon.
Obwohl er dich, wie du mir einmal geschrieben hast, dauernd verprügelt hat?
Ja, das war die Hauptsache.
Das Prügeln.
Ja.
Du hast ihn trotzdem geliebt.
Ja.
Brauchst du ein Taschentuch?
Entsetzlich, ich habe ihn trotz allem sehr gern gehabt.

Warum bist du verprügelt worden?
Ach, weil ich ein entsetzliches Kind gewesen bin.
Was hast du angestellt?
Ach, was hab ich in meinem Leben nicht alles aufgeführt ...
Wofür bist du geprügelt worden vom Vater?
Also zum Beispiel dafür: Meine Mutter* ist gestorben ...
Als du fünf warst.
Ja, zirka, dann hat mein Vater eine neue Mutter geheiratet, ich weiß überhaupt nicht, warum ich gegen die etwas hatte, weil ich habe ja zu meiner richtigen Mutter gar keine besondere Beziehung gehabt, also da bin ich hingegangen ... Das erzähle ich, damit ihr eine schöne Geschichte kriegt ...
Das ist nett.
Da bin ich zu einem Standl gegangen und habe mir irgendetwas gekauft auf dem Schulweg und hab gesagt, na, meine neue Mama wird das schon zahlen. Irgendwann war das dem Standl zu viel, und da hat die Standlfrau bei meiner Familie nachgefragt, na, wann wird das bezahlt. Ich hab mir jeden Morgen dort Orangen oder irgendetwas gekauft. Dafür hat mich mein Vater halb ...
Halb totgeprügelt.
Na, net halb tot.
Aber das wolltest du sagen.
Na ja, es wär mir beinahe außig'rutscht, aber es stimmt net, weil er hat mich ja nur so lange prügeln können, bis die Rute kaputt war.
Also die war Gott sei Dank früher kaputt als du.
Aber sicher, denn ich hab ja überlebt, wie du siehst.

---

* Christine Müller, geborene Pichler, 1898–1928

Hast du die Orangen gekauft aus Hass gegen die Stiefmutter oder weil du sie haben wolltest?
Das weiß ich nicht. Ich hab ja mit meiner richtigen Mutter gar nichts zu tun gehabt.
Stiefmütter mag man ja nie.
Ja, aber dazu muss ich gleich sagen, meine Stiefmutter mag ich im Nachhinein schon.
Sie ist ja dann bald gestorben.
Ja, aber ich schätze sie.
Du redest von deiner dich zu Tränen rührenden Liebe zu deinem Vater, gleichzeitig sagst du, er hat dich halb totgeprügelt.
Da muss ich dir gleich erzählen, wie er gestorben ist, da hab ich nämlich überhaupt nicht geweint. Das war ein grauenhaftes Ereignis.
1955.
Ja, aber zwei Jahre später bin ich dann mal zu dem Friedhof gefahren, und da hab ich gedacht, jetzt ist er gestorben …

Jetzt fangst schon wieder zu heulen an. Immer wenn du an diesen Mann, der dich halb totgeschlagen hat, denken musst ...
Wieso, ich heul ja überhaupt nicht.
Aber du bist nahe daran. Ich versuche es halt zu verhindern, weil es ungerechtfertigt ist, wenn du es nicht begründest.
Also, ich begründe dir das. Er ist also gestorben, hab ich gedacht, der einzige Mensch, der über mich alles weiß, der mich gekannt hat von Anfang an, lebt nicht mehr.
Danach kam die Einsamkeit.
Ja, es war niemand mehr da, der wusste, wie ich geboren bin, das habe ich entsetzlich gefunden.
Und du hast ihm nichts übel genommen?
Nein, ich habe ihm nicht einmal übel genommen, dass er mich dauernd verprügelt hat.
Immerhin hast du daraus die Lehre gezogen, mich nicht zu verprügeln, was dir eh schwer gelungen wäre als Frau.
Ich habe dich nie verprügelt.

Nein, und du hast mir geschrieben, das war deine Konsequenz aus den Erfahrungen mit deinem Vater. Also hast du doch offenbar abgelehnt, was er tat.
Ja, das ist richtig. Ich hätte das nie gemacht. Als wir nach Wien gekommen sind, hast du einmal in seiner Wohnung die Wände bekritzelt, so was macht ein Kind schon, und ich habe ihm verboten, dich dafür zu bestrafen. Das war meine einzige Auseinandersetzung mit ihm. Er hat gesagt, wenn du weiter das Kind so erziehst, dann wird es einmal ein Verbrecher.
Vielleicht hat er recht gehabt.
Nein, wieso? Du bist kein Verbrecher geworden. Ich hab zu ihm gesagt, nein, er wird kein Verbrecher.
Warst du dir völlig sicher?
Ja, da war ich mir völlig sicher.
Warum?
Weil einer kein Verbrecher ist, der eine Wand bekritzelt.
Gut, aber ich möchte wissen, warum du so sicher warst, dass aus mir kein Verbrecher wird. Hast du gemeint, dass du darauf einen Einfluss hast?
Nein.
Warum warst du dann sicher?
Weil man immer die Hoffnung hat, dass die eigenen Kinder keine Verbrecher werden.
Die Hoffnung.
Ja.
Du hast aber nicht gesagt, ich hoffe, er wird kein Verbrecher, sondern, ich bin mir sicher.
Ja, ich hab das gewusst.
Warum?
Das weiß ich nicht.

Weil ich aus deinem Fleisch und Blut bin und du dich für einen guten Menschen hältst?
Bestimmt nicht.
Eigentlich bin ich ein fremder Mensch für dich.
Ja, richtig, ganz richtig, eigentlich. Natürlich hat man da gar keine Chance als Mutter.
Gott sei Dank.
Ich bin sicher, was du aus deinem Leben gemacht hast, ist deine Sache. Meine einzige Sache war, dass ich dich auf die Welt gebracht hab.
Das war vielleicht sträflich.
Wieso? (*lacht*)
Wie waren die Umstände meiner Geburt? Erzähle mir das.
Darüber möchte ich nicht …
Aber das ist ein zentrales Thema. Ich möchte jetzt endlich wissen, wie ich entstanden bin.
André, das kann ich dir wirklich einmal erzählen, aber wenn wir alleine sind.
Hast du Hemmungen, weil das Tonband läuft?
Nein.
Dann erzähl mal.
Du willst wissen, wie du auf die Welt gekommen bist?
Ja, das will ich wissen.
Also, eines Tages kam der Herr Monsieur Rouanet* nach Michendorf …
Was war der? Woher kam der?
Der kam aus einem Strafgefangenenlager in Polen. Sie mussten, wenn sie gefangen wurden, versuchen zu fliehen.

---

* André Rouanet, Anwalt für Versicherungsrecht, geboren 1914. Weitere Lebensdaten liegen nicht vor.

Sie wollten es.
Ja, und ihm ist das zweimal misslungen, anscheinend, und so kam er in ein Strafgefangenenlager im Osten, und wie die Russen gekommen sind, haben sie diese Leute befreit, da kam er nach Michendorf, nicht alleine, es waren noch mehr Ex-Gefangene, alles Franzosen, die sind nach Michendorf gekommen und wurden von der Bäuerin, bei der ich wohnte, auch aufgenommen. Wir haben ihnen zu essen gegeben.
Warum haben sie gerade dort Halt gemacht?
Weil sie was zu essen bekommen haben.
Das war ein Bauernhof, auf dem auch du zufällig beschäftigt warst.
Ich war dort, und die sind auch dort geblieben.
Wie ging es weiter?
Ja, dann sind die anderen weggezogen, und er ist geblieben.
Mein Vater.
Ja.
Deinetwegen?
Das weiß ich nicht.
Hat er sich in dich verliebt?
Vor allem hat die Bäuerin großen Wert darauf gelegt, dass er bleibt, weil doch dort Russen waren.
Als Schutz gegen die Russen.
Ja, obwohl ...
Damit die Russen die Frauen in Ruhe lassen.
Ja, aber mich hat kein Russe je vergewaltigt.
Du hast mir einmal erzählt, einer hat es versucht.
Ja, ganz richtig, aber davor hat mich ein anderer Russe bewahrt, den vergess ich nie, der hätte seinen eigenen Landsmann umgebracht, nur um mich davor zu bewahren.
Wie kam es dazu? Beim Spazierengehen?

Um Himmels willen, in Michendorf haben die Russen geherrscht, und man war mittendrin, und der hat mich haben wollen, und dann ist dieser andere Russe, den vergesse ich nie, gekommen, der hätte den umgebracht, nur um mich zu beschützen.
Kamen die Russen in euer Haus?
Die haben doch dort gewohnt, das war ein wunderschönes Haus, da haben die gewohnt, wir haben im Keller gewohnt, die Russen oben.
Ja, wie ging das vor sich? Überfiel dich der auf der Treppe?
Wer?
Der Russe.
Nein, wir mussten, um Gottes willen, i waß net … Dass man des alles no amal derzöhlen muaß …
Tut mir leid, es ist nötig.
Wir mussten denen das Badewasser bereiten, ich weiß nicht, ob sich das heute noch einer vorstellen kann.
Wenn du es gut erzählst, schon.
Wir mussten das Bad bereiten und haben uns so scheußlich wie möglich gemacht. Ich war damals einigermaßen schön und musste dem das Badewasser bereiten.
Ihr habt euch verunstaltet.
Ja, die Mädchen, damit man möglichst scheußlich aussah.
In welcher Form? Habt ihr euch das Gesicht verschmiert?
Ja, um möglichst scheußlich auszusehen, aber ich musste dem das Badewasser bereiten, und da wollte der eben mit mir etwas machen.
Im Badezimmer?
Na, da war ka Badezimmer, sondern a Badewann in der Gegend, im Freien. Warum interessiert dich das so? Das Wichtigste ist, dass einer gekommen ist, das werd ich dem

nie vergessen, das war einer von dieser Siegermacht sozusagen, der hat dann vor meinem Zimmer geschlafen, damit mir niemand was tut.
Der andere Russe.
Ja, der hat gesagt, er hat auch eine Tochter.
Auf Russisch?
Ja, sicher.
Wie hast du denn das verstanden?
Man kann in allen Sprachen miteinander reden. Er hat gesagt, er hat auch eine Tochter, und er würde nicht wollen, dass der so was passiert ... (*weint*)
Immer wenn dir Gutes widerfahren ist, rührt dich das so, dass du weinst. Gehst du davon aus, man verdient das nicht, obwohl es doch das Selbstverständlichste ist, dass man einer Frau, die in Gefahr ist, zu Hilfe kommt?
Ja, ich bin trotzdem dankbar.
Weil du es für die Ausnahme hältst und meinst, die Menschen sind an sich Ungeheuer?
Nein, überhaupt nicht. Zu mir sind die Menschen immer sehr nachsichtig gewesen. Ich bin ihnen dankbar.
Das stimmt nicht. In deinen Briefen klingt auch eine große Verachtung durch, zum Beispiel gegenüber Hundebesitzern, die du am liebsten abstechen würdest.
Ja, die ...
Die Selbstzufriedenen.
Ja.
Die hasst du doch.
Nein, die hasse ich nicht, sondern ich bewundere sie, weil sie immer so sicher sind, so selbstsicher. Ich zweifle ständig an mir.
Kannst du dir vorstellen, Böses zu tun?

Umbringen könnte ich niemand.

Warum weißt du das?

Ich hab es erlebt im Krieg. Ich hatte eine Waffe, und ich habe gelernt, damit umzugehen, aber ich habe mich entschieden mit achtzehn, neunzehn, dass mein Leben nicht mehr wert ist als das eines anderen.

Du hattest eine Waffe?

Ja, ich habe Eierhandgranaten bei mir getragen, ich habe eine Pistole gehabt, ich habe Munition gehabt, ich habe gelernt, wie man aus einer bestimmten Entfernung auf jemanden schießen muss, damit man ihn umbringt.

Warum bekamen die Frauen Handgranaten?

Damit man sich verteidigen kann, wenn die Russen kommen.

Bist du je in dieser Situation gewesen?

Natürlich, aber ich habe mich nicht verteidigt.

Wie hast du dann überlebt?

Das war ein Glücksfall.

Es wurde geschossen.

Na sicher.

Und du hast gewartet, ob du getroffen wirst.

Ja, ganz sicher. Ich habe mir damals gedacht, du wirst keinen umbringen, denn dein Leben ist nicht mehr wert als das eines anderen.

Bist du in Deckung gegangen?

Gar nicht. Ich bin weitergegangen.

Im Kugelhagel?

Im Kugelhagel, und zufällig hat mich keiner getroffen.

Das klingt ja jetzt furchtbar edel.

Ja, aber so war es.

Du bist zu Fuß von Polen bis fast nach Berlin gegangen.

Ja, aber das war kein großes Problem. Es sind ja damals alle vom Osten nach Westen gegangen. Die deutschen Soldaten waren schon vorher geflohen. Hinter uns waren die Russen.
Und die Fliehenden hatten Waffen?
Ja, die hat man auch oft gefunden. In den verlassenen Lagern konnte man alles finden. Ich hab dort zum Beispiel zum ersten Mal so amerikanisches Fleisch gesehen in Dosen. Dort konntest du alles finden, in diesen zerschossenen Lagern.
Du hast mir einmal erzählt, der Vergewaltigung seiest du nur deshalb entgangen, weil du gesagt hast, dein Leben sei dir egal, da hätte der Russe die Lust verloren.
Na, auf jeden Fall ist dann der andere Russe gekommen, der hätte seinen eigenen Landsmann erschossen.
Glaubst du, dass man durch Passivität etwas erreichen kann?
Das weiß ich nicht, ehrlich gesagt, aber dass es möglich ist, durch Inaktivität zu siegen, das glaube ich schon. Heute weiß ich, dass das nicht immer geht, aber es ist eine Möglichkeit.
Gegen Hitler durfte man nicht nur passiv sein.
Nein, bestimmt nicht.
Du hast oft erlebt, dass Frauen Männern ausgeliefert sind aufgrund ihrer Schwäche und ihres Geschlechts. Hast du dir jemals gewünscht, ein Mann zu sein?
Nein, überhaupt nicht. Ich hatte wirklich sehr schöne Erlebnisse, weil ich eine Frau bin.
Welche?
Viele.
Sag doch mal, worin liegt der Vorteil für dich, eine Frau zu sein?
Dass man geliebt wird.

Du meinst, als Frau wird man mehr geliebt?
Des waß i net. So was hab ich mir nie überlegt.
Die Feministinnen haben sich das sehr überlegt.
Also wie diese Feministinnen auf den Plan getreten sind, habe ich mir gedacht, was für ein Blödsinn, ich will nicht gleichberechtigt sein, sondern ich will es besser haben.
Du meinst, die Männer haben es auch nicht gut.
Natürlich nicht. Ich hätte zum Beispiel nie darauf verzichten wollen, dass mir ein Mann die Tür aufmacht oder mir in den Mantel hilft.
Darauf kann ich verzichten.
Na, ich nicht.
In einem Brief hast du mir einmal geschrieben: Ich war immer die Unterlegene.
Kannst froh sein, dass ich alles wegschmeiße, was ich geschrieben habe.
Ich habe es nicht weggeschmissen.
Leider.
Hier ist es. Lieber Sohn, schreibst du, ich bin gerade am Ende meiner Philosophie, ich verliere ständig in der Auseinandersetzung mit meiner Umwelt, ich werde böse und rachsüchtig, die Biester können alles besser als ich, Nudelsuppe kochen, Fenster putzen, Männer bezirzen, Kinder erziehen, nur eines ist ihnen nicht gelungen, einen solchen Sohn zu bekommen, am Ende habe ich doch gewonnen.
Also gut.
Was ist dazu zu sagen?
Dass du es hättest wegschmeißen sollen, entsetzlich.
Warum?
Ich schmeiße alles weg, was du schreibst.
Weil es dich nicht interessiert.

Nein, weil ich denke, wenn ich nächstes Jahr oder in zehn Jahren sterbe ...
Soll das eine Drohung sein?
... musst du den ganzen Käse nicht wegtransportieren.
Dauernd sagst du, dass du bald sterben wirst.
Nein.
Und dann lebst du ewig.
Bestimmt nicht.*
Du hast mir einmal erzählt, du hättest überlegt, ob du dich umbringen sollst, damit ich frei bin.
Das habe ich bestimmt nicht erzählt.
Du verdrängst alles.
Nein, aber ich bin gar nicht imstande, mich umzubringen.
Mir hast du trotzdem damit gedroht.
Wie sich die Mutter vom Handke umgebracht hat, hab ich dir gleich gesagt, das kann ich nicht.
Vorher, ich glaub, ich war neunzehn, hast du mir geschrieben, du würdest dir nie verzeihen, mich geboren zu haben, weil ich ja andauernd sterben wollte.
Heute bin ich davon überzeugt, dass ich das beste Kind der Welt auf die Welt gebracht hab.
Das hilft mir überhaupt nichts.
Sicher, du musst mit dir allein fertigwerden.
Deine Hauptbeschäftigung im Krieg war es, zu überleben.
Ja, ich bin von Osten nach Westen gegangen und hab geschaut, dass ich was zum Essen und zum Anziehen bekommen hab. Es war mein Problem, zu überleben.

---

* Gerta Müller verstarb am 26. Juli 2008 im Alter von 84 Jahren in Wien.

Das war das Problem aller zu dieser Zeit. Man kam gar nicht auf die Idee, sich nach dem Sinn des Lebens zu fragen.
Nein.
Aber ich hab mich das schon gefragt.
Du willst immer nur, dass es um dich geht. Du willst wissen, warum du auf die Welt gekommen bist. Also gut, ich habe dich bekommen, und in Michendorf war ein Arzt, weil ja viele Frauen … Ich bin zwar nicht gerade vergewaltigt worden von deinem Vater, aber fast, und da hat der Arzt gesagt, wenn du nicht willst, brauchst du das Kind nicht bekommen, du sagst mir, dass ein Russe dich vergewaltigt hat, und dann machen wir eine Abtreibung. Aber ich hab gesagt, das will ich nicht, ich weiß nicht warum, wahrscheinlich weil ich so katholisch erzogen war, ich hab gesagt, nein, und das ganze Dorf hat sich gefreut und das Kind wirklich gern gehabt …« (*weint*)
Das rührt dich jetzt wieder.
Ja.
An mich hast du dabei überhaupt nicht gedacht, ob es für ein Kind unter solchen Umständen gut ist, geboren zu werden. Da könnte ja ich jetzt heulen. Findest du es heroisch, nicht abzutreiben?
Nein, aber wenn alle abtreiben, wären heute weniger Leut auf der Welt.
Das wäre ja wunderbar. Es gibt eh zu viele.
Das ist richtig, weil sie ja eh schon über den Erdkreis purzeln. Das ist ganz richtig.
Ich unterstelle dir glatt, du hast das für dich getan.
Ja, ganz sicher.
Ganz egoistisch. Du wolltest ein Kind haben. Aus welchem Grund?

Des waß i net.
Na, jetzt denk einmal nach. Hattest du Hoffnungen?
Ja, nicht allein zu sein. Das war ganz sicher ein Grund.
Du wolltest einen Ersatz für den Mann, meinen Vater, der dich verlassen hat.
Na, einen Ersatz für den sicher nicht.
Auf den hast du leicht verzichtet?
Ja.
Hast du ihn nicht geliebt?
Nein.
Nie?
Nie.
Du wolltest aber mit ihm nach Frankreich gehen.
Na ja, wir sind bis zur Grenze gegangen, nach Magdeburg, aber ich hatte keine Chance, da hinüberzukommen in die britische Zone.
Wusstest du schon, dass du schwanger warst?
Ja, sicher, aber ich hätte in so ein Lager müssen, bis man hätte nachweisen können, wer ich bin, ich hatte ja keine Papiere, die hatten sie mir geklaut, wie ich von Osten nach Westen gegangen bin. Da habe ich mir gedacht, ich möchte das Kind nicht im Lager kriegen, und bin zurückgegangen nach Michendorf.
Du wärst aber nach Frankreich gegangen, wenn es leichter gewesen wäre.
Wenn es einfach gewesen wäre, ja, aber es war nicht einfach, also bin ich zurückgegangen nach Michendorf.
Warum hattest du überhaupt mit dem Gedanken gespielt, mit einem ungeliebten Mann mitzugehen?
Damit das Kind ein ordentliches Zuhause hat.
Einen Vater.

Ja.
Was war er denn von Beruf?
Versicherungsbeamter. Vielleicht ist er es noch. Ich weiß nicht einmal, ob er gestorben ist.
Du weißt nicht, ob er noch lebt?
Nein.
Du hast vorher gesagt, du seiest bei meiner Zeugung fast vergewaltigt worden.
Ja, aber darüber möchte ich wirklich nicht sprechen.
Hat mein Vater dich überredet?
Das nicht.
Was ist denn so heikel daran, das zu erzählen? Ich finde das eine Rücksichtslosigkeit mir gegenüber. Ich hab doch ein Recht darauf zu erfahren, wie ich entstanden bin. Du bildest dir ganz schön viel ein auf deine Geheimnisse, und du bist in deiner Geheimnistuerei ziemlich brutal, denn ich habe über mich dadurch null Ahnung, und das stellst du dann noch als edel hin. Dabei ist es eine Lieblosigkeit mir gegenüber, dass du mir das bis heute verschwiegen hast. Du hast dich immer geweigert, mir das zu erzählen. Aber ich habe ein Recht darauf. Du wirst mir doch sagen können, wie ich entstanden bin, ob das im Heu war, auf dem Klo, im Krankenhaus, ob dich der Mann einfach genommen hat, ob du Spaß dabei hattest ...
Auch dieser Mann hat ein Recht.
Ach was, der ist dir doch scheißegal, lüg nicht. Ob der lebt oder tot ist, was der denkt, ist dir doch immer egal gewesen. Der weiß doch gar nichts. Rede dich nicht auf den Mann heraus.
Mach ich doch gar nicht.
Gut, dann erzähle mir, wie ich entstanden bin. Wenn ich dieses Leben schon verabscheue, will ich zumindest den Anfang wissen.

Also wenn ich mir vorstelle, ich wäre jemals auf die Idee gekommen, meine Eltern, die ja Gott sei Dank alle gestorben sind, zu fragen, wie ich entstanden bin ...
Du hast es ja gewusst, die waren ja verheiratet, das war ein Ehepaar, die haben wahrscheinlich im Bett miteinander geschlafen.
Wieso? Wer weiß, was die gemacht haben.
Immerhin ist es naheliegend. Die haben sich wohl geliebt.
Also, ich habe mit deinem Vater geschlafen, und er hat gesagt, ich möchte, wenn wir ein Mädchen bekommen, dass es so schön ist wie du, und wenn wir einen Sohn bekommen, dass er so tüchtig ist.
Das ist ja keine Vergewaltigung.
Nein, wir haben einander auch nicht vergewaltigt.
Warum sagst du dann, er habe dich fast vergewaltigt?
Na, was hast du dir vorgestellt?
Du erzählst eine harmlose Geschichte, bei der du gut dastehst, und ich weiß noch immer nichts.
Na, es war so, wenn ich mit ihm nicht geschlafen hätte, wäre ein anderes Mädchen von ihm vergewaltigt worden.
Das wusstest du.
Das wusste ich, ja.
Hast du mit dem Mädchen gesprochen?
Na, sicher.
Das muss doch furchtbar für dich gewesen sein.
Wieso?
Du wusstest, der wollte eigentlich eine andere. War die schöner als du?
Nein, die war schiacher und dicker.
Warum wollte er die?
Des waß i net. Die Männer waren doch in diesen Kriegswirren damals ...

Wie Schweine.
Na, das möcht ich nicht sagen. Sie waren einfach ohne Kontrolle.
Also die andere wollte er eigentlich.
Ja, und die ist lange Wege mit mir gegangen … (*weint*)
Sie war deine Freundin.
Du kannst dir nicht vorstellen, wie das damals gewesen ist.
Darum will ich es ja wissen. Darum frage ich dich.
Die Männer sind wie die Wilden herumgerannt.
Und deine Freundin hat dich gebeten.
Ja, und ich habe versucht, ihr zu helfen.
Wie?
Ich hab zu ihr gesagt, verschwind.
Da stand mein Vater daneben?
Nein, aber er hat in dem Haus gewohnt.
Du hast dich als Ersatz angeboten?
So kann man es auch nicht sagen.
Warst du noch Jungfrau damals, mit zweiundzwanzig?
Na sicher.
Also bin ich entstanden bei deiner Entjungferung.
Ja.
Warum hast du so spät erst mit einem Mann geschlafen?
Na, ich hab überhaupt keine Lust gehabt.
Du hattest andere Sorgen.
Ganz sicher.
War es schmerzvoll? Beim ersten Mal tut es ja meistens weh.
Also, pass auf, über meinen Sex schreibst du nichts in der Zeitung, überhaupt nichts, das kannst mit wem anderen machen, aber ganz bestimmt nicht mit mir.
Was ist denn dabei? Willst du in die Geschichte eingehen als Heilige?

Nein, aber ich red über solche Sachen überhaupt nie.

Das war mein Unglück. Ich hab dich auch nie einen Mann küssen sehen, obwohl du einen Freund gehabt hast nach meinem Vater. Du warst für mich ein geschlechtsloses Wesen. Ich hab mir als Kind gedacht, du bist die Jungfrau Maria und ich bin der Jesus. Das hat mich total überfordert.

Das ist aber dein Problem.

Natürlich.

Das kannst mir nicht vorwerfen bis an mein Lebensende.

Nein, aber fragen kann ich. Hast du es toll gefunden, dich vor mir so zu beherrschen?

Blödsinn.

Du machst ja noch jetzt ein Geheimnis daraus.

Aus was?

Aus deinem Liebesleben.

Das geht dich sozusagen überhaupt nichts an.

Das finde ich schlimm. Ich hätte mich beinahe umgebracht, verstehst du? Das ist eine ganz dumme Einstellung von dir. Du hast dich mir gegenüber immer als eine Heilige dargestellt. In Briefen habe ich dich Madonna genannt. Ich war dir ja ausgeliefert.

Wieso bist du mir ausgeliefert?

Als Kind ist man den Eltern doch ausgeliefert. Ich hab ja niemanden sonst gehabt außer dir. Wieso ist es so fürchterlich, über Sex zu reden?

Das ist überhaupt nicht fürchterlich.

Ich frage dich, ob es lustvoll war, mit meinem Vater zu schlafen.

Na ja, net besonders.

Hast du Sexualität je als lustvoll empfunden?

Ja, sicher.

Später?
Ja.
Hätte ja sein können, dass für immer ein Abscheu bleibt.
Nicht im Geringsten.
Hast du eine Vorstellung, warum ich davon nie etwas mitgekriegt habe?
Nein, ich meine, erzählen andere Eltern davon?
Bei anderen sieht man es ja, dass sie sich lieben. Die schlafen im Nebenzimmer.
Ja, das war natürlich bei uns nicht drin.
Aber du hattest den Fred, deinen Freund.
Wir haben auf dich Rücksicht genommen.
Du meintest, es würde mir schaden, wenn ich sehe, dass ihr euch liebt?
Ja, aber ich glaube, jetzt sind wir bei deinen Problemen und nicht bei meinen.
Ist das verboten? Ich werde doch fragen dürfen. Warum hast du gemeint, es sei rücksichtsvoll, einem Kind das nicht zu zeigen? Bist du so erzogen worden?
Ganz sicher. Ich bin katholisch erzogen worden, und obwohl ich heute keiner Kirche mehr angehöre, denke ich immer noch, wenn ich etwas Schlechtes mache, der liebe Gott sieht das. Ich habe Angst irgendwie.
Vor Bestrafung?
Ja, das ist eine Erziehung, die sicher nicht richtig ist. Obwohl ich sage, es gibt keinen Gott, habe ich Angst vor ihm. Ich denke, der sieht das alles und hört das alles.
Und er erlaubt keine Lust? Belohnt wird das Leiden?
Ja, richtig, das ist ganz richtig.
Immer, wenn du Lust empfunden hast, hast du gedacht, das sieht er nicht gern.

Ja, richtig, davon kommt man nicht so ohne Weiteres los.
Dein Vater hat dir zum ersten Geburtstag geschrieben, als du noch nicht einmal sprechen konntest: Bleibe stets brav, mach uns, deiner Mutter und mir, damit Freude, lerne früh den Kampf des Lebens kennen, sei ihm immer gewachsen, dazu brauchst du Grundsätze, diese bietet dir unsere Religion ...
Ja, entsetzlich, wenn man sich das heute vorstellt. Ich würde einem Kind das nie sagen.
Aber solche Sätze gibt es auch heute noch. Brauchst dir nur den Papst anzuschauen.
Um Gottes willen, erinnere mich nicht an den. Der fährt die ganze Zeit in der Welt spazieren. Den hätten sie hinter dem Eisernen Vorhang einsperren sollen. Das ist der Mensch, der am meisten spazieren fährt auf der Welt.
Ist das ein Fehler?
Es hat Päpste gegeben, die sind im Vatikan gesessen und haben nachgedacht und etwas Gescheites zustande gebracht. Einer, der dauernd reist, hat doch gar keine Zeit nachzudenken. Aber ich möchte mich dazu nicht äußern. Der jetzige Papst hat doch nichts zustande gebracht, außer dass er gesagt hat, jeder soll so viele Kinder wie möglich kriegen.
Daran hast du dich ja gehalten.
Nein.
Du hast nicht abgetrieben.
Doch, ich hab später abgetrieben.
Ach, wann war denn das?
Das sollte man eigentlich gar nicht sagen. Das darfst du nicht schreiben.
Warum hast du abgetrieben?
Ja, weil es unmöglich war, noch ein zweites Kind zu ernähren.
War das in den Fünfzigerjahren?

Ja.
War es damals schwer, abzutreiben?
Ja, das war echt schwierig, weil das in so einer Hexenküche passierte, illegal, das kannst du dir gar nicht vorstellen.
Erzähle.
Ich bin zu einer Freundin gegangen, die kannte so einen Arzt, eigentlich war es noch keiner, sondern der war nur Student, der hat das gemacht. Zum Glück ist es gut ausgegangen.
Hast du moralische Bedenken gehabt?
Nein, damals nicht mehr, denn der Katholizismus hat mir in dieser Situation überhaupt nicht geholfen. Das Problem war, dass das sehr teuer war, fünftausend Schilling, und ich hab damals vielleicht tausend netto verdient im Monat.
Also du hast meinetwegen abgetrieben, hast es schwer gehabt, hast Opfer gebracht, und der, für den du das alles getan hast, kam dauernd und sagte, er will nicht leben. Wie bist du damit fertiggeworden?
Komischerweise habe ich das nicht als besonders empfunden. Ein Mensch kommt auf die Welt, er muss selber schauen, wie er mit seinem Leben zurande kommt. Das ist nicht meine Sache.
Aber du hast das schon ziemlich tragisch genommen, denn du hast mir geschrieben, du würdest dir nie verzeihen, mich geboren, man könnte auch sagen, mich nicht abgetrieben zu haben.
Komischerweise hab ich das völlig vergessen.
Darum erinnere ich dich daran.
Aber ich weiß ganz genau, wie ich in Michendorf war, an den Doktor kann ich mich noch erinnern, das war so ein netter, älterer Herr, und der hat gesagt, willst oder willst nicht, und ich hab gesagt, ja, ich will.

Ich versteh immer noch nicht, warum.
Ja, dann frag tausend Mütter, warum sie abtreiben und nicht abtreiben.
Na, ich frag nur die eine.
Warum ich es einmal gemacht habe und einmal nicht.
Um nicht allein zu sein.
Ganz sicher, ja. Es war einfach für mich damals unmöglich, dich abzutreiben.
Liebt man das Kind schon im Bauch?
Ja, sicher.
Hast du dir gedacht, da bekomme ich etwas ganz Tolles?
Damit habe ich mich gar nicht auseinandergesetzt.
Wie hast du dir gewünscht, dass ich werde?
Ich hab mir gewünscht einen Sohn, blond und mit blauen Augen.
Sollte der lieb zu dir sein?
Das war mir vollkommen wurscht.
Das stimmt nicht.
Wieso?
Man ist, wenn man keinen Mann hat, schon liebesbedürftig als Mutter.
Natürlich, das kann ich gar nicht bestreiten.
Aber ich war ja sehr bald nicht mehr lieb. Du hast verlangt, dass ich dich küsse, und ich hab das verweigert.
Weiß ich gar nicht.
Dein Gedächtnis ist wie ein Sieb.
Ist doch gut. Man vergisst, was man nicht wissen will.
Das ist lebensfeindlich, so wenig interessiert zu sein an den Dingen.
Wieso? Ich lebe sehr gern.

Du interessierst dich aber nicht für dein Leben. Du reist mehr als der Papst. Zum Denken kommst du so nie.
So a Bledsinn, weil i amal heuer in Russland war.
In Ungarn warst auch.
Na und?
Du hast mir einmal gesagt, im Krieg war es leichter, weil man nicht zum Nachdenken gekommen ist.
Ja, weil man zu tun hatte, wie man von Ost nach West oder zu einem Stück Brot gekommen ist, und das war ganz sicher leichter, als wenn man vollgefressen dasitzt und nachdenken muss, wozu man lebt.
Oder wozu man gefressen hat.
Ja.
Diese Situation hat deine Generation nie erlebt, dazusitzen und nachzudenken.
Nein, wir waren damit beschäftigt, Häuser zu bauen, den Schutt wegzuräumen, Wohnungen einzurichten. Jetzt ist das alles da. Was sollt ihr jetzt machen, oder die, die noch nach dir kommen?
Ich konnte ja lernen, zu denken.
Ja, aber das konnten nicht alle.
Das ist sowieso besser, denn dann kommt man nicht auf die Idee, dass es zum Beispiel erniedrigend ist, das Gute zu wollen, wissend, dass es das Böse auch geben muss.
Ja, weil man sonst gar nicht wüsste, was das Gute überhaupt ist.
Also war Hitler nötig?
Heute denke ich über so etwas nach.
Der Hitler hat übrigens seine Mutter heiß und innig geliebt.
Das ist ja kein Argument für Gut oder Böse, ob einer seine

Mutter liebt oder hasst. Ich hab mich mit dem Hitler überhaupt nicht beschäftigt, komischerweise.
Ja, das ist wirklich komisch.
Ja, weil er in meinem Leben und in meiner Generation eine wichtige Rolle spielte. Aber ich war ja in Polen.
Hast du ihn im Radio gehört?
Nein, ich habe, das sollte ich vielleicht auch einmal sagen, bis zu meinem vierzehnten Lebensjahr niemals Zeitung gelesen, niemals Radio gehört, nur ein paar Bücher in der Schule bekommen. In unserer Familie war das so, der Papa hat ein Radio gehabt in seinem Zimmer, aber wir Kinder haben nicht hören dürfen.
Hat der Vater mit euch über Politik gesprochen?
Nein, er hat gesagt, wenn sie dich in der Schule fragen, was dein Vater von Beruf ist, dann sagst du, du weißt es nicht, entsetzlich, und ich habe es tatsächlich erst viel später gewusst.

Warum hat er nicht gewollt, dass du redest?
Vielleicht hat er sich geniert, obwohl er doch eine tolle Karriere machte.
Nach welchen Grundsätzen bist du erzogen worden?
Ich sollte eine sein, die hart ist und alles schafft und alles überwindet und über nichts weint.
Das Weinen holst du jetzt nach.
Ich hab schon immer geweint.
Ich hab dich nie weinen sehen.
Blödsinn. Wenn ich ein schönes Kinderlied höre, muss ich schon heulen.
Heute.
Ja, damals sollte ich stark sein, ein Mensch, der alles packt.
Eine richtige Kindheit hattest du nicht.
Nein, weil ich die Älteste der Geschwister war, da sagte man, du musst nachgeben, weil du die Gescheiteste bist.
Du solltest bescheiden sein.

Ja.
Man sagte, belohnt wirst du im Jenseits dafür.
Ja, aber nachdem ich nicht mehr dran glaube ...
Hast du völlig umsonst gelitten.
Ja, aber richtig sehen hat's ja kaner.
Warum bist du nach dem Krieg zur SPÖ gegangen, also Sozialistin geworden?
Das kann ich dir erzählen. Ich hab zum ersten Mal gewählt in meinem Leben in Ostdeutschland. Ich hatte keine Papiere. Aber sie haben mir geglaubt. Es waren damals ja alle Deutsche. Ich war auch deutsch in dieser Zeit. Es war die erste Wahl, und ich habe nicht die Kommunisten gewählt, sondern es hat so eine Gruppe gegeben, die haben Liberale geheißen, die haben wir gewählt.
Warum?
Weil wir gegen die Kommunisten waren.
Kannst du mir das erklären? War es, weil du unter Hitler antikommunistisch beeinflusst warst?
Nein, das hatte nicht diesen Grund, sondern die Frau, bei der ich wohnte, war gegen die Kommunisten. Die hat Propaganda gemacht, dass man die Kommunisten nicht wählen soll.
Und du hast es nachgemacht, ohne zu überlegen?
Man war schon bis zu einem gewissen Grad gegen die Russen.
Weil sie sich den Deutschen gegenüber brutal verhalten haben?
Ja, nicht unbedingt gegen mich, aber sie waren brutal, ganz bestimmt.
Und die Franzosen waren das nicht.
Na ja, das waren fünf Stück.
In Österreich bist du dann zu den Sozialisten gegangen.

Ja, mein Vater hatte mir eine Stellung besorgt, weil er das Recht hatte als Schadensersatz für seine Zeit im KZ, und dann sollte ich zu den Christlichsozialen gehen, zur ÖVP, wo er war, aber ich habe gedacht, das ist nicht das Richtige, ich habe mich dafür eingesetzt, dass alle eine Bildung bekommen. Ich habe alles getan, damit du auf die Universität gehen kannst. Ich wollte verhindern, dass es eine Ungleichheit gibt und dass nur der, der Geld hat, eine Chance bekommt.
Ich werde so müde im Kopf.
Gemma essen.
Ich kann nicht mehr.
Gemma ins Beisl.
Aber mir fehlt noch so viel.

An dieser Stelle habe ich das Tonband für eine Zeit ausgeschaltet. Wir sind in ein Wirtshaus in der Nähe gegangen. Die Mutter bestellte ein Wiener Schnitzel. Ich weiß nicht mehr, was ich gegessen habe. Die Fotografin trank nur Kaffee. Während des Essens habe ich das Band wieder eingeschaltet.

Du hast mich immer gehasst, weil ich nicht so geworden bin, wie du dir das vorgestellt hattest.
Ich habe mir immer gewünscht, dass du glücklich bist.
Ja, aber nur, weil du dich vor den Leuten geniert hast, wenn ich unglücklich war, weil du als alleinstehende Mutter dann dagestanden bist als eine, die ihr Kind nicht richtig erziehen kann.
Du bist nach wie vor ein ungezogenes Kind.

Ich bin überhaupt kein Kind, und ich bin viel klüger als du inzwischen. Ich hab mich vorbereitet auf dieses Interview.
Soll ich deshalb kopfstehen?
DIE FOTOGRAFIN: Liebt ihr euch eigentlich? Das ist mir noch nicht ganz klar.
DIE MUTTER: Aber natürlich. Wir lieben uns heiß und innig, wenn wir weit auseinander sind.
Ich liebe dich nicht. Du hast immer nur wollen, dass ich deinen Idealen entspreche, dass ich lieb zu dir bin, brav, angepasst, keine Skandale mache. Du hast dich ja dauernd für mich geniert vor den Leuten.
Darf ich jetzt auch etwas sagen? Ich liebe dich heiß und innig, aber wenn du da bist, könnte ich dauernd streiten. Wenn du fort bist, möchte ich, du wärest hier.
Ja, weil du dir, wenn ich fort bin, dein Bild machen kannst, dem ich nicht entspreche, dein Idealbild.
Kann sein.
DIE FOTOGRAFIN: Haben Sie sich eigentlich Sorgen gemacht, weil er nicht leben wollte?
DIE MUTTER: Nein.
Sie hat sich geniert, weil ich mich umbringen wollte. Ich hab ja einen Versuch gemacht und bin in die Klinik gekommen.
Ja, ich bin mit dir hingefahren.
Meinen Geburtstag habe ich nie als Festtag empfunden.
Ja, deshalb hab ich dir letztes Jahr eh nicht mehr gratuliert.
DIE FOTOGRAFIN: Erinnert er Sie an den Vater?
DIE MUTTER: Nein, überhaupt nicht.
Was gefiel dir an dem überhaupt?
Nichts, und du schaust ihm auch gar nicht ähnlich.
Ich hab meine Kindheit als antike Tragödie empfunden. Des-

halb bin ich so gern ins Theater gegangen. In der Oper hab ich mich ausgelebt.
Du findest sozusagen nichts Positives.
Nein, ich bin lebensfeindlich.
Aha.
Das einzige Positive für mich war die Kunst. Die Kunst war die Rettung, Dostojewski, Rilke, Beethoven, Verdi ...
Die Musik hab ich dir beigebracht.
Na, nicht beigebracht. Du bist nicht einmal ins Konzert mitgegangen.
Also war alles Dreck, was ich gemacht hab.
Ich werte das gar nicht.
Soll ich mich umbringen deshalb?
Nein, reden.
Mit mir hat auch keiner geredet.
Frag mich einmal was über mich. Gibt es eine Frage, die du mir stellen möchtest?
Hast du mich gern?
Das hat ja wieder mit mir nichts zu tun, mit meinem Leben. Da siehst du einmal, wie schwer es ist, Fragen zu stellen. Wenn das die einzige Frage ist, dann sage ich, nein, weil sie mir auf die Nerven geht. Warum fragst du mich nicht, warum ich als Kind so gern in die Oper gegangen bin?
Ich hab dir ermöglicht, in die Oper zu gehen.
Ja, aber du bist nicht mitgegangen.
Weil ich nichts zum Anziehen hatte.
Du hast mir auch ermöglicht zu essen, aber du hast nicht mitgegessen, sondern bist danebengesessen und hast mir zugeschaut.
Das ist übertrieben, aber wir hatten wirklich sehr wenig Geld.

Ich hätte mich gefreut, wenn du die Hälfte von mir gegessen hättest, statt dich zu opfern.
Hätte ich dich sollen verhungern lassen, zum Teufel noch mal? Ich hab dir ermöglicht zu essen und in die Oper zu gehen.
Erwartest du Dank dafür?
Nein, nichts.
Warum betonst du es dann?
Du redest davon, nicht ich. Mich kannst vergessen.
Ich rede davon, dass es mir lieber gewesen wäre, dich lustvoll zu sehen, dich lieben zu sehen, essen, genießen. Du hast ja auch keine Bücher gelesen.
Aber ich hab sie für dich gekauft.
Ich hätte mir gewünscht, dass du sie auch gelesen hättest.
Wie du auf die Universität gegangen bist, habe ich alle Geschichtsbücher gelesen. Nur weil du sie lesen musstest, hab auch ich sie gelesen. Aber du bist ständig nur darauf aus, einen schlechten Menschen aus mir zu machen.
Jeder hat Schlechtes und Gutes.
Ja, natürlich.
Du hast mir einmal geschrieben, mit den Nazis hättest du schon allein deshalb nicht mitlaufen können, weil dein Vater im Konzentrationslager war. Mich würde interessieren, ob du dem Hitler nachgelaufen wärst, wenn deine Eltern Nazis gewesen wären.
Bestimmt nicht. Dem Hitler wäre ich nie nachgelaufen.
Was macht dich so sicher?
Dazu hat mich der Kafka gemacht. Ich habe seine Bücher gelesen, ich weiß gar nicht mehr, wie sie geheißen haben …
So viele gibt's ja nicht, »Das Schloss«, »Der Prozess«, die Erzählungen …

Also ich hab das gelesen, und dann hab ich mir gedacht, du musst dreimal nein sagen, dann nachdenken und dann erst zustimmen vielleicht.
Du hattest ja gar nicht die Gelegenheit, zuzustimmen.
Wem?
Dem Hitler. Eine Nationalsozialistin hättest du gar nicht werden können aufgrund deines Vaters.
Doch, ich hätte es werden können.
Wie denn?
Das weiß ich nicht.
Mir sind die Leute lieber, die sich zum Bösen für fähig halten. Die, die sagen, dass sie zum Bösen niemals imstande wären, die tun es dann.
Ja, ich weiß ganz sicher, dass ich nicht weiß, wozu ich imstande bin.
Eben.
Aber ich weiß genau, wozu ich nicht imstande war, denn das habe ich ausprobiert.
Du meinst, du warst nicht imstande zu töten.
Ja, denn ich hatte meine Eiergranaten, meine Pistole, meine Munition, aber ich habe sie den Männern geschenkt, die von Michendorf nach Potsdam abkommandiert worden sind, die hatten fast keine Waffen mehr. Ich habe sie ihnen geschenkt. Ich habe sie nicht verwendet.
Wie erklärst du dir Menschen, die töten können?
Ich verurteile sie nicht. Aber ich habe mit achtzehn Jahren gewusst, und das weiß ich bis heute, dass mein Leben nicht mehr wert ist als das eines anderen.
Das nehme ich dir einfach nicht ab.

Das kannst du ruhig tun. Ich bin von Polen nach Michendorf gegangen, bewaffnet, ich hätte jeden niederknallen können, der mir entgegengekommen ist.
Du stellst dich immer so edel dar. Mich hast du einmal als Satan bezeichnet.
Daran kann ich mich nicht erinnern.
Du kannst dich an nichts erinnern, was ein schlechteres Licht auf dich wirft.
Ich möchte jetzt noch ein Achtel gespritzt.*
Kannst du dir vorstellen, einen Menschen zu hassen?
Sicher.
Wen?
Da fällt mir, ehrlich gesagt, jetzt keiner ein.
Denk nach.
Ich denke gerade, könnt ich vielleicht den Hitler hassen oder den Stalin oder den Mao Tse-tung? Aber net amal das könnte ich.
In deinen Briefen schreibst du oft das Wort »hassen«.
Ja, die Selbstzufriedenen hasse ich.
Und die Auffälligen.
Nein.
Du hast mir einmal geschrieben, die Juden sollten sich weniger auffällig benehmen, dann würden sie nicht so verfolgt.
Also, mach jetzt ja keine Antisemitin aus mir, weil ich frag keinen Menschen, wer oder was er ist.
Aber wenn einer kommt und es laut hinausruft, sagst du, er ist selbst an seinem Verderben schuld.
Nein.

---

*Weinschorle

Du hast mir geschrieben, du hättest den Waldheim zwar nicht gewählt*, aber die Juden täten mit ihrem auffälligen Benehmen alles dazu, dass man sie nicht übersehen könnte.
Das ist ja nicht antisemitisch.
Die können sich doch darstellen, so laut sie wollen.
Ja, sicher, aber sie sollen auch die anderen sich darstellen lassen.
Tun sie das nicht?
Nein, denn wieso bringen sie die Araber um?
Das ist jetzt eine schwierige Frage, weil die Juden zu einem Staat geworden sind. Aber du hast deinen Satz über das Stillhalten auf die Juden in Wien bezogen
Dann nehme ich das jetzt zurück.
Hat es vielleicht mit deiner Erziehung zu tun? Du bist ja zum Stillhalten erzogen worden.
Man muss von seinem zehnten bis zu seinem siebzigsten Lebensjahr seine Meinung auch einmal ändern dürfen. Man kann einen nicht festlegen auf alles, was er vor dreißig Jahren gesagt oder geschrieben hat.
Du hast im Dritten Reich gelernt stillzuhalten, weil Reden gefährlich war.
Ja, man hat mir gesagt, halte den Mund und höre zu. Das hat sich irgendwie festgesetzt. Es war aber für unsere Familie sehr wichtig.

---

* Der ehemalige UN-Generalsekretär Kurt Waldheim wurde als Kandidat der ÖVP am 8. Juni 1986 zum Bundespräsidenten gewählt. Der Wahlkampf und seine Amtszeit bis 1992 waren geprägt von der Debatte um seine Mitgliedschaft in der SA und seine Beteiligung an Kriegsverbrechen.

Damals, klar, und dadurch hast du später nie mehr den Mut gefunden, dich unter Leuten hervorzutun.
Ja, das kommt aus dieser Zeit, wo es wichtig war, sich zurückzuhalten.
Heute erschrickst du, wenn sich jemand auffällig benimmt, obwohl es nicht mehr gefährlich ist.
Das kann sein.
Ich war dann für dich das Horrorkind.
Nein.
Ich war laut, hatte keine Grundsätze, keine Religion.
Das hat mich nicht gestört, obwohl es für dich vielleicht leichter gewesen wäre, wenn ich dir etwas vermittelt hätte. Einer, der von vornherein weiß, wohin er gehört, hat es leichter. Da ich keinen Glauben hatte, hast du auch keinen heute. Ich hab dir auch nie gesagt, was richtig und falsch ist.
Moralisch?
Ja.
Vielleicht hatte das damit zu tun, dass du die Grundsätze in deiner Familie als beengend empfunden hattest.
Ja, das glaube ich. Aber ich bin heute trotzdem der Überzeugung, man sollte den Kindern sagen, ob sie evangelisch oder katholisch sind, damit sie eine Grundlage haben.
Wenn ich dich gefragt habe, warum ich leben soll, hast du gesagt, weil ich geboren bin. Das stimmt natürlich ...
Ja, aber es ist keine Hilfe. Ich würde das heute nicht mehr so machen.
In dem Buch »Muttersöhne« von Pilgrim*, das ich dir mitge-

---

* Volker Elis Pilgrim, *Muttersöhne*, Düsseldorf 1986

bracht habe, wird die These vertreten, dass Söhne ohne Väter, da sie in der Kindheit nur eine Frau als Identifikationsfigur haben, ihr Geschlecht später hassen und deshalb zerstörerisch werden. Als Beispiele werden Nero, Hitler und Stalin genannt. Interessiert dich das?
Ich hab über den Nero oft nachgedacht, vielleicht mehr als über dich.
Wahrscheinlich gibt es wirklich eine zerstörerische Ader in mir, die ich jetzt versuche, in Kunst umzuwandeln. Vor zehn Jahren hätte ich vielleicht auf den Atomknopf gedrückt.
Siehst du, das hätte ich nie getan.
Du nicht, natürlich.
Ja, aber nicht, weil ich eine Heilige bin, sondern weil ich danach kein Bedürfnis habe.
Das ist kein Bedürfnis.
Doch, das ist schon ein Bedürfnis, auf den Atomknopf zu drücken, um damit berühmt zu werden.
Berühmt wird man nicht, weil ja dann gar nichts mehr übrig bleibt.
Das sind Dinge, die für mich ganz unvorstellbar sind.
Darum muss man ja fragen. Das Unvorstellbare muss man aufhellen durch Fragen. Wo das Unvorstellbare beginnt, hört deine Neugier auf, anstatt anzufangen.
Ja, wenn jemand sagt, er könnte auf den Atomknopf drücken, hört mein Verständnis auf.
Aber wenn ich das wäre, der dir doch ziemlich nahesteht, würde es dich dann nicht interessieren, warum ich so bin?
Fast nicht.
Das ist hart. Das nennst du Liebe.
Ich würde sagen, meine Liebe hört auf, wenn jemand die Welt mit einem Knopfdruck in die Luft sprengen will.

Darum tut er es dann.
Du würdest das sicher nicht machen.
Die Mutter vom Hitler hat sich auch nicht vorstellen können, dass ihr Sohn sechs Millionen Juden vergast.
Du bist ja hoffentlich net der Hitler.
Nein, ich hab einen anderen Weg gefunden.
Meine Liebe zu dir würde auch dann nicht aufhören, wenn du der Hitler wärst.
Jetzt widersprichst du dir.
Die würde nie aufhören. (*schluchzt*)
Du trinkst zu viel. Du bist ja jetzt nicht mehr ganz bei Verstand.
Ich kenn nicht einmal den Namen der Fotografin.
DIE FOTOGRAFIN: Gabriela.
DIE MUTTER: Was machen Sie beruflich?
Na, fotografieren, das hast ja inzwischen gemerkt.
Wir lernen uns jetzt ohne dich kennen.
Wenn du mich ausschalten willst, muss sie gehen.
Wieso?
Weil mir dieses Interview so gelingen muss, dass es dann in der »Zeit« erscheint.
Geht es um Geld?
Ja, auch.
Ich zahle dir alles, wenn nichts erscheint.
Für dich interessiert man sich sowieso nicht bei der Zeitung.
Also um was geht es jetzt?
Ich muss einen Dialog zustande bringen, der für die »Zeit« interessant genug ist, obwohl du keine Berühmtheit bist.
Aber die Welt besteht doch in Wirklichkeit aus gewöhnlichen Leuten.
Ja, aber nicht in der Zeitung.

Ich glaube nicht, dass ich von öffentlichem Interesse bin.
Eben.
Außer, wenn wir in Österreich Wahlen haben, dann geh ich hin.
Ist das nicht schlimm, dass man in der Demokratie nur so ein Stimmvieh ist?
Es gibt ja noch mehr Frau Müllers. In der Summe ergibt das was.
Du hast also schon das Gefühl, an der Politik mitzuwirken?
Ja, sicher. Ich gehe grundsätzlich zu jeder Wahl.
Was hattest du als junges Mädchen für berufliche Wünsche?
Ich wollte Chemie studieren. Ich hatte in Deutschland auch die Chance dazu nach dem Krieg. Aber mein Vater hat mich nach Wien geholt.
Hast du versucht, in der SPÖ aufzusteigen?
Ich war Vertrauensmann bei der Krankenkassa, wo ich gearbeitet hab. Ich habe schon angestrebt mitzumachen, aber mit meiner Sprache.
Bist du froh, auf der Welt zu sein?
Ja, das finde ich wahnsinnig guat, ich bin glücklich darüber.
Auch wenn du siehst, wie viel Furchtbares geschieht?
Ja, trotzdem. Natürlich möchte ich vieles ändern. Aber ich hab keine Chance, was zu ändern. Ich hab nur die eine Chance, nicht das zu machen, was die anderen machen. Ich werde keinen erschießen.
Dafür ist es jetzt eh zu spät.
Kannst *du* etwas ändern?
Nein.
Na, siehst du.
Ich bin sowieso Fatalist.

Na, das ist leiwand*.
Ich könnte dir das auch philosophisch begründen.
Und was macht dann die Welt damit?
Nichts, man redet halt, und man kann es dann drucken.
DIE FOTOGRAFIN: Ich möchte noch einen Kaffee.
Deshalb müssen Sie ja nicht das Gespräch unterbrechen.
DIE MUTTER: Mit Milch?
Es geht jetzt nicht mehr mit Ihnen, Sie müssen gehen.
DIE FOTOGRAFIN: Ich verstehe.
Warum trinken Sie dann noch Ihren Kaffee?
DIE FOTOGRAFIN: Gut, ich gehe sofort.
DIE MUTTER: Das ist aber arg. Das tut mir jetzt leid.
Dir tut aber nicht leid, wenn mein Interview scheitert.
Ich zahle dir alles.
Dein Geld kannst du behalten. Ich will, dass es gelingt. Ich strampel mich ab, rede mir die Seele aus dem Leib ... Wenn das nichts wird, hat sie auch ihre Fotos umsonst gemacht ...
(*Die Fotografin geht.*)
Frag mich was.
Ich bin zu erschöpft.
Gemma a bissel spazieren.
Ich bin froh, dass wir alleine sind. Jetzt kann ich es dir ja sagen, ich hatte furchtbare Angst vor dieser Begegnung.
Mit mir?
Ja.
Was willst du wissen?
Du hast gesagt, du freust dich, dass ich gekommen bin. Kannst du mir das begründen?

---

* österreichisch, u. a. mitunter auch für toll, großartig

GERTA MÜLLER

Das ist nicht zu begründen.
Warum hast du getrunken?
Ich hab nicht getrunken.
Ich merke es doch, weil du dann viel sentimentaler bist und dir dauernd die Tränen kommen.
Ich weine aus unerfindlichen Gründen.
Ich zitiere aus einem Brief von dir. Du fragst: »Hältst du es für möglich, dass es Menschen gibt, die sich vollkommen gleichen? Wenn nicht, kann völlige Übereinstimmung nur durch die Selbstaufgabe des einen zustande kommen.« Das hast du geschrieben. Da klingt Pessimismus durch.
Ja, einer will sich verwirklichen, und einer muss da sein, der ihm das möglich macht.
Kann man sich nicht in der Mitte treffen?
Das glaube ich nicht.
Hast du das erfahren?
Ich habe die Erfahrung gemacht, dass immer einer reden will und der andere zuhören muss. Das hat man mir auch so beigebracht, ich muss zuhören, die anderen reden, und ich habe kein großes Problem damit. Nur manchmal im Leben habe ich mir gedacht, dass auch mir einmal jemand zuhören müsste.
Meinst du nicht, dass man sich das erkämpfen muss?
Ja, das sollte man, aber wenn man die Älteste von sechs Geschwistern ist, noch dazu in der Nazizeit, der man beigebracht hat, dass man besser still ist und schweigt, damit keiner gefährdet wird, dann gibt es eigentlich gar keinen Ausweg mehr.
Gut, dass du das endlich sagst.
Ich kann halt nicht schreiben. (*weint*)
Du hast mir viele Briefe geschrieben. Einmal hast du mir von

deinem Vater geschrieben, er habe, als er aus dem KZ kam, gesagt, er hätte nun alle Höhen und Tiefen durchlebt, er danke Gott, dass sein Leben nicht nur so verronnen sei.
Ja, das hat er gesagt. Ich habe mit ihm nicht sehr viel geredet. Außer mich zu verprügeln, hat er nicht viel mit mir zu tun gehabt. Aber das hat er mir wirklich gesagt.
Was waren die Höhen und Tiefen in deinem Leben? Was war das Schrecklichste?
Das Schrecklichste, ganz komisch, war, wie ich von Osten nach Westen gegangen bin, ich hatte nur meine Tasche, in der waren meine Papiere und ein paar Bilder, also wie ich das alles verloren hab. Das hat mir jemand gestohlen, und ich hab gedacht, jetzt kannst du nicht mehr beweisen, dass du auf der Welt bist.
Du existiertest nicht mehr.
Ich war nicht mehr da.
Und was war das Schönste?
Das Schönste war, wie du auf die Welt gekommen bist. Ich hab mir, als ich schwanger war, einen Sohn gewünscht, weil ich dachte, ein unehelicher Sohn hat es leichter als eine Tochter, und dann wollte ich, dass du blaue Augen und blonde Haare hast.
Ich bin plötzlich so müde.
Du bist ja mehr fertig als ich.
Zahlen bitte!
Gehen wir jetzt?
Ja, morgen Vormittag komme ich noch einmal.

Bis zu dieser Stelle waren etwa dreieinhalb Stunden vergangen. Am 16. Juni habe ich meine Mutter wieder getroffen, diesmal allein. Ich war nun entspannter. Ich hatte nachts schlafen können.

Ich hab noch ein paar Fragen.
Ich finde das Ganze gruselig.
Das Interview?
Ja, ich habe keine Sekunde diese Fotografin vergessen können und das Klicken und den schwarzen Apparat, ich meine das Tonband. Vielleicht können andere, die das gewöhnt sind, es besser ertragen, wenn dauernd Blitzlichter auf sie gerichtet sind.
Blitzlichter waren ja keine.
Nein, aber ein gewöhnlicher Mensch wie ich ist so etwas nicht gewöhnt. Ich habe die meiste Angst vor einer Intensivstation, mich sollen sie ja nicht, auch nicht in zehn Jahren, an hundert Schläuche hängen, aber so bin ich mir gestern vorgekommen, so habe ich mich gefühlt, vollkommen hilflos, ausgeliefert, entsetzlich.
Gut, dass du es sagst.
Ich habe gedacht, Gott im Himmel, wie wehrt man sich?
Indem man es ausspricht.
Ja, aber man muss ja nachdenken zuerst. Am Abend hab ich gedacht, du hättest dich wehren können und sagen, lassen wir es. Aber während es geschieht, ist man ausgeliefert.
Was hast du dir vorgestellt?
Ich hatte nicht gedacht, dass es so hart ist.
Anders erfährt man ja nichts.
Ich hatte ständig Lust, nett zu sein.
Da entsteht nichts.
Gut, da entsteht nichts, aber man muss doch nett sein, wenn man Lust dazu hat, oder darf man das nicht?

Wenn ich in den Interviews nur nett zu den Leuten bin, erfahre ich nichts.
Entsetzlich.
Ich hab mit der Fotografin gestern noch telefoniert. Die sagte, dass du dauernd behauptest, das Leben sei schön, aber was du ausstrahlst, sei nicht, dass du das Leben so herrlich findest.
Natürlich finde ich nicht alles wunderbar, was passiert, aber ich kann ja nichts ändern. Ich kann nicht die Atombombe und die Kriege verhindern, und weil ich das nicht kann, muss ich mich distanzieren, sonst müsste man sich wirklich das Leben nehmen. Man bekommt heute so viele Informationen. Der Wald stirbt, weiß der Teufel. Früher war es leichter, weil man einen begrenzten Horizont gehabt hat.
Jetzt redest du ganz anders als gestern. Wieso hast du Phasen, in denen du mit einer Hartnäckigkeit sondergleichen darauf beharrst, das Leben sei wunderbar?
Weil ich es möchte. Ich möchte nicht ganz so verzweifelt sein. Ich möchte ein schönes Leben haben.
Das bekommst du nicht, indem du deine Gefühle verleugnest.
Aber wie soll man es anders machen?
Indem man über seine Verzweiflung spricht. Wenn du immer sagst, es geht dir gut, und in Wirklichkeit geht es dir schlecht, geht es dir nur immer schlechter.
Komischerweise geht es mir aber wirklich nicht immer schlecht.
Aber manchmal, doch du sprichst nicht darüber.
Wozu soll ich darüber sprechen?
Damit es dir danach besser geht, weil es befreiend wirkt. Glaubst du nicht, dass das Sprechen befreiend wirkt?
Doch, das glaub ich schon, aber wenn man dazu erzogen ist, nicht zu sprechen, fällt einem das schwer. Ich hab eine Freun-

din, die redet ununterbrochen. Ich habe da gar keine Chance, auch nur einen Satz zu sagen. Die braucht das einfach.
Aber du auch.
Nein, ich höre zu, was die redet.
Du weißt ja nicht, ob die sich freuen würde, wenn du sie mal unterbrichst ...
Bestimmt nicht. Das habe ich dreißig Jahre vergeblich versucht.
Dann ist es die falsche Freundin. Du kannst doch nicht alles hinunterschlucken.
Vielleicht habe ich Angst.
Was droht, wenn du redest?
Na, heute ist es egal, aber im Dritten Reich durfte man zum Beispiel nicht reden, weil sonst die Nazis gekommen wären und einen ins KZ gebracht hätten.
Weil überall Spitzel saßen?
Ja, man hat keinem Einzigen trauen können.
Hast du den Hitlergruß mitgemacht?
Ja, sicher. Im Arbeitsdienst musste man morgens antreten, da wurde die Hakenkreuzfahne in die Höhe gezogen, und jeder musste den Hitlergruß machen.
Was hast du dabei empfunden?
Ich war völlig dagegen.
Warum? Du wusstest ja nichts.
Nein, aber wie der Hitler in Graz einmarschiert ist, habe ich mir das angeschaut, und wie ich nach Hause gekommen bin, hat mich meine Stiefmutter gefragt, wo hast du dich wieder herumgetrieben, und hat mir ein paar Watschen versetzt und gesagt, während du weg warst, haben sie deinen Vater geholt. Da hab ich angefangen, über Politik nachzudenken.

Du hast gesagt, dass sie ihn in Wien abgeholt haben.
Zum ersten Mal in Graz. Dann haben sie ihn freigelassen und in Wien wieder verhaftet wegen seiner politischen Tätigkeit. Aber das wusste ich nicht. Ich wusste nur, auf dem Grab meiner richtigen Mutter stand »Gewerkschaftssekretärsgattin«. Sonst wusste ich nichts.
Wie alt wurde die?
Keine dreißig.
Woran starb sie?
Ich glaub, sie war lungenkrank.
Hast du an sie eine Erinnerung?
Ich hab komischerweise an sie nur eine einzige Erinnerung, und ich weiß nicht einmal, ob man mir das später erzählt hat, ich war ja erst vier Jahre alt, aber eines stimmt sicher, sie konnte wunderschön nähen und hat mir das auch als Kind beigebracht, und ich kann mich erinnern, dass sie im Bett gelegen ist und mir, weil ich etwas nicht so schön genäht hatte, auf den Kopf gehauen hat, und irgendjemand hat dann gesagt, hau sie nicht auf den Kopf, davon werden die Kinder dumm. Das ist die einzige Erinnerung an meine Mutter. Danach ist sie gestorben, da haben sie meinen Bruder und mich aus dem Bett geholt, wir haben damals ein Dienstmädchen gehabt, das hat uns angezogen und ins Schlafzimmer der Eltern geführt, und mein Vater hat Taschentücher aus dem Kasten geholt, an das kann ich mich noch genau erinnern, und hat gesagt, die Mama ist tot, und ich habe gedacht, jetzt muss man weinen, mir war aber gar nicht nach Weinen zumute, ich hatte, so scheint es, keine besondere Beziehung zu meiner Mutter. Aber ich habe das Taschentuch genommen und habe geheult.
Es ist dir gelungen, das vorzutäuschen?

Ja, weil der Vater geheult hat und die anderen rundherum. Beim Begräbnis bin ich dann nicht gewesen.
Wie lang war der Zwischenraum, bis er wieder geheiratet hat?
Zwei oder drei Jahre. Dazwischen haben wir eine Hausgehilfin gehabt. Wie er wieder geheiratet hat, bin ich schon in die Schule gegangen, und obwohl ich nicht die geringste Bindung zu meiner richtigen Mutter hatte, habe ich alles aufgeführt, um meiner Stiefmutter das Leben zur Hölle zu machen, anfangs, später nicht mehr.
Wahrscheinlich hat sie ihre richtigen Kinder, deine Stiefgeschwister, mehr lieb gehabt.
Das weiß ich nicht. Sie hat jedenfalls verhindert, dass ich ins Konzentrationslager gekommen bin.
Wie?
Sie hat mich adoptiert, das war nötig.
Wieso?
Diese Dinge sind mir noch heute ein Rätsel. Sie hat uns, meinen Bruder und mich, wie ihre eigenen Kinder nach Deutschland geholt, das war eine richtige Odyssee. Vorher hatte sie sich von meinem Vater, der ins KZ gekommen ist, scheiden lassen. 1949 haben sie wieder geheiratet. Inzwischen war sie mit einem anderen zusammen gewesen.
Mit wem?
Der hat Schnauz geheißen, das war ein Mistviech, der war während der Nazizeit beim Militär.
War der ein Nazi?
Ganz sicher. Dadurch waren wir wahrscheinlich geschützt. Nach dem Krieg war er dann keiner mehr.
Hast du zu dem »Vater« gesagt?
Nein, Julius hat der geheißen, Julius Schnauz, ein Mistviech.

Warum?
Er hat meine Stiefmutter geheiratet, er hat das erzwungen, er war ein Freund meines Vaters. Später ist er in die nationalsozialistische Partei eingetreten.
Wusste dein Vater, dass die Mutter den geheiratet hatte?
Ich wusste ja nicht einmal, dass er im KZ war.
Ich begreife nicht, dass du so wenig neugierig warst, das herauszubekommen.
Was hätte ich machen sollen?
Fragen.
Das kann man heute leicht sagen, wenn man nie in so einem Staat gelebt hat. Heute kann jeder hingehen und sagen, Herr Vranitzky*, warum sagen Sie das?
Aber es muss dich doch gewundert haben, dass du auf einmal eine Uniform tragen musstest und die Hand zum Hitlergruß heben. Hast du nicht wissen wollen, warum das so war?
Doch, aber man hat mir befohlen, den Mund zu halten.
Auch später hast du so vieles hingenommen, ohne Fragen zu stellen. Ich habe dir depressive Gedichte geschrieben, habe dauernd gedroht, mich umzubringen, habe nicht leben wollen. Hast du dir das erklären können?
Nein, das war mir vollkommen unverständlich, denn ich weiß, dass man sowieso einmal stirbt, und ich bin neugierig auf das Leben. Deshalb kann ich überhaupt nicht verstehen, dass sich einer umbringen will. Ich habe ja eher Angst vor dem Sterben.
Aber es ist doch lebendiger, wissbegierig zu sein, wenn man was nicht versteht.

---

* Franz Vranitzky war als Mitglied der SPÖ von 1986–1997 österreichischer Bundeskanzler.

Du meinst, dahinterzukommen?
Ja, noch dazu, wenn es dein eigenes Leben betrifft, deinen Vater, dein Kind. Es geschehen Dinge, die du nicht begreifst, aber du stellst keine Fragen. Ich wollte mich umbringen, und du hast nicht gefragt, warum ich unglücklich bin. Hat man dir verboten, zu fragen?
Wer hätte mir das verbieten sollen? Ich glaube, mit mir hat sich überhaupt niemand besonders beschäftigt. Man hat mir beigebracht, du darfst nicht stehlen, du darfst nicht lügen. Damit hat sich die Sache.
Kannst du dir heute erklären, warum es Leute gibt, die Drogen nehmen, nicht leben wollen, verzweifelt sind?
Ja, weil es solche gibt wie mich, die sich nicht trauen zu fragen, vor lauter Angst, dass dann auf sie etwas zukommt, das sie nicht verstehen oder nicht aushalten eventuell.
Du hast doch so viel ausgehalten im Leben.
Ich bin ganz sicher, dass ich manchmal zu feige war, zu feig, um zu fragen.
Deine Angst war größer als deine Wissbegier.
Ja, das kann man, glaube ich, sagen. Ich bedaure das. Heute würde ich fragen, aber heute bin ich fast sechsundsechzig.
Wahrscheinlich bin ich deshalb zum Berufsfrager geworden, als Gegenreaktion gegen die Angst. Du hast ja nicht nur Schwierigkeiten, zu fragen, sondern fürchtest dich auch, gefragt zu werden.
Das ist richtig, ganz sicher.
Zu mir hast du, wenn ich von Selbstmord sprach, immer gesagt: Mach kein Theater!
Na ja, da würde ich heute auch vorsichtiger sein, bevor ich so etwas sage, weil ich inzwischen weiß, dass der Unter-

schied zwischen Theater und Wirklichkeit gar nicht so groß ist.
Ich hab dir ein Buch mitgebracht. Der Autor heißt Cioran. Es heißt »Vom Nachteil, geboren zu sein«.
Entsetzlich.
Du kennst doch den Thomas Bernhard. Es gibt Leute, die das Leben als sinnlos empfinden und lächerlich. Dann stellt man sich die Frage, warum das so ist. Der H.C. Artmann hat einmal zu mir gesagt: Schuld ist die Gottheit.
Also, ich würde nie einen Gott anklagen. Dazu bin ich nicht gläubig genug. Ich mache ihn weder verantwortlich für das Schlechte noch für das Gute.
Meinst du, man kann auch leben, ohne glücklich zu sein?
Ja, natürlich kann man das. Glaubst du, dass ich andauernd happy bin?
Nein, aber du sagst es nie.
Das braucht man nicht sagen.
Zu mir hast du immer gesagt, das Einzige, was du dir wünschst, ist, dass ich glücklich bin. Das ist eine unglaubliche Forderung.
Ich glaube, dass du das falsch verstehst. Ich meine nicht, man soll alles rosarot sehen und dauernd happy sein, sondern nur, man soll das Leben irgendwie akzeptieren, mit Weinen und Lachen.
Das Leben akzeptiert man, indem man lebt.
Indem man sich nicht umbringt.
Ja, nicht indem man dauernd sagt, wie gut es einem geht.
Ich mein, ich bin nicht glücklich in deinem rosaroten Sinn, aber ich freu mich zum Beispiel, wenn ich was Schreckliches überstanden hab.
Was denn?
Gott im Himmel, da kann ich dir mal was erzählen. Ich

habe schon so viele Menschen sterben gesehen erstens, und zweitens vermisst, ich hatte unendliche Schmerzen. Die sind im Krieg gefallen, meine Mitschüler zum Beispiel, alle, mit denen bin ich in die Schule gegangen, und dann sind sie hintereinander im Krieg gefallen, mein Vater, meine Mütter, weiß der Teufel, und da habe ich immer gedacht, Gott, die sind tot, die Schmerzen musst allein du aushalten.
Hat dir die Hoffnung geholfen?
Na, ganz sicher.
Hoffnung worauf?
Dass ich es überstehe, die Hoffnung wird immer größer, je mehr man überstanden hat, zum Beispiel die Hoffnung, dass es keinen Krieg mehr gibt, wenn man einen schon überstanden hat.
Kannst du Menschen verstehen, die Krieg faszinierend finden?
Ganz sicher nicht. Mich hat er fast umgebracht. Das hat mich ganz sicher geprägt. Ich habe nachts geschrien, da hab ich schon hier gewohnt, oder wenn ich mit Bekannten auf Reisen war.
Die haben dir das erzählt?
Ja, die haben gesagt, hörst, du schreist in der Nacht, was zum Teufel hast du erlebt in diesem Krieg, und dann hat meine Stiefschwester zu mir gesagt, hörst, irgendwann musst du den Krieg doch vergessen. Aber das kann ich nicht.
Was hast du geträumt?
Ich hab geträumt, wie diese Panzer über die Trecks gefahren sind, all diese entsetzlichen Sachen, über die Flüchtlingszüge, die Pferdewagen. Die sind einfach über die Menschen drübergefahren, und die waren dann tot, manche waren halb tot, da hab ich immer gedacht, ich muss das vergessen,

aber dann hab ich in einem Buch gelesen, das braucht man nicht zu vergessen, man muss nur damit leben können, man muss lernen, damit zu leben.
Und das kannst du inzwischen?
Ja, ich hab gedacht, das ist nun einmal so, und wenn einer mich schreien hört, wird er das aushalten müssen. Ich hab es auch ausgehalten. Man muss im Leben ein paar Schmerzen aushalten können.
Aber dazu braucht man doch ein Motiv.
Nein, da hilft einem der Überlebenswille. Bis zu einem gewissen Grad ist der Mensch auch nur ein Viech. Jetzt kannst du fragen, was mich von einer Kuh unterscheidet.

Hier endet das fünfte Band. Das Gespräch ging noch weiter. Später sind wir im Schlosspark des Belvedere spazieren gegangen, dann in ein Restaurant in der Innenstadt. Meine Mutter sagte, eigentlich finde sie es, wenn sie ehrlich sei, angenehm, sich einmal so auszuliefern, immerhin sei ihr das lieber, als wenn sie »in der Versenkung verschwände«.

Julia Fischer
2008

Mit vier Jahren bekam sie die erste Geige, mit dreizehn begann sie, öffentlich aufzutreten. Mit neunzehn debütierte sie in der New Yorker Carnegie Hall. Von da an war sie ein Star. Julia Fischer, Jahrgang 1983, ist unter den jungen Geigerinnen, die heute in den Konzertsälen brillieren, die glamouröseste, auch wenn sie das nicht gerne hört.
2006, knapp dreiundzwanzigjährig, wurde sie als Professorin an die Frankfurter Musikhochschule berufen, voriges Jahr mit dem britischen Grammophone Award als »Artist of the Year« ausgezeichnet. Ihre Preise sind nicht mehr zu zählen. Doch der Münchnerin, Tochter einer slowakischen Pianistin und eines Mathematikers, ist so viel Ruhm, sagt sie, lästig. Denn die Musik ist für sie ein Hochamt, das sie bei aller Leichtigkeit, die sie ausstrahlt, tiefernst zelebriert.
Den Interviewer empfängt sie mit professioneller Gelassenheit. Die Mutter zieht sich ins Untergeschoss zurück und lauscht. Als von der Schönheit ihrer Tochter die Rede ist, taucht sie wie ein Geist aus der Tiefe auf und fragt entzückt: »Finden Sie Julia schön?«
Aber natürlich! Man sollte, damit die Erscheinung nicht vom Kunstgenuss ablenkt, die Augen schließen, wenn sie

auf der Bühne steht oder … sitzt. Denn nun spielt sie auch noch Klavier! Beim Neujahrskonzert in der Frankfurter Alten Oper triumphierte sie an einem Abend mit dem dritten Violinkonzert von Saint-Saëns vor der Pause und danach mit dem Klavierkonzert von Edvard Grieg. Das gab es noch nie.

Für die hoch versicherten Hände einer Violinistin kann der harte Anschlag auf dem Piano verheerend enden. Julia Fischer aber bestand die Probe. »Ja, das war schon riskant«, sagt sie und fügt gleich hinzu: »Ich werde es wieder tun.«*

Sie sind jung, schön, vermutlich reich und – ich zitiere, was in den Zeitungen über Sie steht – »ein Geigenwunder«, »eine Jahrhundertgeigerin«.
Ja, und?
Gefällt Ihnen diese Beschreibung?
Also was über mich in den Zeitungen steht, hat mich nie so wahnsinnig interessiert. Das wahre Selbstbewusstsein liegt für mich darin, dass ich weiß, was ich nicht kann, nicht, was ich kann.
Was können Sie denn nicht?
Das bleibt mein Geheimnis.
Sie wollen die Beste sein.
Nein.
Aber das will doch jeder. Dieses Ziel muss man doch haben.
Dieses Ziel hat man vielleicht im Sport. In der Kunst ist es

---

* Laut Auskunft ihrer Agentur im Mai 2011 plant Julia Fischer keine weiteren Auftritte als Violinistin und Solopianistin; der Aufwand sei zu groß.

das falsche Ziel. Kunst ist nicht Sport. Eine Konkurrenz gibt es nicht in der Kunst.
Das stimmt nicht. Es gibt zum Beispiel den Kampf um höhere Gagen bei Opernsängern.
Also bei mir gibt es das nicht. Meine Gage interessiert mich nicht. Das machen die Agenten. Es kommt vor, dass mir ein Konzertveranstalter sagt: Was deine Agentin verlangt, übersteigt mein Budget. Aber wenn ich das Konzert unbedingt spielen will, dann spiele ich auch umsonst.
Der Geigenvirtuose Fritz Kreisler bezeichnete die Liebe zur Musik als ein Laster. Zitat: »Geigen- oder Roulettespielen, Komponieren oder Opiumrauchen sind Neigungen, die ihren Lohn in sich selbst tragen. So sind die Musiker die einzigen menschlichen Wesen, deren Laster geachtet, geehrt, ja sogar bezahlt wird...«
Stimmt.
Kreisler weiter: »Hat man die Virtuosität im Blut, so entschädigt allein das Betreten des Podiums für alle Mühe. Auch ohne dafür bezahlt zu werden, würde man öffentlich spielen.«
Stimmt absolut. Ich bin süchtig nach Musik. Sie ist für mich lebensnotwendig. Aber ich muss nicht unbedingt selbst auf der Bühne stehen. Ich bin auch als Zuhörer glücklich. Ich schaffe es nicht, eine Woche lang in kein Konzert zu gehen.
Wenn Sie nur zuhören, entfällt die Angst.
Welche Angst?
Die Angst zu versagen.
Die habe ich nicht. Denn ich stehe nicht auf der Bühne mit dem Anspruch, perfekt zu spielen, um Gottes willen, sondern ich kann nur versuchen, dem Komponisten, dessen Werk ich interpretiere, mit meinen bescheidenen Möglichkeiten gerecht zu werden.

Und wenn das misslingt?
Das könnte ich mir nur dann nicht verzeihen, wenn ich schlecht vorbereitet bin. Habe ich mich gut vorbereitet und scheitere trotzdem, dann ist das menschliches Versagen. Dafür kann ich nichts.
Man hat doch Stimmungen.
Wenn ich in schlechter Stimmung bin, rettet mich die Musik. Als reproduzierender Künstler muss man die Gabe haben, sich in andere Menschen hineinzuversetzen. Man muss erfassen, was der Komponist ausdrücken wollte, und es verwirklichen.
Die Musik, die Sie interpretieren, stammt bis jetzt ausschließlich von Männern. Meist sind sie tot.
Ja, aber ich muss nicht sterben, um das zu spielen. Ich muss auch nicht tatsächlich erlebt haben, was in der Musik, die ich spiele, zum Ausdruck kommt.
Die Abgründe, die Verzweiflung, die Lust …
Ja, ich muss das nicht aus Erfahrung kennen, sondern ich erlebe es durch die Musik. Wenn Sie Schostakowitsch spielen, erfahren Sie, wie sich jemand in einem menschenverachtenden Staat wie dem sowjetischen gefühlt hat, aber Sie müssen das nicht selbst erlitten haben, sondern Sie erleiden es durch die Kunst. Sie werden verwandelt. Ein guter Musiklehrer fragt ein Kind, das mit dem Musikunterricht anfängt, was es bei dieser oder jener Musik empfindet. Wenn das Kind ein Stück in Moll spielt, wird es das als traurig empfinden, auch wenn es diese Traurigkeit in der Realität nie erlebt hat. Das ist der Zauber der Musik, dass sie in uns Emotionen hervorruft, die wir bis dahin nicht kannten.
Kunst, sagen Sie, ist nicht Unterhaltung.

Ja, das sage ich, denn ich finde, es gibt eine Trennlinie zwischen der Kunst und dem Entertainment. Unterhalten heißt amüsieren. Das will ich nicht, sondern ich will als Künstlerin die Menschen erziehen. Ich will, dass sie fühlen lernen.
Sie wollen mit Ihrer Kunst die Welt verbessern.
Was heißt verbessern? Mir ist natürlich klar, dass ich der Welt nicht den Frieden bringen kann. Aber ich bin ein idealistischer Mensch, und ich glaube, es gäbe einige Probleme weniger auf der Welt, wären die Menschen kulturvoller erzogen.
Sehen Sie sich die täglichen Fernsehnachrichten an?
Ja, ich sehe das, und da gibt es Dinge, die mich schockieren und für eine gewisse Zeit auch lähmen. Aber ich bin stark genug, das zu verarbeiten, indem ich die negative Energie in etwas Positives verwandle. Ich habe eine gesunde Psyche. Ich kann mich zusammenreißen. Gerade, weil vieles so schrecklich ist, brauchen die Menschen ein Licht im Leben.
In einem früheren Interview sagten Sie: »Man steht im Dienste der Musik, so wie andere ins Kloster gehen und im Dienste des Glaubens stehen.«
Richtig! Die Kunst ist für mich eine Art Religion. Das unterscheidet sie von der Unterhaltung.
Kennen Sie Popstars?
Ich kenne Britney Spears, und ich habe auch den Namen Robbie Williams schon mal gehört. Aber mir ist voriges Jahr etwas Peinliches passiert. Da fragte mich ein Journalist, was ich von Tokio Hotel halte, und ich antwortete, ich wohne in Tokio immer in einem anderen Hotel. Der hat mich angesehen, als käme ich vom Mars.

Können Sie die Hysterie, die solche Boygroups auslösen, verstehen?
Ich kann das nur verstehen, wenn ich mir sage, diese Fans haben offensichtlich nichts zu tun und keinen Lebensinhalt. Die wissen mit ihrer Zeit nichts anzufangen.
Wer trägt die Schuld?
Das ist die Frage. Wir leben in einer Zeit, in der man dauernd anderes, die Eltern, die Lehrer, die Herkunft, was weiß ich, für alles verantwortlich macht, nur nicht sich selbst. Ich finde, dass der Mensch ab einem gewissen Alter für sich selbst verantwortlich ist.
Sie können leicht reden. Ihre Mutter ist Pianistin. Sie sind mit klassischer Musik aufgewachsen.
Das stimmt. Aber meine Mutter hat mich nie zur Musik gezwungen. Sie hat gemerkt, dass ich mich im Kindergarten wahnsinnig langweile, und mich zu einem Geigenlehrer geschickt.
Die japanische Geigerin Midori beschreibt in ihrer Autobiografie ihren Leidensweg als dressiertes Wunderkind. Magersucht, Selbsthass und Depressionen waren die Folge.
Ja, aber es sagt doch niemand, dass jeder Berufsmusiker werden muss. Mich hat niemand dressiert. Ich habe schon mit drei Jahren verkündet, dass ich Musikerin werden will. Ich hatte eine Puppe, die habe ich aus dem Puppenbett herausgenommen und stattdessen meine Geige hineingelegt.
Sie sind nicht nur eine gefeierte Virtuosin, sondern auch Professorin, die jüngste, die es in Deutschland je gab.
Ja, und ich verlange von meinen Studenten gleich zu Beginn einen Essay, in dem sie beschreiben müssen, warum sie sich für die Musik entschieden haben. Wenn da einer schreibt, er studiere Musik, um Erfolg zu haben, berühmt zu werden

und viel Geld zu verdienen, dann nehme ich ihn nicht, egal, wie begabt er ist.
Die meisten Musikstudenten landen dann im Orchester.
Das macht doch nichts! Es ist nicht das Höchste, Solist zu werden. Ein Orchestermusiker spielt nicht schlechter als ein Solist. Er muss nur andere Qualitäten haben. Er muss zum Beispiel auch mit einem schwachen Dirigenten gut spielen können, während sich ein Solist den Dirigenten meist aussuchen kann. Um Solist zu werden, braucht man erstens Glück, zweitens muss man gern reisen und drittens in der Lage sein, sich sprachlich auszudrücken, damit man Interviews geben kann.
Aber es träumt doch jeder davon, einmal ganz vorn zu stehen.
Mag sein, aber diesen Traum sollte man bitte nur nachts träumen, denn die Wahrscheinlichkeit, dass er sich verwirklicht, ist sehr gering.
Wie wichtig ist Ihnen Ihr Aussehen?
Gar nicht. Denn ich weiß, was im Leben vergänglich ist und was nicht.
Die Geigerin Vanessa Mae wurde berühmt, weil sie sich in einem nassen T-Shirt, durch das man die Brüste sah, präsentierte.
Ich bin nicht Vanessa Mae.
Auch Anne-Sophie Mutter setzt ihr attraktives Äußeres bewusst für ihre Karriere ein.
Ich mache das nicht.
Der Musikkritiker Harald Eggebrecht schrieb, Anne-Sophie Mutter zeige sich auf Coverfotos »als geigende Sexbombe mit tiefem Dekolleté im Rita-Hayworth-Look«.
Das ist ihre Sache. Ich hoffe, dass die Leute in meine Konzerte gehen, um mir zuzuhören, nicht, um mich anzusehen.

Meine Kleider müssen bequem sein und, da ich oft reise, möglichst unkompliziert in den Koffer passen. Sobald ich die Geige in die Hand nehme, soll man an die Musik und nicht an mein Aussehen denken. Es gab vor Jahren mal eine Diskussion mit meinem Management, weil ich ungeschminkt auf die Bühne ging. Diese Diskussion habe ich so beendet, dass von diesem Zeitpunkt an nie wieder über dieses Thema gesprochen wurde. Manchmal habe ich Lust, an mir herumzumalen, manchmal nicht. Punkt.
Sie wehren sich gegen die Vermarktung Ihrer reizvollen Erscheinung.
Ich versuche es.
Gab es Angebote?
Es gab ein Angebot des *Playboy* ...
Man wollte Sie nackt fotografieren?
Ich weiß nicht, ob die Anfrage ernst gemeint war. Aber ich habe das natürlich vehement abgelehnt. Mich hat auch Stefan Raab in seine Sendung eingeladen. Das Dumme war, dass ich gar nicht wusste, wer Stefan Raab ist.
Seien Sie froh!
Das sagen Sie! Ich habe mir danach anhören müssen, wie es möglich ist, dass ich diesen Menschen nicht kenne. Ich meine, solche Sendungen haben durchaus ihre Berechtigung. Klamauk muss sein. Aber dafür bin ich nicht zuständig.
Komponieren Sie?
Nein. Ich kann nicht komponieren. Ich kann Noten schreiben, klar. Aber, um zu komponieren, muss noch etwas dazukommen. Nennen Sie es Eingebung oder den göttlichen Funken.
Oder Ausdrucksnot.
Wenn ich mich ausdrücken will, schreibe ich Tagebuch. Ich

bin kein immer heiterer Mensch. Ich philosophiere gern. Wenn ich dunkle Gedanken habe, schreibe ich sie auf. Es gab in meinem Leben auch Dinge, die mich belastet haben.
Ihre Eltern ließen sich scheiden, als Sie dreizehn waren.
Ja, das war schwer. Aber darüber spreche ich nicht.
Wollen Sie Kinder haben?
Ja, selbstverständlich. Wozu ist man denn sonst auf der Welt?
Für die Kunst!
Das lässt sich doch gut vereinen, wenn ich es will. Nun werden Sie fragen, ob ich schon den geeigneten Mann dafür habe.
Nein.
Das ist eine von diesen doofen Journalistenfragen. Darauf antworte ich nicht. Ich sage nur, ich will eine Familie gründen, und ich werde trotzdem auf die Musik nicht verzichten müssen.* Eine Frau kann das verbinden. Ich bin keine Feministin. Ich glaube nicht an die Gleichheit von Männern und Frauen. Männer streben nach dem ewigen Glück. Mein Lebensziel ist der innere Frieden.

---

* Seit 2009 ist Julia Fischer verheiratet und Mutter eines Sohnes.

Helmut Berger
2009

»Kennen Sie Helmut Berger?« Auf diese Frage, kann einem ratloses Schweigen begegnen, das sich erst lichtet, wenn man hinzufügt: *Ludwig II*. Die Verkörperung des bayerischen Märchenkönigs in dem Film von Luchino Visconti machte den Österreicher berühmt, und als »Weltstar« wird er noch immer gerne in Talk-, gelegentlich auch Koch-Shows geladen, in denen er mit seinem gestischen Repertoire fasziniert. Ein anhaltender Lachschlager ist auf YouTube sein Auftritt bei Harald Schmidt 1996.
Zeitungsgespräche mit ihm gibt es seit Langem nicht. Denn Helmut Berger ist ein nonverbaler Mensch, dem aber inmitten verschlafenen Gemurmels, wenn man Glück hat, Geistesblitze gelingen, für die man ihn lieben muss. Ich hatte Glück. Wir trafen uns in Salzburg, wohin er vor einigen Jahren aus seiner Wahlheimat Rom übersiedelt ist. Da wohnt er nun bei seiner Mutter, ein altes, dickes Kind, zurückgekehrt in den Schoß, in dem er verschwinden will.
Zum Interview am 3. März 2009 in der Halle des Sheraton erscheint er in Begleitung seiner »Freundin« Romina, einer gertenschlanken Hotelmanagerin, die ihn bewacht und bewundert. Er sei heute »spitzenmäßig drauf«, raunt sie mir

ermutigend zu. Ich überreiche ihm die auf ausdrücklichen Wunsch aus München mitgebrachten Weißwürste samt süßem Senf. Er bestellt Wein (harte Getränke hat ihm Romina verboten) und fragt »im Scherz«, ob ich die zehntausend Euro dabeihätte, die er für das Gespräch verlange. Dann wird es lustig.

Anlass des Interviews ist der im Dezember abgedrehte Low-Budget-Film *Blutsfreundschaft* des österreichischen Regisseurs und Schauspielers Peter Kern, bekannt durch seine Arbeit mit Rainer Werner Fassbinder und seine enorme Körperfülle. Berger spielt einen Homosexuellen, der als Jugendlicher im Dritten Reich seinen Geliebten denunziert und so dessen Tod verschuldet hat. Jahrzehnte später beherbergt er einen jungen Neonazi, der ihn an die alte Liebe erinnert, und trägt seine Schuld durch politische Bekehrungsversuche ab.

Ich frage: »Was spielen Sie in Ihrem neuen Film?« Berger: »Keine Ahnung!« Er hat (mich abwechselnd siezend und duzend) soeben das vierte Glas Wein geleert und schlägt einen gemeinsamen Besuch der Herrentoilette vor. Ich lese ihm stattdessen aus seiner Autobiografie *Ich* vor. Berger sagt: »Dreck!« Die Co-Autorin Holde Heuer, einst seine enge Vertraute, beschimpft er als »dumme Zicke«. »Dreck« ist sein Lieblingswort. Auch Preise sind »Dreck«, ausgenommen jene, die er bekommen hat.

1970 war er als bester Nachwuchsdarsteller in Luchino Viscontis *Die Verdammten* für den Golden Globe nominiert. Auf der Berlinale 2007 erhielt er den schwul-lesbischen »Teddy Award« für sein Lebenswerk. Mit Liz Taylor hat er gefilmt, mit Dirk Bogarde, Burt Lancaster, Robert de Niro, unter Joseph Losey und Coppola *(Der Pate III)* und und

und. Sein Nimbus ist ungebrochen. Die Erinnerung an bessere Zeiten schützt ihn vor der Erkenntnis, dass er gestrandet ist. »Verrücktheiten«, sage ich, Visconti zitierend, »wirken nur, solange man jung und schön ist.« Helmut Berger verdreht die Augen. »Alles Dreck!«

Sie haben ein aufregendes Leben hinter sich ...
Jetzt beginnt die Gehirnoperation.
Ruhm, Rausch, Ekstase ...
Ecstasy.
Über Ihren Drogenkonsum haben Sie in Ihrer Autobiografie ausführlich berichtet.
Jetzt fang mal an!
Der Ruhm ist verblasst, dem Rausch folgte Ernüchterung. Worüber können Sie sich heute noch freuen?
Ich finde, dass jeder Tag eine Freude bringen kann. Man weiß es nicht vorher. Wenn ich jetzt sage, ich freue mich auf Kirschen, kann es sein, dass ich morgen, wenn ich Kirschen sehe, lieber Pfirsiche mag. Kennen Sie Winterkirschen?
Nein.
Die kann man nicht essen. Man kann auch kein Kompott daraus machen.* Aber darüber wollen wir nicht reden. Mach weiter!
Luchino Visconti, dessen Geliebter Sie waren und dem Sie Ihre Filmkarriere verdanken ...

---

* Winterkirschen: laut österreichischem Wörterbuch »Kotstücke an den Arschhaaren«

Müssen wir über Visconti reden? Jeder weiß, ich habe mit ihm gearbeitet, ich habe mit ihm gelebt ...
In Ihrer Autobiografie steht: »Ich werde bis zu meinem Tod seine Witwe bleiben, manchmal eine betrunkene, hysterische, aber im tiefsten Innern immer trauernde Witwe.«
In dem Buch steht nur Blödsinn. Da komme ich raus als ein homosexueller Trottel. Das habe nicht ich geschrieben.
Da steht auch, das Bett von Visconti sei das einzige Erbstück, das Sie behalten hätten. Wörtlich: »In diesem Bett schlafe ich seither.«
Quatsch! Ich habe nichts von ihm. Ich wollte auch nichts. Das ist vorbei. Ich wollte auch seine Villa nicht. Ich wusste, dass ein Testament existiert. Das hat die Familie verschwinden lassen. Ich hätte prozessieren können. Aber mir war das so scheißegal.
Trauern Sie noch um Visconti?
Sind Sie deppert?
An seinem ersten Todestag haben Sie einen Selbstmordversuch unternommen. Ihre Haushälterin hat Sie gerettet.
Das habe ich gemacht als Zeichen meiner Liebe, um ihn zu ehren. Das war von mir planmäßig organisiert.
Wie?
Ich hatte mir schon Monate davor ein Programm gemacht, denn ich wollte am gleichen Tag wie Visconti sterben. Zuerst hab ich mir Mut angesoffen, dann hab ich die Tabletten geschluckt. Er war ja mein Rückgrat. Ich war sein pupillo ...
Sein Ziehsohn.
Ja, und ich habe, als er weg war, gemerkt, dass ich auch in der Arbeit große Probleme hatte, weil man sagte, ich sei ein typischer Visconti-Schauspieler, was mir total auf die Eier ging. Ich wollte andere Rollen spielen.

Später sagten Sie, Sie seien sich manchmal nicht sicher, ob es Sie freuen soll, überlebt zu haben.
Klar war ich sicher.
Sie wollen leben?
Auf alle Fälle. Ich will hundert werden, das wäre wunderschön. Ich hab auch beim Sex immer aufgepasst, damit ich kein Aids bekomme. Als man noch nicht wusste, wie man sich ansteckt, habe ich mein eigenes Glas und einen eigenen Teller ins Restaurant mitgenommen.
Die deutsch-italienische Philosophin Paola-Ludovika Coriando, die ein Buch über Sie geschrieben hat, meint, Sie verkörpern, Zitat, »glanzvolle Schönheit und enigmatische Tiefe, Unschuld und Erotik, Hingabe und Selbstzerstörung ...«
Wieso Selbstzerstörung? Ich bin ja nicht Mickey Rourke.
Sie bezieht das auf Ihre Schauspielkunst.
Da stimmt kein Wort.
Sie meinen, Sie haben sich nicht zerstört?
Überhaupt nicht. Ich hab nur alles ausprobiert, Drogen, Kokain, dödödö, und dann damit aufgehört, weil ich gemerkt hab: Das bringt nichts. Ich bin heute gegen Drogen.
Legendär ist Ihr Auftritt bei einem Empfang der monegassischen Fürstenfamilie*, als Sie nach der Einnahme von Kokain in die Hose machten.
Ach, diese Geschichte, schnarch, das ist ewig her. Aber ich hab mich ja nicht absichtlich angeschissen. Ich hab nur gefurzt, und weil ich schlechtes Kokain bekommen hatte, kam hinten was anderes raus. Privat hab ich immer gemacht, was ich wollte. In der Arbeit war ich diszipliniert.

---

* Rotkreuzball 1971 in Monte Carlo

Die Arbeit ist Ihre Therapie.
Ja, ich liebe meine Arbeit. Deshalb lebe ich momentan in der Verzweiflung, weil ich nicht weiß, was ich machen soll. Ich fühl mich noch nicht wie ein Pensionist, der im Kaffeehaus herumhängt. Mir wird alles zu eng. Salzburg wird mir zu eng, und wenn ich nach Gstaad zum Skiurlaub fahre, wird es mir auch zu eng, weil ich da jeden kenne, und in Sankt Moritz wird es mir auch zu eng, und in New York und in Rio. Ich weiß nicht, auf welchem Planeten ich noch Platz genug habe. Ich bräuchte eine Herausforderung. Wenn keine Stimulation da ist, werde ich ...
Lebensmüde.
Nein, unsatisfied. I want satisfaction.
In Ihrem neuen Film, »Blutsfreundschaft«, der im Herbst in die Kinos kommt, spielen Sie einen zweiundachtzigjährigen Schwulen ...
Nein!
So steht es im Drehbuch.
Der Otto Kern wollte es so, aber ich hab keinen Schwulen gespielt. Ich hab das Drehbuch total umgeschrieben.
Der Regisseur heißt Peter Kern. Otto Kern ist ein Modeschöpfer.
Ja, mit dem bin ich befreundet. Der Herr Kern hat gesagt, ich soll es so und so machen. Dann habe ich ihm gezeigt, wie ich es auf meine Art mache, und das war immer das Beste. Ich meine, nach siebzig Filmen, die ich gedreht habe, kann mir doch der Herr Kern nichts erzählen. Er ist ja zuckerkrank und hat seine Anfälle gehabt und herumgebrüllt. Aber nicht mit mir! Ich bin aufgestanden und bin gegangen, und wenn er sich beruhigt hatte, bin ich wiedergekommen. Ich hab auch dem Kameramann gesagt, welches Licht ich

brauche. Die Kamera muss für mich da sein, nicht ich für die Kamera.
Ursprünglich sollte Otto Schenk Ihre Rolle spielen, aber der hat hunderttausend Euro verlangt. Das war dem Produzenten zu teuer.
Der Otto Schenk ist doch keine hunderttausend Euro wert. Da müsste ich ja fünfhunderttausend verlangen.
Wie hoch war Ihre Gage?
Ich hab gar nichts bekommen.
Sie scherzen.
Zwei Coca-Cola.
Wovon leben Sie?
Von der Luft. Ich kann von allem leben, auch von Kartoffelsalat und Gurken.
Alexander von Schönburg hat Ihnen in seinem Buch »Die Kunst des stilvollen Verarmens« ein ganzes Kapitel gewidmet.
Wer ist Schönburg?
Der Bruder der Fürstin von Thurn und Taxis. Er nennt Sie einen »Helden der Armut«.
Der dachte vielleicht, ich fahr noch immer im Rolls-Royce herum oder im Maserati. Das ist Schnee von gestern. Früher hab ich die Rolls-Royce gewechselt wie Unterhosen.
Heute wohnen Sie bei Ihrer fast neunzigjährigen Mutter.
Ja, ich kümmere mich um sie. Sie ist jetzt ein Pflegefall. Ich bin verantwortlich für sie. Sie hat mich ja nie gesehen, weil ich mein Leben lang unterwegs war. Als Schüler kam ich auf ein katholisches Internat nach Feldkirch, dann auf die Hotelfachschule in Bad Hofgastein, und mit achtzehn bin ich über Nacht von zu Hause weg. Vielleicht hat mich eine Tse-tse Zanzara gebissen.
Eine was?

Eine Stechmücke. Ich weiß es nicht. Ich musste fort, zuerst in die Schweiz, dann nach London, von da nach Jersey, dann nach Italien, tütütü ...
Fürchten Sie den Tod Ihrer Mutter?
Ja, weil ich kann mit so etwas nicht umgehen. Manchmal stoße ich sie an, wenn sie schläft, um zu sehen, ob sie noch lebt. Ich weiß gar nicht, was man für ein Begräbnis alles machen muss, diesen ganzen Papierkram. Aber heute Nacht habe ich toll geträumt. Der Yves Saint-Laurent* ging in einem dunkelblauen Anzug zu seiner Beerdigung, nicht in Schwarz. Da dachte ich, ich werde auch in Dunkelblau gehen. Ich werde den Tod meiner Mutter verkraften.** Es wird alles verkraftet.
Was hält Sie am Leben?
Das könnte ich Sie genauso fragen. Was hält Sie am Leben als Journalist? Das ist doch ein langweiliger Beruf. Ich könnte zum Beispiel nie ein Interview mit Boris Becker machen oder mit Uschi Glas.
Ich auch nicht.
Das wäre verlorene Zeit. Was soll ich denn den Scheiß-Becker fragen? Ob er jetzt wieder eine andere Freundin hat?
In einem Interview mit dem »Playboy« antworteten Sie auf die Frage, ob Sie einen zweiten Selbstmordversuch für möglich hielten: »Ja, warum nicht? Wenn ich finanziell am Ende wäre, würde ich Schluss machen.«
Da war ich wahrscheinlich bekifft. Wann war denn das?

---

* Der Modeschöpfer Yves Saint-Laurent verstarb am 1. Juni 2008 in Paris.
** Hedwig Steinberger starb am 10. Oktober 2009.

1982.
Jetzt haben wir 2009. Im Mai werde ich fünfundsechzig.
»Mit dem Alter werden die Ohren länger, die Haare wachsen aus der Nase, und der gute Freund wird auch nicht größer.«
Ist das von mir?
Ja, ein schöner Satz. Aber warum werden die Ohren länger?
Weil man sich an den Ohrläppchen zieht. Meine Läppchen sind ganz dick. Greif mal mein Läppchen an!
Sie sind komisch.
Ich finde mich überhaupt nicht komisch.
Müssen Sie nicht manchmal über sich lachen?
Doch, beim Wichsen, wenn er nicht steht.
Das ist doch tragisch.
Überhaupt nicht. Ich verarsche mich gern beim Sex, und ich verarsche auch die Leute, mit denen ich schlafe.
Woran denken Sie beim Masturbieren?
An meinen letzten Fick. Ich brauche dafür kein Internet und keinen Fernseher. Ich hole es aus dem Kopf. Aber jetzt geh ich mal Pipi machen ... (*Er geht und kommt wieder.*) Was willst du noch fragen? Mach schneller!
In jungen Jahren galten Sie als der schönste Mann der Welt.
Das hat eine englische Zeitung geschrieben, weil ich den Dorian Gray gespielt hatte. Ich hab, als ich jung war, besser ausgesehen als Brad Pitt, tausendmal besser. Ich hatte auch später noch Angebote aus Hollywood. Aber ich hab den Produzenten gesagt, ich geh da nicht hin, das hab ich denen klar ins Gesicht gesagt. Amerika ist nicht mein Land.
In der Fernsehserie »Denver-Clan« hatten Sie eine Gastrolle.
Das hab ich nur wegen des Geldes gemacht. Ich bin Europäer. Ich hasse alles, was aus Amerika kommt, obwohl: Jetzt haben wir einen schwarzen Präsidenten, das find ich ganz

toll. Dann kommt noch ein schwarzer Papst, das wird noch besser, und dann eine schwarze Päpstin.
Interessieren Sie sich für Politik?
Nein. Ich weiß Bescheid. Aber ich kann soundso nichts ändern. Ich war gegen den Vietnamkrieg. Deshalb wurde ich ein Hippie, ein flower child mit Gruppensex und sex liberation, dann wurde ich ein Punk, es war immer was los, das waren so Perioden. Ich hab das alles durchgemacht. Es war Spaß. Aber ich war nie ein Politiker. Ich geh auch nicht wählen. Visconti wollte immer, dass ich mich mit Politik mehr beschäftige. Er war ja Kommunist ...
Und trotzdem, was die Zukunft betrifft, pessimistisch.
Ich weiß gar nicht, was Pessimismus ist.
Er glaubte, dass wir dem Untergang entgegenschlittern.
Das kann leicht sein. Jetzt haben wir die Finanzkrise, die kommt wie alles Schlechte auch aus Amerika ... Haben Sie die Oscar-Verleihung gesehen? Entsetzlich! In der ersten Reihe saß die Sophia Loren, die alte Kuh, braungebrannt, mit Perücke und einem Riesendekolleté. Geschmacklos! Die konnte doch nie etwas anderes spielen als Neapolitanerinnen in Fetzen.
Sie sprechen nicht freundlich über Ihre Kollegen.
Das kommt darauf an. Mit Liz Taylor war ich befreundet, mit Jack Nicholson, Ursula Andress, Romy Schneider, Mastroianni blablabla. Die Romy war für mich auch ein Vorbild, weil sie von einer Rolle in die andere springen konnte.
Sie floh vor ihren Depressionen.
Ja, mal war sie ganz oben, dann, tschumm, ganz unten. She touched me very much. Sie ist geflogen im Kopf, Wahnsinn! Aber sie hatte ja auch genügend Grund, depressiv zu sein: immer die falschen Männer, der Tod ihres Kindes ...

Der erste falsche Mann war Alain Delon.
Dafür hat sie ja bitter büßen müssen. Die Romy hat sich immer nur in Schweine verliebt.
Alain Delon war als Schauspieler Ihr Konkurrent.
Waas? Ich hab nie Konkurrenz gehabt. Seit wann hab ich Konkurrenz? Der Delon ist doch gar kein Schauspieler, sondern ein Strichbursche, das arme Arschloch. Es gibt Leute, die ihre Karriere durchbumsen. Das habe ich nicht gemacht.
Immerhin hatten Sie mit Visconti auch eine sexuelle Beziehung.
Das war aber der Einzige. Ich bin kein Strichbursche. Sind Sie verrückt? Wo ist Strychnin? Ich musste doch nicht bumsen, damit ich eine Rolle bekomme. Was glaubst du, wie lange ich hätte bumsen müssen, um Ludwig den Zweiten zu spielen!
Was für schöne Haare Sie haben.
Gefärbt. Hier … (*zeigt nach unten*) sind sie nicht gefärbt.
Weißes Schamhaar?
Ich hab kein Schamhaar, weil mir das meine Freundin immer abrasiert in between. So ein blödes Thema! Ich möchte noch einen Gespritzten. Sie auch? Sind wir fertig?
Haben Sie je mit dem Gedanken gespielt, sich psychiatrisch behandeln zu lassen?
Nie! Zum Psychiater geht man doch nur, wenn man leidet.
Leiden Sie nicht?
Ich leide nur in der Arbeit, weil ich immer denke, ich könnte es besser machen. Andere können das überspielen. Aber ich bin ja kein technischer Schauspieler. Ich bin kein Brandauer zum Glück. Der war gut als Mephisto, aber sonst …
Ich bin auch kein Maximilian Schell, der nur Dreck macht

und seine Schwester verkauft hat.* Ich bin nie mit meiner Leistung zufrieden, my way of acting, verstehst du? Aber privat leide ich nicht.

Es war zu lesen, Sie hätten sich von dem brasilianischen Schönheitschirurgen Ivo Pitanguy liften lassen.

Geh, schau ich so aus? Der Ivo ist ein Freund von mir. Ich hab ihn auf seiner Privatinsel besucht. Aber was da geschrieben wird, ist alles Dreck. Ich wurde, als ich jünger war, von der Presse gejagt. Ich war Freiwild. Das bin ich jetzt nicht mehr. Jetzt bin ich ein Hirsch und steh unter Artenschutz.

Jetzt sind Sie ein alter Mann.

Alt und dick. Mit meinem Bauch kann man mich bald nur noch im Schatten filmen wie Marlon Brando in *Apocalypse now*. Aber das ist mir wurscht. Ich steh zu meinem Alter. Mir war immer nur wichtig, dass ich mit mir selbst glücklich bin. Morgen kann mir ein Ziegel auf den Kopf fallen, und ich bin tot. So ist das Schicksal.

Haben Sie Angst vor Krankheit?

Ich hab sowieso Krebs.

Sie haben Krebs?

Ja, das bild ich mir ein. Aber was soll's!

Was soll auf Ihrem Grabstein stehen?

»Respekt«.

---

* Anspielung auf Maximilian Schells Dokumentarfilm *Meine Schwester Maria* über die an Demenz erkrankte Maria Schell

Günter Grass
2009

Ein Interview mit Deutschland berühmtestem Schriftsteller ist ein Kampf gegen die Redeflut, mit der dieser erstaunlich vitale Mann, der am 16. Oktober zweiundachtzig wird, den Interviewer schier überschwemmt. Denn was er sagt, kennt man schon alles. Eingesunken sitzt er mir in seinem Lübecker Büro, dem »Grasshaus«, gegenüber, das von Hilke Ohsoling, einer spritzigen Sylterin mittleren Alters, verwaltet wird. Zuvor hat mich die lebhafte Dame kundig durch die zwei Etagen geführt, in denen ich die Lithografien, Skulpturen und Entwürfe des, wie man weiß, nicht nur schreibenden, sondern auch bildenden Künstlers besichtigen durfte, Pilze und Kochmützen als Phalli, liegende Knaben mit hoch aufgerichtetem Glied, in Bronze gegossene Buchseiten, Selbstporträts, tanzende Paare.

Günter Grass, ungefärbt schwarzhaarig, präsentiert sich unübersehbar als ein Ausbund an Sinnlichkeit. Helmut Frielinghaus, sein Lektor, dessen Vermittlung ich das Treffen verdanke, hatte mir, dem vor der Begegnung mit dem Literaturgiganten Bangenden, beruhigend versichert: »Keine Angst, er spricht gern.« Aus den zwei Stunden, die mir für das Interview versprochen waren, wurden fast fünf. Als ich längst keine Fragen mehr hatte und meine Widerstandskraft gegen die redselige Lebensfreude des um zwanzig Jahre Älteren allmählich erlahmte, kam aus einem Nebenraum seine Ehefrau Ute, die ihn chauffiert hatte, da er keinen Führerschein besitzt. Grass wohnt zurückgezogen in Behlendorf, fünfundzwanzig Kilometer von Lübeck entfernt. Das Frühjahr verbringt er in seinem Haus in Dänemark, den Herbst in Portugal.

Nun spielte man einander zu Weißwein und der obligaten Pfeife, die immer wieder erlosch, da man nicht gleichzeitig sprechen und rauchen kann, Anekdoten zu: »Erzähl du! Du kannst das besser.« Ein Beispiel: In Danzig, dem Geburtsort des Dichters, sollte ihm ein Denkmal errichtet werden, gegen das er sich, da er noch nicht tot sei, verwahrte. Als Ersatz schlug er vor, die Wohnungen jener Altbauten, in denen es immer noch von mehreren Mietparteien zu benutzende Etagenklos gebe, mit eigenen Toiletten auszustatten, die man zum Gedenken an den großen Sohn als »Grasstoiletten« bezeichnen möge.

Besonders liebt er es, mit Kollegen verwechselt zu werden. Nach einer Lesung im Berliner Theater am Schiffbauerdamm drei Tage vor dem Interview bat ihn eine junge Dame um ein Autogramm. Sie sei zwar gerade auf dem Weg, sich in die Kondolenzliste für den verstorbenen Michael Jackson einzutragen. »Aber Sie leben ja noch, Herr Wallraff.« Großes Gelächter.

Ausführlich berichtete Grass auch über seinen nächsten Roman (*Grimms Wörter*), der in einem Jahr erscheint, ließ mir aber nach dem Gespräch ausrichten, ich solle das bitte schön nicht verwenden, damit keine unerwünschten Nachfragen kämen. In den opulenten, mit hocherotischen

Zeichnungen ausgestatteten Gedichtband *Letzte Tänze* schrieb er mir: »Für André Müller nach einem vergnüglichen Gespräch …«. Als ich im Grass-Buchladen, der sich im Parterre befindet, dem Verkäufer gegenüber meine Bewunderung für die enorme Produktivität seines Herrn ausdrückte, riet mir der launige Buchhändler: »Rauchen Sie Pfeife und trinken Sie Rotwein! Vielleicht funktioniert's.« Günter Grass aber, so hatte er mir versichert, trinkt beim Schreiben ausschließlich Tee.

Sie werden im Herbst zweiundachtzig. Ihre Schaffenskraft ist ungebrochen.
Ja, gegen alle Widerstände.
In Ihrem autobiografischen Roman »Die Box« wundern sich Ihre Kinder, »wie er das jedes Mal hingekriegt hat: ein Bestseller nach dem anderen, gleich was die Zeitungsfritzen darüber zu meckern hatten«. Eine Erklärung dafür haben die Kinder nicht.
Ich habe auch keine Erklärung. Ich bin ja selbst überrascht, aber auch dankbar. Bei meinen Lesungen sitzen drei Generationen im Saal, das freut mich. Meine Söhne und Töchter, die inzwischen alle erwachsen sind, schütteln manchmal den Kopf über mich, weil ich immer noch weitermache. Die sind der Meinung, dass ich mich jetzt mehr zurücknehmen und ruhiger werden und das Alter genießen sollte. Aber es hilft nichts. Ich kann nicht anders als schreiben.
Als Sie Ihren ersten und bis heute berühmtesten Roman »Die Blechtrommel« begannen, der vor fünfzig Jahren erschien, hat Sie, so sagten Sie, die Sprache »als Durchfall erwischt«.
Ja, und der Durchfall hält an, wenn Sie so wollen. Man ist verblüfft und auch erschrocken als Autor, wenn man sich

bei schreibender Arbeit plötzlich wie ein Instrument fühlt. Die Figuren gewinnen eine Selbstständigkeit, und man erkennt, dass die Literatur ein Eigenleben entwickelt.

Tanzen Sie noch?

Ja, ich tanze noch, und ich habe die Absicht, weiterzutanzen. Nur mit dem Kopfstand wird's schwieriger. Es war Tradition, dass ich alle fünf Jahre an meinem Geburtstag im Kreis der Familie einen Kopfstand vorführe. Den habe ich auf Wunsch der Kinder an meinem achtzigsten Geburtstag nicht mehr gemacht. Man hat ihn mir verboten aus Angst um meine Gesundheit. Mit fünfundsiebzig habe ich ihn noch geschafft, etwas krumm zwar, aber es ging noch.

Leiden Sie unter dem Alter?

Na ja, es zwickt und zwackt da und dort. Ich habe Bypässe in beiden Beinen. Aber ich kann nicht klagen. Der Vorteil des Alters ist, dass man vieles, das früher wie selbstverständlich an einem vorbeilief, den Wechsel der Jahreszeiten zum Beispiel, deutlicher wahrnimmt.

Weil man denkt, man erlebt es vielleicht zum letzten Mal.

So ist es.

In Ihrem 2003 erschienenen Gedichtband »Letzte Tänze« feiern Sie Ihre sexuelle Potenz. Ein Gedicht trägt den Titel »Heftige Stöße«. In einem anderen heißt es: »Komm, lieg bei mir, solang mein Einundalles steht ...«

Darin drückt sich eine Dankbarkeit aus, dass es noch geht in meinem Alter.

Dankbarkeit wem gegenüber?

Na, ihm gegenüber, dass er noch steht.

Gelänge die Erektion nicht mehr, das wäre das Ende?

Das will ich nicht sagen. Ich würde es mit Bedauern feststellen, aber ich würde ganz gewiss weiterschreiben.

Finden Sie es nicht schrecklich, dass wir sterben müssen?
Nein, nein! Also die Vorstellung, ewig zu leben, diese Sucht nach medizinisch gesicherter Unsterblichkeit ist doch eine Horrorvorstellung. Die Welt würde aus Greisen bestehen. Wissen Sie, seit meinem Roman *Die Rättin*, der ja von der Kritik niedergemacht wurde, bei anderen Büchern hat sich das dann noch gesteigert, ist mir unsere Endlichkeit und auch die Endlichkeit des Menschengeschlechts auf diesem Erdball besonders deutlich geworden. Der Mensch ist hier, gemessen an der Existenz der Erde, nur ein flüchtiger Gast. Wir sind ja dabei, unsere Selbstvernichtung vorzubereiten. Aber es gibt die Möglichkeit, dass bestimmte widerstandsfähige Organismen es schaffen, unseren Untergang zu überleben, sodass sich der Planet in Zeiträumen, die wir nicht überschauen können, von den Menschen erholt.

Schon 1982 konstatierten Sie düster: »Die Vernichtung der Menschheit hat begonnen.«
Das war anlässlich der Verleihung des Feltrinelli-Preises in Rom. Da geschah etwas sehr Interessantes. In der ersten Reihe saß der von mir hochverehrte italienische Staatspräsident Pertini, es wurden zahllose Reden gehalten, und er war eingeschlafen. Dann sprach ich. Sein Sekretär gab ihm die Übersetzung, da wurde er plötzlich ganz wach und hat mich danach umarmt.
Darf ein Politiker, der doch Lösungen anbieten muss, Ihren Pessimismus teilen?
Ich möchte nicht, dass Sie das Pessimismus nennen. Die Vorhersage des Menschheitsendes ist eine angemessene, auch demutsvolle Einsicht in die Tatsachen, die sich aus unserem Verhalten ergeben. Wir sind zu allem Möglichen fähig in einer Beschleunigung ohnegleichen. Technische Erfindungen kommen über uns, die wir nicht beherrschen. Die Gesetzgebung hinkt hinterdrein. Wir haben nicht gelernt, zu dem, was wir können, aus Vernunft Nein zu sagen. Die Erkenntnis, dass es zu Ende geht, kann sich jedoch mit dem Wunsch verbinden, dass wir den Erdball wenigstens auf erträgliche Art und Weise verlassen.
Mit Anstand.
Ja, mit Anstand, mit wenig Müll, ohne strahlende Körper, ohne Hinterlassenschaft, die noch zerstörerisch wirkt, wenn wir längst weg sind.
Sind letztlich nicht auch Kunstwerke Müll, diese Massen von Büchern, Bildern, Skulpturen und konzeptuellen Installationen?
Das will ich nicht sagen.
Was ist die Rettung?

Das weiß ich nicht.
Joseph Beuys, den Sie nicht sonderlich schätzen, hat das reine Denken zur Kunst erklärt.
Was heißt reines Denken? Nichts ist rein. Das habe ich in meinem Roman *Hundejahre* beschrieben. Das Salz ist nicht rein. Der Schnee ist nicht rein. Auch das Licht ist nicht rein. Es gibt kein Schwarz und kein Weiß. Es gibt nur Grautöne. Das ist das Geheimnis der Grafik, die ich ja auch betreibe.
Ja, aber ich spreche vom Denken, das sich nicht in einem Werk materialisiert und daher keinen Müll hinterlässt.
Nur denken geht nicht. Beuys hat jeden zum Künstler erklärt. Also fingen alle an, Kunst zu machen, obwohl sie gar kein Talent dazu hatten, und jetzt haben wir dieses austauschbare Zeug, das man überall sehen kann.
Haben Sie eine Utopie?
Nein, aber ich bin schon nach Zukunft verrückt und nach dem Möglichen, das sich entwickeln kann.
Sie sagen: »Die Literatur lebt von Krisen. Zwischen Trümmern lebt sie auf. Sie hört den Wurm ticken ... * Wir Schriftsteller sind Leichenfledderer. Wir leben von Fundsachen, so auch von den rostigen Hinterlassenschaften des Krieges.«** Das bedeutet: In der Katastrophe finden Sie Ihren Stoff.
Wenn Sie von Katastrophen sprechen, dann denke ich unter anderem an dieses jetzt zu Recht große Jammern über die Finanzwirtschaftskrise, die im Grunde eine Systemkrise

---

* Rede anlässlich der Verleihung des Prinz-von-Asturien-Preises, Oktober 1999, zitiert nach Helmut Frielinghaus, *Das Günter Grass Lesebuch*, München, 2009, S. 387
** Rede zur Eröffnung des internationalen PEN-Kongresses in Berlin, Mai 2006, zitiert nach Frielinghaus, S. 358

ist, und die sozialen Folgen, die schrecklich sind. Dennoch bin ich überzeugt, dass die Künste davon profitieren werden.
Ja, eben.
Wenn wir es auf die schreibende Kunst beziehen, so wird diese Krise ablenken von der heute grassierenden Ich-Literatur, wo nur die eigene Befindlichkeit im Vordergrund steht.
Ist es nicht zynisch, zu sagen, dem Schriftsteller nützt das Unheil, weil es seine Kunst beflügelt?
Wieso ist das zynisch? Das ist doch ein Plus, wenn eine Krise wenigstens das zuwege bringt.
Würden Sie für eine heile Welt auf die Kunst verzichten?
Das habe ich jetzt nicht verstanden.
Wäre die Welt in Ordnung, wird nach Ihrer These die Kunst überflüssig.
Aber ich bin doch nie davon ausgegangen, dass die Welt in Ordnung sein könnte. Das kann gar nicht sein.
Es entspricht nicht dem Schöpfungsplan.
Erstens das, zweitens ist die Beschwörung des Endziels einer beglückten Welt, wie sie in allen Ideologien vorkommt, immer mit Schrecken und Terror verbunden. Jede Utopie hat diesen Zwang zum Glück als Ziel. Das lehne ich ab. Da halte ich mich lieber an die Erkenntnis von Kant, der sagt, der Mensch ist ein krummes Holz, daraus kann nichts Gerades gezimmert werden. Sonst bricht es.
Sie kämpfen für eine bessere Welt, aber Sie glauben nicht, dass sie möglich ist.
Ich gehe davon aus, dass die Welt, in der wir leben, ein Chaos ist. Aber ich lebe gern. Ich liebe das Leben. Ich war viel in Asien unterwegs. Eine Zeit lang lebte ich mit meiner Frau

in Kalkutta. Dort habe ich angesichts der Armut und des Elends der Menschen, die dennoch eine ungeheure Vitalität ausstrahlen, etwas für mein Leben gelernt.
Was?
Im Vakuum heiter bleiben. Man darf nicht zu viel wollen. Ich wünsche mir ein Chaos mit verbesserter Ausführung. So habe ich das einmal genannt.* Ein Politiker muss pragmatisch handeln.
Aber Sie sind doch Künstler.
Entschuldigen Sie, ich bin auch gleichzeitig Bürger. Das ist, wenn Sie so wollen, eine schizoide Situation. Ich wusste mit vierzehn Jahren, ich will Künstler werden, aber ich gehöre noch zu der Generation, die sich unter anderem fragen musste, wie es zum Zusammenbruch der Weimarer Republik kommen konnte als Voraussetzung für alles, was dann geschah. Wenn ich ein Gedicht schreibe, brauche ich keine Kompromisse zu machen, aber wenn ich mich gesellschaftlich betätige, lebe ich vom Kompromiss. Das ist eine der Lektionen, die ich verstanden habe.
Sie werden auch dieses Jahr wieder für die SPD Wahlkampf machen.

---

* Grass bezieht sich hier auf sein Gedicht *Schreiben*: »... Wo ist der Zündschlüssel? Den Zündschlüssel streichen. Mitleid mit Verben. An den Radiergummi glauben. Im Fundbüro einen Schirm beschwören. Mit der Teigrolle den Augenblick walzen. Und die Zusammenhänge wieder auftrennen. Weil ... wegen ... als ... damit ... um ... Vergleiche und ähnliche Alleskleber. Diese Geschichte muss aufhören. Mit einem Doppelpunkt schließen: Ich komme wieder. Ich komme wieder. Im Vakuum heiter bleiben. Nur Eigenes stehlen. Das Chaos in verbesserter Ausführung. Nicht schmücken – schreiben:«

Ich werde in einigen Wahlkreisen im Osten Deutschlands, in der Uckermark, in Stralsund, dem Wahlkreis der Bundeskanzlerin, in Berlin, Halle und Dresden sprechen. Die SPD ist dort auf einem Tiefpunkt. Das Minimalziel ist die Verhinderung einer schwarz-gelben Koalition mit der FDP, denn diese Partei propagiert einen Neoliberalismus, der verantwortlich ist für das wirtschaftliche Desaster, das wir jetzt haben.

Diese Koalition wird aber kommen.

Was heißt, die wird kommen? Ich werde mein Scherflein dazu beitragen, dass die nicht kommt.

*Sie werden scheitern.**

Ich habe in meinem politischen Leben Siege erlebt und natürlich auch eine Menge Niederlagen, aber ich bleibe dabei, dass die Sozialdemokratie, diese älteste demokratische Partei, immer noch der verlässlichste Garant dafür ist, dass die sozialen Unterschiede, die immer gravierender werden, denn wir sind heute schon wieder mitten drin in einer Klassengesellschaft, zu mildern sind.

Darf ich Ihnen ein Zitat von Ernst Jünger vorlesen, einem Autor, den Sie von Natur aus immer abgelehnt haben?

Ich hatte mit Ernst Jünger nur eine indirekte Begegnung, das war, als mein Roman *Ein weites Feld* herauskam und Marcel Reich-Ranicki und all die anderen darüber herfielen wider besseres Wissen. Da wurde auch Jünger befragt, und er antwortete, das Buch sei sehr gut geschrieben.

In »An der Zeitmauer« schreibt Jünger: »Die Welt ist von Ver-

---

* Bei der Bundestagswahl am 27. September 2009 errangen CDU und FDP, wie prognostiziert, eine schwarz-gelbe Regierungsmehrheit.

nünftigen erfüllt, die sich gegenseitig ihre Unvernunft vorwerfen. Die Dinge nehmen trotzdem ihren Gang, und zwar offensichtlich einen ganz anderen, als alle beabsichtigen. Wer ihn beobachtet, ist näher an den Quellen, als wenn er den Parteien zugehört.«

Das ist ein sehr abgehobener, elitärer Standpunkt.
Fühlen Sie sich nicht gelegentlich ohnmächtig mit Blick auf das Weltgeschehen?
Sie sind mir mit dem Wort »Ohnmacht« zu rasch bei der Hand. Ich will Ihnen ein Beispiel nennen: 1969 gelang es dem Sozialdemokraten Gustav Heinemann, damals Justizminister in einer Koalition mit der CDU, ein Gesetz zur rechtlichen Gleichstellung unehelicher Kinder im Erbschaftsfall, das jahrelang umstritten war, durchzubringen. Das war nicht Ohnmacht, und stellen Sie sich vor: Das freut mich noch heute.
Wie rührend!
Das ist doch nicht rührend! Ich bin nach wie vor der Meinung, dass man sich als Schriftsteller nicht im Jüngerschen Sinne über alles erheben darf, sondern dass zu einer Demokratie, die sich ja in Parteien artikuliert, die Parteinahme dazugehört. Wer sich als Künstler nicht einlässt auf die Dinge, die ihn umgeben, auf diese Materialfülle einander widersprechender Fakten, auf das gelebte Leben, der kann nicht zu jener Dichte gelangen, die Kunst erst ausmacht. Die Romane von Fontane oder des von mir geliebten Döblin oder Zola in Frankreich leben von der Anschauung der Wirklichkeit. Oder lesen Sie Heine, der sich an der Tagespolitik gerieben hat, woraus die wunderbarsten Gedichte entstanden sind, oder Gottfried Keller! Ich bin aufgrund meiner in jungen Jahren gesammelten Erfahrungen nicht

den abgehobenen Weg gegangen. Aber ich toleriere auch das andere, einen Stefan George oder einen Durs Grünbein, der sich abkapselt und sich in einer gewissen Überproduktion an Metaphern zu verlieren droht.

Was zählen Sie politisch zu Ihren größten Erfolgen?

Ich bin in Grenzen stolz darauf, dass ich mithelfen konnte, die von mir als richtig erkannte Ostpolitik Willy Brandts zum Erfolg zu führen, der die Vorstufe zur deutschen Einheit geschaffen hat.

Sie meinen, ohne Brandt wäre Deutschland nicht wiedervereinigt?

Na, ganz gewiss nicht! Helmut Kohl hat dann schlauerweise auf Brandts Politik aufgebaut, die zuvor gegen ungeheure Widerstände, auch von Kohl, durchgesetzt wurde. Die

Diffamierungen, die Brandt von der Gegenseite ertragen musste, die ihn als uneheliches Kind, Kommunisten und Vaterlandsverräter beschimpfte, sind ungeheuerlich.
Kohl wurde auch beschimpft: als dumpf und dumm, als »die Birne«.
Aber das ist doch …!
Jetzt werden Sie wütend.
Ja, weil man nicht Äpfel mit Birnen vergleichen kann. Die deutsche Einheit, wie sie von Kohl dann durchgeführt wurde, war ein großer Fehler. Man hat aus wahltaktischen Gründen und gegen alle Warnungen, auch von Fachleuten, ruck, zuck die D-Mark in den Ostländern eingeführt, wodurch jegliches DDR-Produkt von einem Tag auf den anderen auf null gebracht wurde. Das brach alles weg. Ich verstehe den Wunsch der Menschen nach einer harten Währung, aber ich finde es unverantwortlich, wenn ein Politiker nicht auf die Folgen hinweist. Die Menschen wurden verführt, und danach sagte man, sie seien selber schuld, wenn sie das Geld sofort ausgeben für Reisen nach Ischia oder Mallorca.
Da wollten sie nach Jahrzehnten der Isolation halt mal hin.
Ja, sicher. Aber man hätte ihnen erklären müssen, wohin das führt. Ich kritisiere das Überstürzte. Das war keine Vereinigung, das war Anschluss, und zwar unter Missachtung des Grundgesetzes, in dem steht, dass das deutsche Volk im Falle der Einheit eine neue Verfassung bekommen müsse, damit den siebzehn Millionen Ostdeutschen die Möglichkeit gegeben wird, sich einzubringen … Aber Sie winken ab. Das interessiert Sie gar nicht.
Ich habe das alles schon oft von Ihnen gehört und gelesen. Ihr Standpunkt in dieser Frage ist ja zur Genüge bekannt.

Ja gut. Sie haben sich vorbereitet. Das ist bei Journalisten sehr selten.

Mich stört Ihre Selbstgewissheit.

Ich würde nicht für mich in Anspruch nehmen, dass ich mir in allem sicher bin.

Wie trösten Sie jemanden, der sich in dunklen Momenten, von Zweifeln verfolgt, wünscht, wie schon Sophokles formulierte, »nicht geboren zu sein«? *

Neigen Sie dieser Ansicht zu? Sie machen mir einen verzweifelten Eindruck. Aber es ist doch schön, dass Sie geboren sind. Ich finde unser Gespräch sehr amüsant. Ich rede gerne mit Ihnen. Halten Sie noch ein bisschen durch!

Wie würden Sie reagieren, wenn die deutsche Vereinigung entgegen Ihren Prognosen doch noch zu einem guten Ende führt?

Das fände ich wunderbar. Aber das wird nur gelingen, wenn man bereit ist, die Fehler, die gemacht wurden, zu erkennen und, wo es noch möglich ist, zu korrigieren. Es hat im Osten eine Enteignung stattgefunden, wie es sie in der deutschen Geschichte noch nie gegeben hat, und das vererbt sich und wird nie aufhören.

Was war das größte Unglück in Ihrem Leben?

(Grass denkt lange nach.) Der Tod meiner Mutter. Sie war erst siebenundfünfzig und starb an Krebs.

Bei ihrem Begräbnis, so schreiben Sie, haben Sie nicht geweint, aber danach.

---

* Sophokles, *Ödipus auf Kolonos*, Vers 1224ff. (in der Übersetzung von Wolfgang Schadewaldt): »Nie geboren sein, übersteigt alles, was nur irgend zählt. Aber wenn man kam zum Licht, ist das Zweite dieses: wieder dorthin gehen, von woher man kam, aufs Schnellste!«

Ich weine immer noch. Aber ich gebe zu, mein Schmerz hat auch mit einer gewissen Selbstliebe zu tun. Ich kann nicht verwinden, dass es mir nicht mehr gelungen ist, ihr zu beweisen, dass sich die Hoffnungen, die sie in mich gesetzt hatte, bestätigten. Sie hat den aberwitzigen Plan des Pubertierenden, Künstler zu werden, unterstützt, aber sie hat den Erfolg nicht mehr erlebt. Das Einzige, das ich ihr noch vorweisen konnte, war eine schlanke Mädchenskulptur, die im Jahresbericht der Düsseldorfer Kunstakademie, an der ich studierte, abgebildet war. Dann starb sie. Sie hat ja schwärmerisch, fast romantisch, an mich geglaubt im Gegensatz zu meinem Vater, der meinte, der Junge spinnt, und mich in eine Verwaltungslehre hineinschubsen wollte, was ich aus der Notlage heraus, die damals herrschte, im Nachhinein durchaus verstehen kann.

Sie haben einen Mutterkomplex.

Ja, den habe ich. Ich bin ja im religiösen Sinne kein gläubiger Mensch. Ich habe an die Stelle von Gott meine Mutter gesetzt. Man hat mir sogar gelegentlich angetragen, mich analysieren zu lassen. Aber ich habe mich nicht auf die Couch gelegt. Auf meinem Grabstein wird stehen: »Hier liegt Günter Grass mit seinem Mutterkomplex, unbehandelt.«

Hassen Sie Ihr Geschlecht?

Nein, aber ich lehne es ab, wie Männer mit Macht umgehen. Ich bin kein Feminist. Die verschiedenen Geschlechter bestehen nun mal. Nur sollte man die Macht zunehmend in die Hände von Frauen legen, sofern sie sich nicht wie Männer verhalten. Was wir gegenwärtig erleben, ist, dass die Macht von Personen ausgeübt wird, die gar nicht gewählt sind, den Lobbyisten, die mittlerweile bis in die Gesetzgebung hinein tätig werden. Das nenne ich Macht-

missbrauch, und das hat zur Folge, dass die Bürger nicht mehr zur Wahl gehen, weil sie spüren, dass die Leute, die sie wählen, gar nicht das Sagen haben. Im Gesundheitswesen bestimmen doch längst nicht mehr die Politiker, sondern die Ärzteverbände, die Apothekerverbände, die Pharmaindustrie ... Aber ich merke, das langweilt Sie. Geben Sie es zu!
Nein, das gebe ich natürlich nicht zu.
Worauf wollen Sie hinaus?
In Ihrem Roman »Der Butt« heißt es: »Weil die Männer nicht auf natürliche Weise empfangen, austragen, gebären können ... müssen sie geistreiche Faxen machen, müssen vereiste Nordwände erklettern und Schallmauern durchbrechen ... in Bildern, mit Wörtern, aus Tönen immerfort die Frage nach dem Ich, dem Sein, nach dem Sinn, dem Warum, Wozu und Wohin stellen.«
Ja, das sind Kopfgeburten.
Wären Sie lieber eine Frau?
So weit geht es nicht, aber ich habe genügend weibliche Anteile, die es mir unmöglich machen, männliche Macht auszuüben. Am Beginn meines Romans *Der Butt* stand unter anderem die Frage, warum der Hunger in der Welt trotz einer Überproduktion an Lebensmitteln ständig zunimmt, und da bin ich auf die Geschichte der Ernährung zurückgekommen und habe festgestellt, dass in der Geschichtsschreibung der Beitrag der Frauen gar nicht vorkommt. Es waren Frauen, die aus der Not heraus neue Gerichte erfanden, Klöße, Knödel, sämtliche Teigwaren, woraus der Impuls entstand, sich nach neuen Nahrungsmitteln umzusehen. Die Kartoffel hat in der Menschheitsgeschichte weit mehr bewirkt als der Siebenjährige Krieg.

Aber jetzt haben wir doch eine Bundeskanzlerin.
Schon, nur leider in der falschen Partei.
»Die Männer sind mit dem Tod auf Du und Du«, schreiben Sie.
Ja, sie führen die Kriege. Sie haben mich gefragt, auf welche politischen Erfolge ich stolz bin. Dazu will ich Ihnen noch sagen, ich bin auch stolz, dass Gerhard Schröder, bei aller Kritik an seiner Kanzlerschaft in anderen Bereichen, auf meinen Rat gehört hat, sich aus dem Irakkrieg herauszuhalten. Er konnte, was auch Willy Brandt konnte: zuhören.
Lieber Günter Grass, unser Gespräch kann nicht enden, ohne den ungeheuren Aufruhr zu erwähnen, als vor drei Jahren Ihre Autobiografie »Beim Häuten der Zwiebel« erschien, in der Sie, zu spät, wie viele meinten, Ihre Zugehörigkeit zur Waffen-SS eingestanden. Ich habe dazu nur eine einzige Frage: War es Kalkül, mit diesem Eingeständnis sechzig Jahre zu warten?
Nein.
Hätten Sie früher öffentlich darüber gesprochen, hätten Sie womöglich nicht den Nobelpreis bekommen.
Das höre ich zum ersten Mal. Ich kenne nur eine offizielle Erklärung der Schwedischen Akademie, dass die Vergabe des Nobelpreises von solchen Dingen nicht abhängt. Was da in den Redaktionsstuben, die dieser oder jener politischen Richtung anhängen, geschrieben wird, darauf habe ich keinen Einfluss. Damit muss ich leben. Ich habe nie bestritten, dass ich Scham und auch Schuld empfinde, und dass der Zufall meines Geburtsdatums, der mich davor bewahrte, Verbrechen zu begehen, kein Freispruch ist. Ich habe keinen Menschen erschossen, aber das ist kein Verdienst. Wir waren auf dem Rückzug. Ich hatte nicht die Chance oder das Pech, zum Schuss zu kommen. Dennoch

blieb dieses Schamgefühl und eine Last, an der man lebenslang trägt.

In einem Fernsehinterview mit Ulrich Wickert sagten Sie, dass Ihre SS-Zugehörigkeit in Ihnen einen Druck aufgebaut hat, der Sie zu Ihren ersten Romanen, die Ihren Ruhm begründeten, inspirierte.

Zum Teil.

Hätten Sie Ihre Verstrickung schon vorher zugegeben, hätten Sie diese Romane vielleicht gar nicht geschrieben.

Es gibt bei jedem Autor, der episch schreibt, eine Vielzahl von Antriebskräften, Ehrgeiz, Geldmangel, alles Mögliche, und natürlich auch den egozentrischen Anspruch, etwas herzustellen, das seinesgleichen sucht. Als ich anfing zu schreiben, gab es in Deutschland diesen Begriff der Kahlschlagliteratur, das heißt, man schrieb sehr vorsichtig, weil man die deutsche Sprache durch die Nazizeit für beschädigt hielt. Dem habe ich widersprochen, indem ich sagte, man darf die Sprache, also das Beste, das wir haben, die deutsche Sprache in ihrem Reichtum, nicht plötzlich für untauglich halten, denn das wäre ein nachträglicher Triumph für Herrn Hitler gewesen. Deshalb war es in meinen ersten Romanen ein Antrieb, den Gegenbeweis anzutreten und alle Register zu ziehen, die mir zur Verfügung standen.

Kennen Sie das Interview, das der »Spiegel« mit dem Chef der Deutschen Bank, Josef Ackermann, den Sie heftig attackiert hatten, führte?

Nein.

Es gebe, sagt Ackermann, »Dichter und Denker, die sich trotz zweifelhafter Vergangenheit zu Moralaposteln aufschwingen und Manager reihum ... zu Asozialen erklären ... Das dürfen wir uns nicht gefallen lassen.«

Ich habe das nicht zur Kenntnis genommen. Aber ich bleibe dabei, dass es die Banken bis hin zu Herrn Ackermann mitzuverantworten haben, dass ein Raubtierkapitalismus ausgebrochen ist, der die gegenwärtige Krise verschuldet hat. Wenn das so weitergeht, dann stimmt doch die Welt nicht.

Die wird nie stimmen.

Natürlich nicht, aber ich neige nicht dazu, wie ich es bei Ihnen beobachte, zu resignieren, sondern ich werde nicht aufhören, die Dinge beim Namen zu nennen, und ich würde mich freuen, wenn Sie mich in meinen Bemühungen unterstützen, statt sich mit dem Schutzwall Ihrer Verzweiflung, die Ihr Denken beschränkt, zu umgeben. Denn sonst bleiben Sie nicht lebendig. Das wird, wenn Sie einmal so alt sind wie ich, ganz furchtbar werden.

Darf ich mit Ihnen tauschen?

Nein, ich weise Sie nur in aller Freundschaft darauf hin, dass es mit Ihnen, wenn Sie so weitermachen, nicht gut enden wird.

Als Marcel Reich-Ranicki dem Dichter Wolfgang Koeppen die Frage stellte »Wann waren Sie glücklich?«, gab Koeppen die berühmte Antwort: »Nie.«

Ja, glauben Sie denn, ich bin unfähig zum Unglück? Sie unterschätzen mich. Man kann nur momentweise glücklich sein, wenn eine Satzperiode gelingt, eine Zeichnung, eine Skulptur, vom Knie angefangen, wenn plötzlich das Plastische stimmt. Einen dauerhaften Glückszustand gibt es nicht. Es hat in meinem Leben Situationen gegeben, da habe ich sogar an Selbstmord gedacht, damals an der Front, als ich das Fürchten lernte, als ich, siebzehnjährig, erleben musste, wie in ganz kurzer Zeit Gleichaltrige, junge, begabte Menschen, neben mir zerrissen, zermatscht und weggefegt wurden. Da habe ich schon manchmal mit dem Gedanken gespielt, Schluss zu machen. Es hat aber nie zur Tat geführt, was nicht ausschließt, dass das noch kommen kann.

Was kann kommen?

Ich bin sehr schmerzempfindlich. Wenn ich die Diagnose bekäme, dass ich unheilbar krank bin, und wenn das mit körperlichen Schmerzen verbunden wäre, würde ich einen Weg suchen, das Leiden abzukürzen, mir und den Menschen in meiner Umgebung zuliebe. Das habe ich mit meiner Frau schon besprochen. Aber noch ist es nicht so weit.

Christoph Schlingensief
2009

Der Mensch giert nach Superlativen. Die Medien liefern sie ihm: den reichsten Mann der Welt (Bill Gates), die mächtigste Frau (Angela Merkel), den ältesten noch aktiven Schauspieler (Johannes Heesters, demnächst 106), die schönste Großmutter (Marlene Dietrich, tot). Christoph Schlingensief hat es immerhin zu »Deutschlands prominentestem Patienten« (*Hamburger Morgenpost*) gebracht.
Seit Januar 2008 weiß die Öffentlichkeit, er hat Lungenkrebs. Der Schauspieler Udo Kier, einst »bester Freund« und Star einiger seiner Filme, hatte es der Presse verraten. In dem zum Bestseller aufgestiegenen Krankenbericht *So schön wie hier kanns im Himmel gar nicht sein* nennt ihn Schlingensief nur noch »Dödel«, denn: »Warum kann ich nicht selbst bestimmen, wann und wie ich das mitteile?«
Nach dem Geplauder des »Dödels« ließ der Kranke per Anwalt verbieten, sein Leiden öffentlich zu erwähnen. Von da an war er nur noch »angeblich« krank, bis er selbst die Inszenierung seines Leidenswegs übernahm. Sie ist, wie man jetzt sagen kann, monumental geraten. Im September 2008 zeigte er in Duisburg anlässlich der Ruhrtriennale sein aus geliehenen Text- und Musikschnipseln von Hölderlin bis

Heiner Müller, von Bach bis Wagner zusammengesetztes Oratorium *Die Kirche der Angst vor dem Fremden in mir*, das auch zum Berliner Theatertreffen eingeladen wurde. Die Fortsetzung *Mea Culpa* (März 2009) füllte dann schon das Wiener Burgtheater und als Gastspiel die Münchner Oper. Ich besuchte in München die Zweitvorstellung. Das hochgestimmte Publikum erschien festlich gekleidet wie zu *Lohengrin* oder *Tosca*. Als der Todkranke, ergraut und abgemagert, in einem improvisierten Zwischenspiel selbst auf die Bühne trat, raunte ein Herr in der Reihe vor mir seiner Begleiterin zu: »Das ist er!« Nicht die entwaffnende Schamlosigkeit, mit der Schlingensief seinen Verfall ausstellt, verursacht mir Unbehagen. Wenn es ihm hilft, warum nicht? Mich stört die Sensationslust der Zuschauer, die sich als Mitgefühl tarnt.

Der Romancier und Soziologe Elias Canetti hat in seinem ihm wichtigsten Werk *Masse und Macht* die Trauer über einen Todesfall als verkappten Triumph des Überlebens entlarvt. In einem Interview, das ich 1971 mit ihm führte, formuliert er es so: »Ich glaube, dass der Ursprung der Macht in dem Augenblick liegt, in dem ein Mensch konkret einem Toten gegenübersteht ... Darin ist, auch wenn man den Toten beklagt, immer ein Element des Triumphs enthalten.« Schlingensief ist nicht tot, aber er präsentiert sich (obwohl wir doch alle sterben müssen) exemplarisch als Todgeweihter.

Der einstige Provokateur tritt als Schmerzensmann auf. 2001, noch kerngesund, schleuderte er während einer Aufführung seiner an Shakespeare nur vage erinnernden *Hamlet*-Inszenierung im Züricher Schauspielhaus dem murren-

den Publikum entgegen: »Sie sind hier und haben eine Karte bezahlt, um die Klappe zu halten.« Einer Theaterbesucherin, die den Saal verließ, rief er nach: »Gehen Sie bitte ins Bett und schlafen Sie durch, bis Sie tot sind, das dauert bei Ihnen ohnehin nicht mehr so lang.«
Der scheinbare Widerspruch zwischen den verletzenden Ausfällen und dem bubenhaften Charme dieses ewigen Jünglings verblüffte viele. Auf seine öffentlich zur Schau getragene »Frechheit« angesprochen, antwortete er in einem Interview: »Alles gespielt.« Seit ihm ein Lungenflügel fehlt, spielt er nicht mehr. Seine Witze sind Galgenhumor. Presse und Publikum feiern ihn als glänzenden Entertainer, der heroisch und dabei auch noch unterhaltsam gegen die Krankheit kämpft. Denn Krebs ist Krieg. Man kann ihn besiegen. Es gibt aber neben dem von Canetti vermuteten Triumph der Überlebenden auch das Gegenteil. Der Jude George Tabori, Schriftsteller und Theaterlegende, dessen Verwandtschaft in Hitlers Konzentrationslagern umkam, sagte mir 1994 im Interview: »Ich fühle mich schuldig als Überlebender den Toten gegenüber.« Tabori schämte sich, davongekommen zu sein. Als ich Christoph Schlingensiefs Buch über die Krankheit las, erinnerte ich mich an dieses Interview. Denn aus jeder Zeile tönt nur die eine Klage: Warum werde ich, der noch so viel vorhat, so jung abberufen?

Schlingensief ist kürzlich neunundvierzig geworden. In mir wuchs, von Seite zu Seite sich steigernd, die Scham, vierzehn Jahre älter und trotzdem gesund zu sein. Ich bin längst überfällig, dachte ich. Kurz nach Kriegsende von einem französischen Soldaten gezeugt, der auf der Heimkehr aus deutscher Gefangenschaft eine Angehörige des Feindstaates schwängerte und das Ergebnis folglich verleugnete, fehlen mir die Voraussetzungen für Triumphgefühle.

Eher überwiegt in mir eine Tendenz zur Selbstauslöschung, die ich mir aber nicht so spektakulär ausmale wie der krebskranke Schlingensief, der in seiner Not mit dem Gedanken spielte, sich in Afrika in die Landschaft zu setzen, und »vielleicht kommt ja eine Kobra vorbei, dann lässt man sich kurz mal beißen und erstickt«. Auch über die Möglichkeiten der Sterbehilfe hat er sich im Internet informiert.

Heute weiß er: Umbringen wird er sich nicht. Dazu ist er immer noch zu katholisch. Als Knabe war er sechs Jahre lang Messdiener in der Herz-Jesu-Kirche in Oberhausen. »Mit Maria, Jesus und Gott, mit diesen dreien, möchte ich auf alle Fälle weiterleben.« Die Krankheit hält er für eine Strafe. Aber wofür? »Vielleicht habe ich nicht richtig gelebt

… Ich sage, dass ich mich selbst mehr lieb haben will. Auf der anderen Seite sage ich mir, dass ich zu egoistisch oder zu egozentrisch war, zu viel Rambazamba veranstaltet habe.« Um diesen inneren Zwiespalt zu lösen, hat er sich vorgenommen, in Zukunft mehr nachzudenken. »Wenn ich selbst wieder in so einen hektischen Kaffeeklatsch rutsche und rumrasen will … und hier noch und da noch, dann sage ich mir einfach: Hör auf, sei still, es geht nicht, ich muss jetzt denken.«

Aber das Denken ist eine einsame Beschäftigung, und allein kann ein Paniker wie Christoph Schlingensief, der dauernd vor sich selbst davonläuft, keine Sekunde sein. Immer muss er seinen Clan, zumindest aber Aino Laberenz, seine Kostümbildnerin und Geliebte, die er jüngst auch geheiratet hat, um sich haben. »Ich sehe ein Haus mit Bäumen und Wiesen, wunderschön an einem See gelegen«, sprach er am 1. März 2008 in sein Diktafon. »Da sitze ich, schaue aufs Wasser, frühstücke in der Sonne, und dann kommt Aino und hat ein Adoptivkind dabei, weil es mit einem eigenen Kind wohl nicht sein soll.«
Das beschauliche Dasein mit Frau und Kind war in den Wochen, da er sich nicht bewegen konnte, sein Traum. Doch kaum aus der Klinik entlassen, hetzte er von Talkshow zu Talkshow, gab stundenlange Telefoninterviews, äußerte sich zu allem und jedem (»Merkel ist spießig«, »Westerwelle hat keine Zukunft«) und inspirierte den Presseboulevard zu markigen Überschriften. *Bild:* »Schlingensief spielt sein wildes Lied von Tod«, »Zum Sterben will er nach Afrika«.
Eine zwecks Erholung unternommene Reise nach Warne-

münde, »um dort in einem tollen Hotel lecker zu essen und es mir gut gehen zu lassen«, endete »in einem Desaster, weil ich nicht allein sein konnte«. Er sei »komplett abgestürzt«, habe »dauernd kotzen« müssen und überlegt, »wie ich mein Leben möglichst elegant beenden kann«. Christoph Schlingensief (»Wie ein Gejagter führe ich mich auf«) kann nicht denken. Er redet zu viel.

Die Sätze purzeln aus ihm heraus, jedoch ohne die »allmähliche Verfertigung der Gedanken beim Reden« (Kleist), denn er hört sich nicht zu. Eine Zeit lang verfocht er die These, er habe sich den Tumor während seiner Bayreuther *Parsifal*-Inszenierung geholt. Richard Wagners »Todesmusik«, dieses »Giftzeugs«, sei schuld. Später, im Kuscheltalk mit Reinhold Beckmann, bekannte er: »Das ist Quatsch.« Wagners *Tristan und Isolde* will er noch unbedingt inszenieren. Als er sich im Krankenhaus die Ouvertüre angehört habe, habe er, so steht es im Tagebuch, »am ganzen Körper gebebt ... wie jemand, der einen epileptischen Anfall hat«. »Es war wie ein absoluter Rausch.«

Denken aber erfordert Distanz, nicht Berauschung. Nur in seltenen hellen Momenten stellt sich der Umtriebige die entscheidenden Fragen: »Was ist der Kern meiner Arbeit?« »Was willst du denn eigentlich sagen?« Und: »Was bleibt denn dann, wenn man tot ist?« Seine teils erfrischend komischen, teils nur abstrusen Aktionen sichern ihm nicht die Unsterblichkeit im Kunstpantheon. Parolen wie »Tötet Helmut Kohl« (documenta, Kassel 1997) und »Wähle dich selbst« (Bundestagswahl 1998) oder die Einladung an sämtliche Arbeitslose, im österreichischen Wolfgangsee zu baden, um das Urlaubsdomizil des deutschen Kanzlers zu fluten, machten kurz Aufsehen und wurden vergessen.

Auch von seinen zahlreichen Filmen, Trashorgien, die gewollt dilettantisch den Unsinn zelebrieren, verspricht sich der erst durch die Krankheit zur Selbstbesinnung Gezwungene keinen Nachruhm: »Ich frage mich …, ob ich mein Talent richtig eingesetzt habe oder ob dabei nur irgendein Filmquatsch rausgekommen ist, der nichts bedeutet.« Christoph Schlingensiefs größte Sorge ist, dass er nichts Dauerhaftes geschaffen hat. Nicht einmal sein *Parsifal* wurde aufgezeichnet. Das ärgert ihn. Nun will er sich ein Denkmal setzen.

Ein Festspielhaus im afrikanischen Burkina Faso soll es sein, einem der ärmsten Länder der Welt, von Hungersnöten geplagt. Eineinhalb Millionen Euro sind als Kosten veranschlagt. Das deutsche Auswärtige Amt (unter dem inzwischen abgewählten Frank-Walter Steinmeier) hat zweihunderttausend als Zuschuss versprochen. Der Schriftsteller Henning Mankell, der in Afrika lebt, spendete hunderttausend.
Aber wozu soll es gut sein? Auf der für das Projekt eigens eingerichteten Homepage werden Sinn und Zweck (frei nach Joseph Beuys) so beschrieben: »Das Festspielhaus Afrika ist eine langfristige Initiative zur Eigeninitiative, die vom erweiterten Opernbegriff ausgeht«, um den »Kreislauf zwischen der Oper und ihrer ursprünglichen Umgebung« wiederherzustellen und »die Kolonie Oper aus ihrer momentanen Erstarrung« zu befreien durch ein »lebendiges Gefäß mit Löchern, das von seiner Umgebung aufnimmt und in seine Umgebung abgibt«.
Ich gestehe, dass ich das für Humbug halte, und bewundere dennoch den fanatischen Überlebenswillen des, wie man

nun tagtäglich lesen kann, »von der Krankheit Gezeichneten«. In Interviews mit Christoph Schlingensief wird meist nur noch gefragt: »Wie geht es Ihnen?« Bereitwillig gibt er Auskunft: neue Metastasen in der verbliebenen Lungenhälfte, »ein Knubbel am Rücken«, der beim nächsten Interview gottlob wieder verschwunden ist, die Chemotherapie schlägt an, die letzte Computertomografie fiel alarmierend oder beruhigend aus …

Das Interview, das ich in München mit ihm verabredet hatte, dauerte nur zehn Minuten. Wie unter Strom legte er los. Es gehe ihm gut. Die lebensverlängernden Tabletten, denen er das verdanke und deren Namen er mir buchstabierte (»Tarceva«), wirken. Sein Haar sei voller geworden. Er habe Gewicht zugelegt und sogar zweimal gejoggt. Aber durch Fragen wollte er sich nicht unterbrechen lassen.

Als ich, auf den Titel seines Buches anspielend, mich behutsam dessen schlichter Wortwahl bedienend, den Einwand versuchte, ob auf der Erde wirklich alles so toll sei, dass es »im Himmel nicht schöner sein könnte«, war ich schon als »Schwätzer« und »Nihilist« abgestempelt. Ein Dialog konnte das nicht mehr werden.

Abends, in den Münchner Kammerspielen, der vierten Station auf der Benefiz-Tour für sein afrikanisches Festspielhaus, ergossen sich dann volle drei Stunden lang die monomanischen Satzkaskaden des Schnellredners über ein begeistertes Publikum. In seinem Buch steht: »Raus aus dem Trubelfaktor!« Aber er braucht den Trubel. Er will geliebt werden, und zwar von allen. Dafür ist ihm kein Scherz zu billig.

Höhepunkt in Schlingensiefs Solo-Show sind seine Erlebnisse mit der Familie Wagner in Bayreuth. Sämtliche Comedians von Michael Mittermeier bis Mario Barth in den Schatten stellend, imitiert er das Nuscheln Wolfgangs und das Lallen der »ständig von Wodka besoffenen« (inzwischen verstorbenen) Ehefrau Gudrun Wagner. Auch einen (unfreiwillig komischen) Brief Gudruns, in dem sie ihr Fernbleiben von der Probe mit einer Zahnwurzelentzündung entschuldigt, liest er genüsslich vor.

Pointe reiht sich an Pointe. Der Künstler lässt sein Künstlerleben als einen einzigen (filmisch festgehaltenen) Spaß Revue passieren. In den Garten des einstigen Ministers und mutmaßlichen Waffenhändlers Jürgen Möllemann schüttet er siebentausend Patronenhülsen. Während seiner Wiener Aktion gegen Jörg Haider, »Ausländer raus«, schlägt ihm eine Anhängerin des Rechtspopulisten eine Flasche über den Schädel. Möllemann und Haider sind tot. Christoph Schlingensief lebt. Stehende Ovationen.*

---

* Am 21. August 2010 starb Schlingensief an den Folgen seiner Krebserkrankung.

Luc Bondy
2010

Ich beginne mit einer Ihnen unerträglichen Frage.*
Das habe ich erwartet.
Wenn Ihnen die jemand stellt, schießen Sie, sagten Sie in einem früheren Interview, durch den Plafond.
Das glaube ich nicht.
Warum sind Sie zum Theater gegangen?
Das ist die Frage?
Ja, und ich schlage Ihnen gleich eine Antwort vor: weil Sie das Denken fliehen.
Stimmt! Das Theater ist eine Therapie gegen … Wie sagt man?
Gegen die Einsamkeit.
Ja, und gegen die Todesangst, weil das Denken bei den Proben, das aus der Kommunikation mit den Schauspielern entsteht, von Natur ein flacheres Denken ist.
Sie haben es das »horizontale Denken« genannt.

---

* Das Gespräch mit dem 1948 geborenen Theater- und Opernregisseur fand anlässlich seiner Inszenierung von Puccinis *Tosca* an der Bayerischen Staatsoper statt.

Ja, man geht nicht so in die Tiefe wie zum Beispiel beim Schreiben. Man muss Kompromisse machen.
Das tiefe Denken, das Sie das »vertikale« nennen, ertragen Sie nicht.
Vielleicht, ja, weil es ins Nichts führt.
Glücklich sind Sie nur auf der Bühne, umgeben von anderen.
Was heißt glücklich? Ich kann bei der Arbeit mit den Schauspielern oder, wenn ich Oper inszeniere, mit den Sängern die Zeit vergessen. Ich vergesse mich selbst.
Die Selbstvergessenheit ist das Glück.
Ja, die Selbstvergessenheit ist das Glück. Deshalb bin ich so gepeinigt von Schlaflosigkeit, denn wenn ich einschlafen will, kommen die Gedanken.
Welche?
Das ist so ein Kaleidoskop unvollständiger Gedanken. Die sind vollkommen zersplittert und unfruchtbar.
Was machen Sie dann?
Ich nehme Schlaftabletten. Es ist blöd, es zu sagen, aber wüssten wir mehr über den Tod, gäbe es nicht diese Angst. Wir sind dazu verdammt, nichts über den Tod zu wissen, und wir haben Angst vor diesem Ungewissen. Wir haben keine Angst vor einem bestimmten Zustand und auch nicht davor, dass wir das Leben verpassen. Ich war sehr oft krank, und als ich vor eineinhalb Jahren vier Monate im Krankenhaus lag und mich nicht bewegen durfte, weil mein Arzt sagte, dass, wenn ich mich bewege, mein Rücken bricht, hat mich der Peter Handke besucht. Da habe ich zu ihm gesagt: Es ist vollkommen wurscht, ob man liegt oder geht oder steht, es ist kein Unterschied, die Zeit vergeht so oder so.
Eine gute Ablenkung vom Denken ist auch die Liebe. Denn Liebe macht dumm.

Ja.
Je dümmer man ist, desto glücklicher ist man.
Ja, aber die Blödheit entsteht ja dadurch, dass man bewusst etwas nicht wissen will, dass man etwas ausschaltet, dass man sich stumpf macht, um das Wissen zu reduzieren, die Aufmerksamkeit und das Fühlen.
Ist Sexualität die Rettung?
Kann sein, aber die dauert ja nur sehr kurz. Die Selbstvergessenheit im Sex wird immer kürzer, je älter man wird. Es gibt wahrscheinlich nichts Schwierigeres, als sich gehen zu lassen. Ich nehme die Tabletten nicht nur zum Schlafen, sondern auch zur Beruhigung. Ich bin ein durch und durch zerrissener Mensch. Aber als ich vor drei Jahren einmal mit Jane Birkin zusammensaß, erzählte sie mir, sie schlucke noch mehr als ich. Da war ich ganz froh.
Was quält Sie?
Ich quäle mich selbst. Ich bin ein sehr genussfreudiger Mensch, aber ich quäle mich. Ich bin Hedonist und zugleich Masochist. Das liegt nah beieinander. Ich bekam mit fünfundzwanzig Jahren die erste Krebsdiagnose. Die Form des Tumors, den ich habe, nennt man Teratom. Das ist eine angeborene Geschwulst, die entsteht, wenn man eigentlich Zwilling ist. Der zweite Fötus wird aber, statt sich zu entwickeln, vom anderen absorbiert. Diese Spaltung ist nun in mir immer da. Ich bin vollkommen widersprüchlich.
Sie wollen genießen und zugleich leiden.
Leiden ist nicht das richtige Wort. Ich bin einerseits jemand, der an sich selbst sehr hohe Ansprüche stellt, andererseits will ich das gar nicht. Ich verabrede mich gern, esse und trinke gern, ich liebe den Luxus und möchte die Zeit vergeuden.

Aber das gestatten Sie sich nicht.
Ich wäre heilfroh, wenn ich mir das gestatten könnte. Ich habe schon viele Anläufe zu einer Psychoanalyse gemacht, in Paris, in Wien, überall, aber ich habe das immer abgebrochen. Ich bin vor bestimmten Erkenntnissen dann immer geflohen.
Sie fühlen sich schuldig, wenn Sie genießen.
Ich bin mit mir nie zufrieden. Ich denke immer, ich hätte mehr aus mir machen können, ich hätte weitergehen können, im Schreiben, im Denken. Ich bewundere Leute, die die Fähigkeit haben, in die Tiefe zu gehen. Ich habe auch meinen Vater* bewundert, der Schriftsteller war und jeden Morgen um sieben an seinem Schreibtisch saß. Wenn ich sehe, was er alles publiziert hat, wenn ich die Hunderte Seiten von Notizen sehe, die er hinterlassen hat, dann fühle ich mich etwas zurückgeblieben. Ich habe ein schlechtes Gewissen. Das ist mein Abgrund.
Haben Sie Ihre Krankheit als eine Strafe für Ihre Genusssucht empfunden?
Absolut, ja, als Strafe für mein Dasein. Ich hatte mit zwanzig Jahren eine Schlüsselerfahrung, als ich einmal einen LSD-Trip erlebte. Ich erinnere mich noch ganz genau. Ich hatte die Wahnvorstellung, dass meine Körperlichkeit eine Ausrede ist und dass man eine körperlose Substanz sein müsste.
Immateriell?
Ja, immateriell. Ich dachte, dass das die Wahrheit wäre und dass einen der Körper dazu verleitet, sich zu verstellen. Als

---

* François Bondy, 1915–2003

ich zum ersten Mal Krebs bekam, habe ich mich gefragt, was ich falsch gemacht habe, wen ich verletzt oder betrogen habe. Aber das ist natürlich Quatsch. Der Krebs ist ja wie die Tuberkulose eine Krankheit, die man leicht mystifizieren kann. Krebs bekommen Leute, sagt man, die viel verdrängen. Aber daran glaube ich nicht so ganz. Denn dann müsste ich ja Magenkrebs haben.

Welchen Krebs haben Sie?

Es ist Hodenkrebs, und in diesem Bereich habe ich in meiner Jugend eigentlich nicht viel verdrängt. Ein Onkologe bekommt, wenn man den Krebs psychologisiert, einen Lachanfall, weil er weiß, dass in der Natur alles Zufall ist.

Hadern Sie mit Ihrem Schicksal?
Früher habe ich sehr gehadert. Aber als mir mein Chirurg vor zwei Jahren, nach der schweren Rückenoperation wegen meiner Arthrose, sagte, ich würde mein Leben lang Schmerzen haben, habe ich beschlossen, mich mit meinem Weh zu versöhnen. Ich wehre mich nicht mehr.
Wie lange wollen Sie leben?
Diese Frage stelle ich mir nicht. Aber man will natürlich ewig leben. Man will ewig da sein, aber man will trotzdem seine Illusionen behalten. Man will sich auch täuschen lassen. Das passt nicht zusammen.
Haben Sie je mit dem Gedanken gespielt, sich das Leben zu nehmen?
Das nicht, aber es gab eine Zeit, da war ich sehr nahe daran, es zu tun, weil ich gegen meine Schmerzen Morphium bekam und dann damit nicht mehr aufhören konnte. Ich freute mich auf das Morphium. Ein Toxikologe hat mir erklärt, dass man die Schmerzen, wenn man süchtig ist, obwohl sie eigentlich nicht mehr da sind, im Hirn produziert, um das Morphium zu bekommen und den Zustand, in den man dadurch gerät, diese Art Schwerelosigkeit und Sorglosigkeit, dieses Genießen des Augenblicks, zu verlängern. Darin besteht die Gefahr, denn das kann tödlich enden.
Sie sind Jude.
Ja, aber kein gläubiger Jude.
Halten Sie die Schöpfung mit all den Gräueln, die täglich geschehen, für misslungen?
Nein, denn ich halte es für absurd, zu denken, dass Gott bei der Schöpfung ein Fehler passiert ist. Gott muss keine Erwartung erfüllen. Spinoza sagt: Wir lieben Gott, aber Gott liebt uns nicht. Sonst müsste doch für jeden religiösen Ju-

den die Tatsache, dass es Auschwitz gab, ein Beweis dafür sein, dass Gott nicht existiert. Kein orthodoxer Jude würde es wagen, das zu behaupten. Der Holocaust ist mittlerweile ein Teil unseres Daseins geworden. Ich würde, wenn ich es salopp ausdrücke, sagen: We are used to it.

Können Sie weinen?

Das kommt schon vor.

Bei welcher Gelegenheit?

Ich weine manchmal ganz grundlos. Ich wache auf am Morgen und, peng, schon fließen die Tränen.

Voriges Jahr hatten Sie mit Puccinis »Tosca« Ihr Regiedebüt an der Metropolitan Opera in New York und wurden ausgebuht.

Mehr als das. Es fehlten nur noch die Gewehre, sonst hätte man mich erschossen. Aber da habe ich nicht geweint.

Franco Zeffirelli, dessen »Tosca« dort fünfundzwanzig Jahre auf dem Spielplan stand, hat Sie einen drittklassigen Regisseur genannt.

Ja, und zwar noch bevor er die Aufführung gesehen hatte. Zeffirelli ist die Inkarnation eines Regisseurs, der sein Leben lang nur dekoriert hat. Ich kenne nichts von ihm, das mir gefiel. Seine Filme finde ich blöd. Er hat nur immer Klischees bedient, bis sich die Leute daran gewöhnten, und nun ärgern sie sich, wenn die Sänger miteinander agieren, anstatt nur herumzustehen.

Die Inszenierung wird nun in München gezeigt. Was erwarten Sie?

Ich bin zuversichtlich. Denn hier ist das Publikum viel weniger konservativ als in Amerika. Ich fand es an früheren Inszenierungen immer so idiotisch, dass man den Scarpia, der ein Despot, aber auch ein ganz gewöhnlicher Lüstling ist, als einen so feinen, eleganten Herrn dargestellt hat. Diese Oper ist doch eine ganz dicke Schweinerei, in der gehurt und gefoltert wird. Da geht es nicht vornehm zu. In der Biografie von Montefiore über Stalin gibt es eine Beschreibung von Stalins Geheimdienstchef Beria. Der hat sich, wenn er Lust hatte, Frauen kommen lassen, hat sie gevögelt und weggeschmissen. Das hat mich dazu inspiriert, den Scarpia mit drei Nutten zu zeigen.

In einem Gespräch mit dem französischen Theaterwissenschaftler Georges Banu haben Sie die Oper mit einer Mätresse verglichen und den Regisseur mit einem Liebhaber, der ihr im Grunde gleichgültig ist.

Das stimmt, denn wenn man die Augen schließt, ist da immer noch die Musik. Nur ist es heute meistens so, dass es, wenn man die Augen aufmacht, ganz schrecklich ist, weil die Regisseure, um die Kritiker zu beeindrucken, dauernd interpretieren und irgendwelche Ideen haben, was ich grauenvoll finde. Die Oper hat von vornherein schon alle Ingredienzien, um einen fliegen zu lassen. Man sollte als Regisseur nur dieses Fliegen befördern.

Können Sie Noten lesen?

Auf diese Frage antworte ich immer, John Lennon konnte auch keine Noten lesen.

Nächstes Jahr inszenieren Sie Verdis »Rigoletto« in Wien. Im Sprechtheater, sagen Sie, finden Sie nur noch Trostlosigkeit.

Ja, und wissen Sie, was ich am langweiligsten finde: dass sich die jungen Regisseure heute so als Erfinder aufspielen. Die schreiben ihre eigenen schlechten Texte in die Stücke hinein. Das ist so blöde und eigentlich eine Frechheit. Wir sind, jedenfalls im Theater, in einem kulturellen Tief, aber das wird wie die Vulkanwolke aus Island vorübergehen. Es gibt Blütezeiten und es gibt meteorologische Tiefs. Man kann es nicht erklären, aber es ist so.

Sie sind nicht nur Regisseur, sondern seit 2001 auch Intendant der Wiener Festwochen. Haben Sie diese Machtposition angestrebt?

Ich habe das nicht bewusst angestrebt, aber ich will nicht in Intendantenzimmern herumsitzen und antichambrieren. Das finde ich entwürdigend. Ich war als Kind in verschiedenen Internaten, und da war ich immer der Nachzügler, die anderen waren die Stärkeren. Ich wurde auch oft verprügelt, bis ich mir gesagt habe, es reicht, ich lasse mir das nicht mehr gefallen.

Wer Macht hat, muss damit rechnen, dass er Hass auf sich zieht.

Richtig! Wer Macht hat, wer bekannt ist und Umgang hat mit bekannten Leuten, erzeugt Neid, und Neid erzeugt Hass. Das war immer so. Damit muss man leben. Aber 2013 höre ich in Wien auf, und was danach kommt, weiß ich nicht. Ich habe voriges Jahr meinen ersten Roman veröffentlicht, *Am Fenster*. Seither wird das Inszenieren für mich immer schwieriger, weil ich eine andere Form, mich auszudrücken, gefunden habe. Ich fühle mich, wenn ich inszeniere, zunehmend blockiert. Ich empfinde es oft als schrecklich, wenn ich mich auf der Probe laut reden höre. Dann frage ich mich, wozu machst du das? Man kann sich als Regisseur immer verstecken. Man verbirgt sich hinter einer Figur oder dem Autor. Wenn man schreibt, muss man wahrhaftig sein. Vielleicht werde ich noch ein richtiger Schriftsteller. Fontane hat mit sechzig angefangen. Ich bin jetzt einundsechzig.

Sie wollen unsterblich werden.

Nicht unbedingt. Mir gefällt auch das Flüchtige. Ich will mich nur ein bisschen mehr selbst anschauen. Aber es ist natürlich immer ein Unterschied zwischen dem, was man will, und dem, was man kann.
Darf ich Ihnen eine Stelle aus Prousts »Suche nach der verlorenen Zeit« vorlesen?
Sehr gern.
Proust beschreibt den Tod des Schriftstellers Bergotte. Dann heißt es: »Er wurde begraben, aber während der ganzen Trauernacht wachten in den beleuchteten Schaufenstern seine jeweils zu dreien angeordneten Bücher wie Engel mit entfalteten Flügeln und schienen ein Symbol der Auferstehung dessen, der nicht mehr war.«
Mein Gott, ist das schön!
Schreiben Sie an einem neuen Buch?
Ich schreibe immer. Es muss kein Buch daraus werden. Ich schreibe so, wie man Klavier spielt. Es ist ein Bedürfnis. Manchmal notiere ich nur irgendwelche Beobachtungen. Oder ich bringe mein inneres Chaos in eine Form, meine Not. Ich habe eine Frau, und ich habe zwei Kinder, ich habe Freunde, ich bin im Kulturleben verankert, aber ich fühle mich trotzdem immer allein. Ich fühle mich fremd unter den Menschen. Man denkt immer, man käme, wenn man Familie hat, in ein Gleichgewicht, aber das stimmt nicht. Es ist wichtig. Es ist nicht nichts. Es ist ein Trost. Aber es erlöst nicht von der Einsamkeit. Ich wünsche mir Licht. Ich wünsche mir Leichtigkeit, und manchmal gelingt sie mir. Ich gehe auf der Straße und bin plötzlich froh, ohne zu wissen, warum. Doch im nächsten Augenblick ist es schon wieder vorbei.

Michel Houellebecq
2002

Ein Gespräch mit Michel Houellebecq, dem Enfant terrible der französischen Literatur, ist ein Kampf gegen das Schweigen. Denn eigentlich will dieser Mann, dem der Skandal vorauseilt wie eine gut inszenierte Werbekampagne, nur schlafen. Murmelnd lässt er die Sätze, die er sich abringt, in das Mikrofon tröpfeln, das der Interviewer unter sein ausdrucksloses Gesicht geschoben hat. Vor jedem Satz denkt er sehr lange nach. Das Vergnügen, befragt zu werden, das sich gelegentlich in einem verschämten Lächeln verrät, steht im Widerspruch zu der Qual, die ihm das Denken bereitet. Am liebsten würde ihn der Interviewer von der Qual des Denkens befreien, bis er erkennt: Dieser seltsame Mensch, der ihm da kettenrauchend gegenübersitzt, leidet gern.

Mit sanftem Blick wiederholt er den skandalösen Unfug, mit dem er in seinem Roman *Plattform* den Wirbel um seine Person aufs Neue entfachte: Der Sextourismus in Länder, wo die Armut keine andere Wahl lässt, als den eigenen Körper als Ware in den kapitalistischen Kreislauf von Angebot und Nachfrage einzuschleusen, eröffne die Chance zu einem phantastischen Tauschgeschäft. Frustrierte Europäer bedienen sich auf dem Markt der käuflichen Liebe, und das sei gut so.

Wer das nicht begreifen will, Feministinnen und Moslems zum Beispiel, die das Heil erst im Jenseits erwarten, wird als hoffnungslos rückständig und primitiv beschimpft. Die Welle der Empörung, die solchen Attacken folgt, ist berechenbar. Sie garantiert den Eklat, den der leidende Künstler mit heimlicher Freude genießt.

Houellebecq, 1958 auf La Réunion geboren, hat einen Teil seiner Jugendjahre in psychiatrischen Anstalten verbracht. Bevor er es mit seinen Romanen *Ausweitung der Kampfzone* (1994) und *Elementarteilchen* (1998) zum gefeierten Skandalautor brachte, veröffentlichte der gelernte Informatiker kaum beachtete Lyrikbände, aus denen er neuerdings, getragen von der Woge des Ruhms, das eine und andere Stück in einer Art Sprechgesang vorträgt. Auch eine CD gibt es schon. Er hat einen erwachsenen Sohn aus erster Ehe, über den er nicht spricht, weil sich der Sohn das verbeten hat. Seit drei Jahren lebt er mit seiner zweiten Frau, Marie-Pierre, einer ehemaligen Verlagsangestellten, in einem Landhaus bei Dublin.

Sie beschreiben sich als einen zutiefst depressiven Menschen. Der Lebensüberdruss ist in Ihren Texten das vorherrschende Thema. Haben Sie je versucht, sich das Leben zu nehmen?
Nein.
Warum nicht?
Weil ich gegen den Selbstmord bin.
Hat Ihnen das Schreiben geholfen?
Zweifellos. Jemand, der ein Buch abgeschlossen hat, befin-

det sich danach in einem völlig anderen Zustand als dem, den er beschrieben hat. Er bannt das Unglück, indem er es beschreibt.

In Ihrem ersten Roman »Ausweitung der Kampfzone« sagen Sie: »Das Schreiben bringt kaum Erleichterung.«

Ich gebe zu, dass ich da übertrieben habe. Aber, wenn ich mich recht erinnere, sage ich auch, dass das Schreiben das Chaos ein wenig in Grenzen hält. Das ist nicht viel, aber es ist ein kleiner Erfolg.
Auf Ihren Lesungen machen Sie einen fast fröhlichen Eindruck.
Ich wirke so gut gelaunt, weil meine Bücher sich gut verkaufen.
Den Helden des Romans, dem Sie Ihren Weltruhm verdanken, »Elementarteilchen«, bewahrt die Freude am Sex vor dem Selbstmord. »Bis zum letzten Augenblick«, heißt es da, »würde er um eine kleine Zugabe bitten ... Eine gut ausgeführte Fellatio blieb, so nutzlos sie auch auf lange Sicht war, ein wahres Vergnügen.«
Ja, die Sexualität ist sicher ein guter Grund, sich nicht umzubringen.
Sie sind glücklich verheiratet ...
Es geht.
... aber in Ihrem Roman »Plattform« behaupten Sie, der Mensch sei nicht für das Glück geschaffen.
Ich sage, er ist physisch nicht für das Glück geschaffen. Es müsste eine neue Art Mensch erfunden werden. Vor hunderttausend Jahren hat sich die Menschheit genetisch sehr rasch entwickelt. Danach geschah bis heute fast nichts, weil die Kultur die Funktion des Fortschritts übernommen hat. Ich hätte nichts dagegen, wenn die genetische Evolution jetzt wieder beginnt. Die Menschheit müsste sich zu einer anderen Spezies fortentwickeln. Ich sehe keinen Grund, diese Möglichkeit auszuschließen.
Wie sähe diese Spezies aus?
Das menschliche Gehirn müsste verändert werden, damit

wir aufhören, nach dem Sinn des Lebens zu fragen. Ich meine nicht, dass die Welt sinnlos ist, aber die Frage nach dem Sinn muss verschwinden, weil es darauf keine Antwort gibt.
Wie wollen Sie das erreichen?
Es ist doch sicher so, dass die Frage nach dem Sinn mit dem Sterben zusammenhängt. Der Mensch hat das Universum erforscht. Er weiß heute, wie sich die Sterne und die Planeten gebildet haben. Das ist doch ganz gut gelungen, und ich meine, dass das genügt. Ich halte die Frage, welchen Sinn das Ganze hat, für infantil.
Sie wünschen sich, damit die Sinnfrage entfällt, die Unsterblichkeit.
Ja.
Sie wollen durch das Klonen von Menschen den Tod abschaffen.
Ja, aber ich fürchte, der menschliche Geist ist so krank, dass nicht einmal die Abschaffung des Todes ausreichen würde, uns glücklich zu machen.
Auguste Comte, auf den Sie sich gern berufen, hat die Menschheitsentwicklung in drei Stadien eingeteilt. Am Anfang steht das religiöse Stadium. Es folgt das metaphysische. Die Krönung ist das wissenschaftliche Stadium, in dem wir nun angekommen sind.
Nein, da sind wir noch nicht angekommen. Wir befinden uns noch im metaphysischen Stadium. In das wissenschaftliche werden wir erst dann eintreten, wenn wir aufhören zu fragen, was hinter den Naturgesetzen steht. Wir sollten uns damit zufriedengeben, sie zu beschreiben.
Aber Sie können doch, da unsere Sprache auf dem Vergleich beruht, etwas nur beschreiben, indem Sie das Gegenteil einbeziehen. Glück erleben wir nur, weil wir das Unglück kennen,

Frieden nur durch den Krieg. Den Begriff der Unsterblichkeit gibt es nur, solange wir sterblich sind.
Vielleicht haben Sie recht. Vielleicht müssten wir eine neue Sprache erfinden. Ein Tier kann glücklich sein, ohne zu wissen, was Unglück ist. Es kann mit Vergnügen fressen, ohne zu begreifen, was Hunger bedeutet.
Der Mensch ist ein krankes Tier, sagt Rousseau ...
Dem kann man nicht widersprechen.
Sollen wir uns zu Tieren zurückentwickeln?
Das wäre doch angenehm. Wir müssen lernen zu schauen, ohne zu fragen. Aber das sind nur Gedankenspiele. Ich mache Vorschläge. Ich biete keine Lösungen an.
Das heißt, wir müssen uns vorerst damit abfinden, denkbegabte Wesen zu sein, die sich bestenfalls, wie Pascal rät, zerstreuen können.
Ja, leider.
Ein Mittel zur Zerstreuung, das Sie nie enttäuscht hat, ist Alkohol.
Ja, aber ich muss zugeben, dass auch der Sex bei mir gut funktioniert. Ein Orgasmus wirkt, wenn er gut ist, wie Morphium. Man muss nur darauf achten, dass der Koitus lang genug dauert, um zur vollen Erschöpfung zu kommen und den ersehnten glücklichen Schlaf zu finden. Wenn es zu schnell geht, ist der Mann danach traurig. Man nennt das die postkoitale Traurigkeit. Ein brauchbares Mittel dagegen sind Präservative, weil sie die Empfindung beim Vögeln verringern und dadurch den Orgasmus verzögern.
Wie fühlen Sie sich, wenn Sie aus dem glücklichen Schlaf wieder erwachen?
Schrecklich! Das Erwachen ist schrecklich. Das ist mein größtes Problem. Ich brauche dann sehr viel Kaffee. Es ist

wie eine unangenehme Geburt. Kinder hüpfen, wenn sie erwachen, manchmal wie kleine Tiere ganz glücklich ins Leben zurück. Sie freuen sich, die Welt wiederzufinden. Aber im Allgemeinen muss man sagen, dass es im Schlaf schöner ist. Die Rückkehr in die Bewusstheit ist kaum zu ertragen. Das ist ein schwerwiegendes Argument gegen das Leben.
In einem Interview mit dem französischen Kunstmagazin »art press« sagen Sie, Kant zitierend, nur das Pflichtgefühl kann uns am Leben halten. Um sich mit einer praktischen Pflicht zu versehen, müsse man es so einrichten, dass das Glück eines anderen von der eigenen Existenz abhängt.
Ja, ich schlage vor, sich einen Hund zuzulegen. Denn es sind ja vor allem alte Menschen, die sich das Leben nehmen. Da kann ein Hund nützlich sein.
Ich bin fünfundfünfzig.
Fabelhaft!
Muss ich mir nun einen Hund anschaffen?
Nein, fünfundfünfzig ist doch nicht alt. Ich spreche von Leuten, die schon in Rente sind.
Also habe ich noch zehn Jahre Zeit.
Genau! Wenn Sie dann achtzig werden, und Ihr Hund lebt fünfzehn Jahre, sterben Sie gleichzeitig mit ihm. Das ist doch wunderbar.
Wäre Ihre Frau nicht Grund genug, sich nicht umzubringen?
Oh, doch. Aber ein Hund ist die bessere Lösung, denn Frauen können sehr gut alleine leben. Was aber macht mein armer kleiner Hund, wenn ich tot bin?
Sie haben schon einen?
Ja, einen Corgy. Schopenhauer hatte einen Pudel. Damals gab es noch nicht so viele Hunderassen.
Haben Sie Angst vor dem Tod?

Natürlich kenne ich Todesangst, aber schlimmer finde ich, dass der Tod mit Trennung verbunden ist. Die Trennung bezeichne ich als das Böse. Die Tatsache, dass ich durch den Tod jemanden verlieren kann, stört mich sehr. Deshalb war die mutigste Entscheidung, die ich jemals getroffen habe, mir einen Hund zuzulegen. Der Gedanke, dass ich ihn überleben werde, bedrückt mich mehr als der Gedanke an den eigenen Tod.

Ist Ihnen Ihre Frau nicht wichtiger als Ihr Hund?

Doch, schon.

Warum verschweigen Sie das? Warum sprechen Sie dauernd von Ihrem Hund?

Weil mein Hund keine Zeitungen lesen kann.

Sie scherzen.

Ich versuche es.

In einem Ihrer Gedichte steht: »Ich scherze am Rande des Selbstmords.«

Oh ja, ich erinnere mich.

In »Elementarteilchen« schreiben Sie: »Humor kann niemanden retten ... Egal wie viel Mut, Gelassenheit oder Humor man im Laufe seines Lebens entwickelt hat, am Ende bricht es einem doch immer das Herz.«

Ja, ich glaube, dass der Humor letztlich nichts nützt. Eine meiner stärksten Obsessionen ist die Überzeugung von der Nutzlosigkeit des Humors. Das Lachen ist oft nur eine nervöse Reaktion auf die Verzweiflung.

Die Verzweiflung ist am fürchterlichsten witzig.

Wer sagt das?

Novalis.

Dem stimme ich zu. Ich gehöre zu den Menschen, die zum Beispiel in lautes Lachen ausbrechen, wenn sie ein Attentat sehen. Aber das ist nicht außergewöhnlich. Das ist sehr verbreitet.

Mussten Sie lachen, als Sie die Schreckensbilder vom 11. September sahen?

Nein, ich war wie erstarrt. Ich war versteinert durch die Ästhetik des Vorgangs. Es gibt Menschen, die, wenn sie einen Vulkanausbruch aus der Nähe sehen, so fasziniert sind, dass sie mitverbrennen, statt sich zu retten. Zu diesen Menschen gehöre ich. Ich brauchte einige Zeit, um mich von den Bildern der brennenden Türme zu lösen. Erst danach konnte ich mir über die politischen Hintergründe Gedanken machen.

Sie mögen die Amerikaner nicht.

Es war eine komplizierte Situation, denn obwohl ich die Amerikaner und ihre Werte nicht ausstehen kann, betrachte ich sie als das geringere Übel. Mein Abscheu gegen die Islamisten war größer.

Ihr Angriff auf den Islam hat Ihnen ein Verfahren wegen Anstiftung zum Rassenhass eingebracht. Trotzdem wiederholen Sie ihn.

Das hat wahrscheinlich moralische Gründe.

Sie lassen sich das Wort nicht verbieten.

Ich habe eine Begabung, die Selbstzensur auszuschließen. Aber es geht mir nicht gut dabei. Ich fürchte, ein Star im negativen Sinne zu werden. Ich habe Angst.

Angst vor Vergeltung?

Ja, ich will nicht gekreuzigt werden. Ich würde das lieber vermeiden, aber das hängt nicht von mir ab. Ich kann nicht anders. Ich bin so größenwahnsinnig zu glauben, dass man mir irgendwann recht geben wird. Man wird eine Weile schockiert sein, aber dann wird man erkennen, dass ich das

Richtige sage. Denn es stimmt doch, dass die monotheistischen Religionen idiotisch sind, und am dümmsten ist der Islam. Es ist doch offensichtlich, dass Gott nicht existiert. Das wird man begreifen. Ich bin ein optimistischer Megalomane.

In Ihrem Roman »Plattform« verüben islamische Terroristen ein Attentat auf westliche Sextouristen, bei dem die Geliebte des Helden getötet wird. Man hat den Eindruck, als wäre das eine verdiente Strafe.

Finden Sie?

Sie schreiben: »Als wohlhabender Europäer konnte ich in anderen Ländern für einen geringen Preis Nahrung, Dienstleistungen und Frauen erwerben. Als dekadenter Europäer sah ich ... keinen Grund, darauf zu verzichten. Ich war mir aber auch bewusst..., dass Menschen wie ich unfähig waren, das Überleben einer Gesellschaft zu gewährleisten, und im Grunde sogar des Lebens nicht würdig waren.« Erinnern Sie sich an die Stelle?

Ja, doch. Es ist nicht angenehm, aber irgendwie stimmt es.

Sie propagieren den Sextourismus, aber Sie fühlen sich nicht ganz wohl dabei.

Ich bin etwas gespalten.

Das wird übersehen, wenn man Sie attackiert.

Man hält mich für einen Provokateur.

In Wahrheit sind Sie ein von Selbsthass Zerrissener.

Das Wort »Hass« ist falsch. Ich verachte mich eher. Das sind sehr verschiedene Dinge.

Sie schämen sich.

Ja, immer. Ich bin vielleicht masochistisch. Jedes Mal, wenn ich mich beklage, schäme ich mich dafür.

Ihr Freund, der Schriftsteller Frédéric Beigbeder, behauptet, Sie lieben es, bedauernswert und abstoßend zu wirken.

Oh ja, das liebe ich sehr.
Sie hätten, so Beigbeder, in Ihrer Kindheit unsagbar gelitten, jeder normale Mensch hätte sich umgebracht.
Das klingt gut. Das gefällt mir. Aber es stimmt nicht. Nietzsche hat über Wagner gesagt, dass er schauspielerisches Talent besäße. Das trifft auch auf mich ein wenig zu. Im Grunde erinnere ich mich an nichts. Ich habe so viel gelogen, dass ich nicht mehr weiß, was wahr ist, was nicht. Je älter ich werde, desto schlimmer wird es. Man erinnert sich an das eigene Leben, wenn man älter wird, wie an einen Roman, den man gelesen hat. Der Respekt vor der Wahrheit wird, wenn man Bücher schreibt, immer geringer.
Stimmt es nicht, dass Sie von Ihren Eltern, als Sie fünf waren, verlassen wurden?
Doch, das stimmt. Sie haben mich bei meiner kommunistischen Großmutter abgegeben. Aber die war sehr nett zu mir. Ich jammere gern, weil ich gern bemitleidet werde. Deshalb habe ich meine Kindheit und Jugend ein bisschen dramatisiert.
In einem Gedicht über Ihren Vater schreiben Sie: »Er hat mich behandelt wie eine Ratte, die man vertilgen will.«
Das ist doch ein starkes Bild. Ich bin zufrieden damit.
Ihr größtes Problem als junger Mann war, dass Sie sich hässlich, mittelmäßig und langweilig fanden. Kein Mädchen wollte mit Ihnen schlafen.
Ja, ich fühlte mich, da meine Eltern mich abgelehnt hatten, nicht liebenswert.
Seit Sie ein Star sind, haben Sie keine Schwierigkeiten mehr, Sexpartnerinnen zu finden.
Ach, wirklich?
Sie haben es selbst gesagt.

Ich habe so viel gesagt. Man sollte dem, was ich sage, nicht immer Glauben schenken. Tatsächlich hat sich, was mein Sexleben betrifft, nur wenig geändert. Aber da man es indezent findet, wenn ein Star sich beklagt, habe ich mir angewöhnt zu sagen, alles sei gut. Man ist, wenn man berühmt ist, gezwungen, so zu tun, als wäre man glücklich, weil die Leute sonst kommen und sagen, du hast doch alles, warum beklagst du dich? Das ist schade. Ich würde viel lieber immer so weiterjammern.

Die amerikanische Journalistin Emily Eakin hat berichtet, Sie hätten sie, statt sich interviewen zu lassen, zum Geschlechtsverkehr überreden wollen.

Ja, aber diese Dame war völlig neurotisch. Ich hatte ihr erzählt, dass ich in Swingerclubs gehe. Zuerst wollte sie mitgehen, dann wieder nicht.

Sie haben sich während des Interviews angetrunken und sind mittendrin eingeschlafen.

Ja, diese Frau hat mich wirklich genervt.

Heute sind Sie ganz aufgeweckt ...

Nicht mehr lange.

... und Sie trinken nicht.

Aber bald.

Nehmen Sie Antidepressiva?

Zurzeit nicht. Die Depression ist ein Leiden, gegen das Medikamente nur wenig helfen. Es gibt Angstzustände, gegen die man mit Psychopharmaka vorgehen kann. Doch im Moment brauche ich das nicht. Das beste Mittel gegen die Angst ist die Gleichgültigkeit. Die Gleichgültigkeit ist meine hervorstechendste Eigenschaft. Sie ist ein nützlicher Dämon, weil sie gegen die Hellsichtigkeit schützt, die aus der Bewusstheit kommt.

Gehen Sie noch immer in Swingerclubs?
Ja, zur Ablenkung. Es ist ein schöner Zeitvertreib. Ich mag das gern.
Ist Ihre Frau damit einverstanden?
Sie ist manchmal eifersüchtig, aber das bin ich auch. Die Eifersucht ist, wenn man liebt, unausweichlich. Man muss nur aufpassen, dass sie nicht für die Beziehung gefährlich wird.
Ihre Kollegin Catherine Millet, die ein Buch über ihre sexuellen Abenteuer geschrieben hat*, trennt Sex von Liebe. Sie meint, dass Männer die Sexualität idealisieren.
Madame Millet ist eine intelligente Frau, die ich sehr schätze. Aber ihre These, dass es Sex ohne Liebe gibt, ist ein altes Klischee. Sie ist davon besessen, mehrere Schwänze gleichzeitig um sich zu haben. Doch selbst in Swingerclubs ist eine gewisse Sympathie nötig, damit der Sex funktioniert. Das Angenehme an der Sexualität ist, dass sie auf einem sehr simplen Prinzip beruht, nämlich der Übereinstimmung des Begehrens der daran Beteiligten. Mehr ist es nicht.
Und was ist Liebe?
Darüber habe ich noch nicht nachgedacht. Liebe ist Mitgefühl. Sie ist das Einzige, das mich aus meiner Gleichgültigkeit herausholen kann.
In »Elementarteilchen« entwerfen Sie eine Art Religion der Liebe. »Die Liebe verbindet«, heißt es da, »und sie verbindet für immer.« Seltsamerweise kann die Person, der Sie das in den Mund legen, nicht lieben.
Warum ist das seltsam?

---

* *Das sexuelle Leben der Catherine M.*, München 2001

Ein zur Liebe Unfähiger malt sich eine heile Welt voller Liebe aus.
So ist es doch immer.
Ich halte die aus kranken Hirnen geborenen Heilsversprechungen für gefährlich.
Ich auch. Aber alles, was wir entwerfen, ist aus kranken Hirnen geboren. Das menschliche Hirn ist an sich eine Krankheit. Es ist ein wucherndes Krebsgeschwür, und es erzeugt, wenn wir es nicht zügeln, das Böse.
Wissen Sie so genau, was gut und was böse ist?
Das ist doch ganz einfach.
Ich bin mir da nicht so sicher.
Hitler und Napoleon waren bestimmt böse Menschen.
Das hätten sie aber von sich selbst nicht gesagt.
Hitler wollte den Krieg um des Krieges willen, und ich glaube, er hätte das einem Gesprächspartner gegenüber, dem er vertraute, auch eingestanden. Er wäre aber nicht so weit gegangen wie Napoleon, der, als er ein Schlachtfeld voller Leichen sah, sagte: »In einer Pariser Nacht wird das wieder bevölkert werden.« Napoleon war schlimmer als Hitler.
Ist das Ihr Ernst?
Ich sage das nicht zum ersten Mal.
Wie reagieren Ihre Landsleute auf solche Vergleiche?
Es hat sich niemand sonderlich aufgeregt. In Deutschland ist das ein Thema, in Frankreich nicht. Die Deutschen haben eine spezielle Begabung für Schuldgefühle. Kein anderes Volk wünscht die eigene Vernichtung so sehr wie die Deutschen, und sie haben es ja beinahe geschafft, sich auszulöschen. Dieser Selbstvernichtungswunsch rührt mich.
Weil Sie sich darin wiedererkennen.
Vielleicht.

»Ich werde fallen«, *schreiben Sie in einem Gedicht*, *»und zwar von eigener Hand.«*
Das habe ich geschrieben, aber ich werde es nicht in die Tat umsetzen. Ich werde wie ein Tier mein Leben zu Ende leben.
»Meine Hand geleitet mich zum Tod«, *heißt es an anderer Stelle.*
Damit meine ich die Selbstbefriedigung. Das ist ein interessantes Thema. Denn jede Selbstbefriedigung ist eine Art Selbstmord. Deshalb mag ich das nicht. Ich mag keinen Sex mit mir selbst. Aber es würde mir sehr gefallen, ein Hermaphrodit zu sein. Es ist schade, dass wir unser Geschlecht nicht wählen können. Ich wäre hin und wieder gern eine Frau. Ich möchte eine Vagina haben.
Sie wollen gebären können.
Nein, aber ich verspüre manchmal große Lust, penetriert zu werden.
Leiden Sie unter Impotenz?
Nein, nie, aber das ist kein Wunder in meinem Alter.
Sie meinen, das kommt noch?
Das kommt bestimmt. Ich habe noch genug Jahre vor mir, um die Impotenz zu erleben. Aber man muss sich ja nicht darauf versteifen, die Frau mit dem Schwanz zu befriedigen. Ich glaube, die Männer werden impotent, weil sie zu viele Pornos sehen. Sie wollen so perfekt wie die Darsteller in diesen Filmen sein. Das überfordert sie.
Sie fühlen mit den Männern.
Ich finde, sie sollten von sich nicht zu viel verlangen.
Über Frauen, die Ihren Ansprüchen nicht genügen, äußern Sie sich wenig verständnisvoll.
So?

»Eine schöne, sanfte Möse«, schreiben Sie, »willig, geschmeidig und muskulös«, finde man bei westlichen Frauen nicht mehr.
Ja, aber das sage nicht ich, das sagt eine Romanfigur, die schlechte Erfahrungen gemacht hat mit westlichen Frauen. Es stimmt, dass die Möse der Europäerin oft zu schlaff ist. Aber das kann man ändern. Man kann die Muskeln trainieren. Man braucht nur fünf Minuten pro Tag. Das ist ganz einfach. Das könnten westliche Frauen genauso gut wie die Asiatinnen.
Ich würde mich scheuen, das zu verlangen.
Sie haben offenbar Probleme damit, dass Frauen etwas für Männer tun.
Ja, mehr als Sie.
Das ist doch furchtbar! Sie dürfen es nicht als Altruismus betrachten, wenn eine Frau einem Mann Freude bereitet. Frauen haben Spaß daran, einen Mann zu befriedigen, weil es ihnen das berauschende Gefühl gibt, über ihn Macht zu haben.
Ach!
Wenn die Interessen in die gleiche Richtung zielen, ist das doch wunderbar.
In Ihren Romanen teilen Sie die Frauen in drei Kategorien ein: in solche, die für den Mann unnütz sind, weil sie nicht mit ihm schlafen wollen ...
So könnte man sagen.
... in solche, die er kaufen kann ...
Nicht kaufen. Eine Nutte kann man nur mieten. Da muss man genauer sein.
... und in solche, deren einziges Ziel es ist, ihn glücklich zu machen.
Was stört Sie daran?

Mich stört, dass Sie den Wert einer Frau nur danach bemessen, welchen Nutzen sie für den Mann gerade hat.
Das ist doch nicht schlimm. Ich werde auch gern benutzt. Ich wäre gern öfter ein Sexobjekt. In meinen Romanen erfülle ich mir diesen Traum. Ich erschaffe mir die ideale Geliebte.
Sie sind ein Märchenerzähler.
Ja, aber das sind sehr leidenschaftliche Märchen.
Am Schluss müssen Ihre Märchenprinzessinnen, damit der Mann sich bedauern kann, immer sterben.
Das habe ich nicht gewollt. Das hat rein formale Gründe. Der Erzähler in *Plattform* sagt am Schluss: »Man wird mich vergessen. Man wird mich schnell vergessen.« Das könnte er nicht sagen, wenn die Frau noch am Leben wäre. Es gab keine andere Lösung. Ein glückliches Ende wäre der Geschichte nicht angemessen.
Weil es Kitsch wäre?
Nein, dagegen hätte ich nichts. Ich bin nicht gegen Kitsch. Ein Happy End im Kino gefällt mir gut. Von einer gewissen Warte aus betrachtet, können Sie alles als Kitsch bezeichnen. Jedes Gefühl ist, wenn Sie so wollen, Kitsch. Auch Reden ist Kitsch. Eine Meinung zu vertreten, ist Kitsch. Um nicht kitschig zu sein, müsste man eine Geschichte vollkommen steril erzählen.
Das haben Sie in Ihrer früheren Prosa versucht.
Jetzt will ich das nicht mehr. Ich möchte erreichen, was Schubert in der Musik gelang, diese herzzerreißende Einfachheit. Einmal ist es mir vielleicht geglückt. Nach dem Tod der Geliebten sagt der Erzähler in *Plattform*: »Valérie fehlt mir.« Es ist nur dieser eine Satz. Aber darin ist alles enthalten.

Verletzt es Sie, wenn man Ihre literarischen Qualitäten in Zweifel zieht?
Nein, überhaupt nicht.
Alain Robbe-Grillet nennt Sie »vollkommen mittelmäßig«. Ich zitiere: »Was dieser Houellebecq mit seinen Nutten aufführt, das ist doch grauenhaft. Dieser Mann kann nicht schreiben.«
Das berührt mich nicht sonderlich. Ich habe mir von Robbe-Grillet ein paar Bücher gekauft, weil die Titel ganz gut sind. Aber ich habe es nicht geschafft, sie zu lesen. Sie langweilen mich.
Welche zeitgenössische Literatur lesen Sie?
Ich lese alles außer Robbe-Grillet. Am liebsten würde ich nur noch lesen. Ich bin jetzt so reich, dass ich sehr lange gut leben könnte. Ich denke manchmal, ich werde nie wieder schreiben.
Sie haben es in einem Interview angekündigt.
Das war nicht ernst gemeint. Wenn ich so etwas sage, rede ich wie ein Alkoholiker, der sagt, dass er nie wieder trinken wird.*
Jean Genet hat, als er berühmt wurde, seine Kreativität eingebüßt.
Ja, aber das war kein großer Verlust.
Genet gilt als bedeutender Dichter.
Das habe ich noch nie gehört. Man sagt das von Aragon, Claudel oder Ponge. Manche seltsame Leute halten auch Breton für bedeutend. Aber Genet? Der hat wirklich nur Kitsch geschrieben. Das ist ein ganz kleiner Autor.

---

* 2005 erschien der Roman *Die Möglichkeit einer Insel*, 2010 der Roman *Karte und Gebiet*, für den Houellebecq den Prix Goncourt erhielt.

Darf ich ihn trotzdem zitieren?
Ja, bitte.
Er sagt: »Ich möchte, dass sich die Welt nicht verändert, damit ich gegen die Welt sein kann.«
Das ist einer der vielen dummen Sätze, die er von sich gegeben hat.
Sie wollen die Welt verändern.
Nein, ich beschreibe sie. Aber ich kann mir sehr gut eine Welt vorstellen, in der alle glücklich sind. Ich kann mir auch eine Kultur vorstellen, die auf dem Glück beruht. Man muss nicht unglücklich sein, um Kunst herzustellen. Es gäbe vielleicht in einer glücklichen Welt keine Romane mehr. Aber die Poesie gäbe es trotzdem, weil sie aus einem positiven Antrieb entsteht. Der Poet kann auch die Schönheit besingen.
Sie überraschen mich.
Warum?
Weil Sie dem Bild, das ich aus den Medien von Ihnen hatte, so wenig entsprechen.
Ich werde oft missverstanden.
Sie sind ein Idealist.
Sie nicht?
Sie wünschen sich das Paradies auf Erden, das der Kommunismus versprochen hat.
Ja, ich bin Kommunist. Ich glaube, dass man das Experiment des praktischen Kommunismus in einigen Jahren wohlwollend beurteilen wird. Es ist zwar gescheitert. Aber es war ein ehrenvoller Versuch. Der Kapitalismus, der heute herrscht, ist viel brutaler. Ich glaube auch, dass man Stalin einmal anders beurteilen wird.
Wie?

Man wird sehen, dass er Ordnung geschaffen hat. Ich sage das nicht gern, aber ich bin mit Goethe einverstanden, der meinte, die Ungerechtigkeit sei der Unordnung vorzuziehen. Die Sowjetunion hat immerhin funktioniert. Das Chaos, in dem Russland versinkt, ist zweifellos schwerer erträglich.
Sie verteidigen einen Massenmörder?
Ich bin vielleicht etwas müde. Ich fürchte, wir werden in diesem Gespräch die Versöhnung zwischen dem Schönen, Wahren und Guten nicht mehr erreichen.
Sind Sie ein guter Mensch?
Nein.

Leni Riefenstahl
2002

Wie führt man ein Interview mit einer lebenden Legende, die über das, was sie zur Legende gemacht hat, nicht sprechen will? Leni Riefenstahl hat zum Gespräch in ihr Haus in Pöcking nahe München gebeten, wo sie mit ihrem vierzig Jahre jüngeren Lebensgefährten und Mitarbeiter Horst Kettner wohnt. Die mitgebrachten Blumen nimmt sie mit Routine entgegen. Dass sie fast hundert ist, will man nicht glauben. Jugendlich blond, rosig geschminkt, nimmt sie auf einem Sofa Platz, nippt an dem Vitamingetränk, das ihre Sekretärin ihr hingestellt hat, und fragt: »Was wollen Sie wissen?«

Vieles geht einem da durch den Kopf. Man würde die alte Dame gern zum Denken verführen. Warum beteuert sie denn bei jeder Gelegenheit, sie habe dem Hitler-Staat unfreiwillig gedient, obwohl sie doch auf ihre Willensstärke so stolz ist? Warum begreift sie nicht, dass das unvereinbar ist? Man will im Grunde nur diese eine Frage stellen.

Man hat aber gehört, dass sie Journalisten, die sie nach ihrer Vergangenheit im Dritten Reich befragen, zur Tür hinauswerfen lässt. Vielleicht sollte man sich zuerst nach ihrem Befinden erkundigen. Aber sie hat, sagt sie, an diesem

Nachmittag noch einen Arzttermin. Man will keine Zeit verschwenden. Man hat gelesen, sie redet gern über ihr Leben bei den Nuba in Afrika. Dort sei sie glücklich gewesen. Dort habe sich niemand für ihre Vergangenheit interessiert. Aber auch die Nuba, die sie in ihrer urwüchsigen Nacktheit filmte, haben sie bald enttäuscht. Beim zweiten Besuch trugen sie Hosen und um den Hals Plastikflaschen. Besser, man fragt sie nach ihrem Glück unter Wasser. Mit siebzig hat sie das Tauchen gelernt. In den Korallengärten der Südsee fand sie ihr Paradies. So schön kann nur noch der Tod sein, auf den sie sich, wie sie in einem früheren Interview eingestand, freut. Mit dem Tod also kann man beginnen.
Zweimal kommt während des Gesprächs die Sekretärin ins Zimmer und macht diskret auf den Arzttermin aufmerksam. Leni Riefenstahl aber winkt ab und bleibt sitzen. Sie ist an diesem Nachmittag zum Durchhalten aufgelegt. Sie macht dem Interviewer beim Abschied sogar das Kompliment, es sei, obwohl er zu viel Zeit mit dem Hitler-Thema vergeudet habe, ein interessantes Gespräch gewesen.

Sie werden am 22. August hundert Jahre alt. Der Tod, sagen Sie, wird für Sie eine Erlösung sein.
Ja, eine Erlösung von den Schmerzen, nicht vom sonstigen Leben. Es geht mir sehr schlecht zurzeit. Ich bin sehr krank und sehr müde.*
Man sieht es Ihnen nicht an.

---

* Leni Riefenstahl starb am 8. September 2003 in Pöcking.

Es ist aber so. Ich muss sehr starke Mittel nehmen …
Morphium.
Ja, Morphium. Aber das macht mir den Kopf kaputt. Da passiert es mir, dass ich manche Dinge vergesse. Das kann mir auch in diesem Interview leicht passieren.
Das Vergessen kann auch eine Gnade sein.
Ich weiß, was Sie meinen.
Sie waren im NS-Staat eine der prominentesten Künstlerinnen. Sie haben nie abgestritten, dass Sie Hitler verfallen waren. Sie haben für ihn den Film »Triumph des Willens« über den Reichsparteitag gedreht …
Ich bereue zutiefst, diesen Film gemacht zu haben.
Er ist Ihr Meisterwerk.
Ja, aber ich werde wegen dieses Meisterwerks seit Jahrzehnten bespuckt und beleidigt. Man hat mich als Nazi und Antisemitin beschimpft. Man hat geschrieben, ich hätte vor Hitler Nackttänze aufgeführt. Man behauptet, ich hätte gesehen, wie Juden erschossen wurden. Ich habe zehn eidesstattliche Erklärungen, dass das nicht stimmt. Ich habe über fünfzig Prozesse geführt und habe sie alle gewonnen. Aber man glaubt mir nicht. Man will, dass ich sage, ich hätte gewusst, was in den Konzentrationslagern geschah. Aber ich habe es nicht gewusst.
Sie haben erst nach dem Krieg davon erfahren.
Ja, ich bin doch fast wahnsinnig geworden, als ich davon erfuhr.
Sie zitieren in Ihren Memoiren einen Brief, den Sie 1949 einem jüdischen Freund, dem Journalisten Manfred George schrieben, der vor den Nazis nach Amerika geflohen war …
Das ist interessant, dass Sie das hier erwähnen.
Da heißt es: »Nie habe ich bestritten, dass ich der Persönlich-

keit Hitlers verfallen war. Dass ich das Dämonische zu spät in ihm erkannt habe, ist zweifellos Schuld oder Verblendung ...«
Ja, ich habe in dieser Zeit gelebt, aber ich habe von dem Schrecklichen nichts gewusst.
Sie haben weggesehen.
Nein, ich habe nicht weggesehen. Ich war eine Gutgläubige. Ich habe an das Positive geglaubt. Ich habe geglaubt, dass Hitler Gutes tut, und er hat ja auch Gutes getan. Es ist ihm gelungen, in zwei Jahren sechs Millionen Arbeitslosen Arbeit zu geben. Das hat mich beeindruckt, weil auch meine Familie davon betroffen war. Mein Vater hatte in seiner Firma ein paar Hundert Arbeiter gehabt, die alle arbeitslos waren. Aber als Hitler kam, hatten die wieder Arbeit.
Nach dem Krieg haben Sie sich schrecklich betrogen gefühlt.
Ja, ganz richtig. Denn ich hatte ja Ideale.
Die waren zerstört.
Ja, vollkommen. Hätten Sie mir während des Dritten Reiches gesagt, dass Hitler Konzentrationslager errichtet und dass da Menschen umgebracht werden, hätte ich geantwortet, Sie können mir beide Hände abschneiden, ich glaube es nicht. Ich habe furchtbar gelitten, als man mir 1945 die Bilder zeigte, auf denen man sah, was geschehen war. Das ist etwas, das man nie wegwischen kann. Das ist in mir eingebrannt wie ein Tattoo. Das geht nicht weg.
Sie haben Hitler 1932, noch vor der Machtergreifung, kennengelernt. Sie hatten ihn im Berliner Sportpalast reden gehört und waren hingerissen.
Ich war fasziniert von der Wirkung, die er auf so viele Menschen hatte.
Sie haben ihm einen Brief geschrieben.
Ja, weil ich neugierig war. Ich wollte sehen, was für ein

Mensch das ist. Ich war an seiner Person interessiert, wie viele an Hitler interessiert sind, bis heute. Ich wollte wissen: Wie ist der eigentlich? Ist das ein Teufel oder ein guter Mensch? Aber ich bin zu keinem Ergebnis gekommen. Ich habe in ihm immer beides gesehen. Ich hatte ständig das Gefühl, dass er zwei Seiten hat. Aber die böse Seite habe ich nicht wahrgenommen.

Sie haben sie nicht wahrnehmen wollen.

Nein, nein, das stimmt nicht!

Sie fühlten sich durch die Komplimente, die er Ihnen machte, geschmeichelt.

Komplimente bekam ich damals von allen Seiten. Das war nichts Besonderes. Er hatte meinen Film *Das blaue Licht* gesehen, und er bewunderte, dass ich es geschafft hatte, mich ohne eigene Mittel als Frau durchzuringen. Das hat ihm imponiert. Der Film war ja ein Welterfolg. Ich bekam Telegramme von Chaplin und Douglas Fairbanks. Hitler hat das übernommen.

Sie meinen, er war von Ihrem Erfolg beeindruckt?

Ja, auch. Er schätzte mich als erfolgreiche Künstlerin.

Kannten Sie damals schon seine Ansichten über die Rolle der Frau, die sich dem Mann unterordnen und der Nation Kinder gebären sollte?

Ja, ich hatte das ja in *Mein Kampf* gelesen. Also das wusste ich schon. Aber es hat mich nicht interessiert.

In einer Rede, die Hitler 1934 vor der nationalsozialistischen Frauenschaft hielt, sagte er: »Was der Mann einsetzt an Heldenmut auf dem Schlachtfeld, setzt die Frau ein in ewig geduldiger Hingabe, in ewig geduldigem Leid und Ertragen. Jedes Kind, das sie zur Welt bringt, ist eine Schlacht, die sie besteht für das Sein oder Nichtsein des Volkes.«

Ich kannte seine Ansichten. Aber ich hätte mich dem nie fügen können. Einer seiner Adjutanten hat mir einmal gesagt, dass er mich für eine große Ausnahme halte.
Haben Sie versucht, ihm seine Ideen auszureden?
Ja, das habe ich ja beschrieben. Seinen Rassismus habe ich vollkommen abgelehnt. Doch als ich merkte, dass es zwecklos war, mit ihm darüber zu sprechen, habe ich aufgegeben. Er hat das mit einer solchen Absolutheit vom Tisch gewischt. Er hat seinen Adjutanten gerufen und mich hinausgeschickt. Ich musste gehen, und ich habe dann auch von anderen gehört, dass es ganz hoffnungslos war. Wer versuchte, mit ihm über das Judenproblem zu sprechen, den hat er nie wieder getroffen. Es ist ein Wunder, dass er mich überhaupt noch sehen wollte, obwohl er spürte, dass ich in diesem Punkt nicht konform ging mit ihm.
Kam Ihnen nie der Gedanke, Hitlers Judenhass könnte Folgen haben?
Ich wusste, dass er durch und durch antisemitisch war, und ich erkannte, dass er einen so starken Willen hatte, dass man dagegen nichts machen konnte.
Waren Sie nicht alarmiert, als Sie sahen, dass Ihre jüdischen Freunde Deutschland verlassen mussten?
Ich dachte, dass sie das freiwillig taten. Ich habe nie erlebt, dass ein Jude weggebracht wurde. Ich habe ein Schreiben bekommen, dass wir nicht in jüdischen Geschäften einkaufen sollten. Aber darum habe ich mich nicht gekümmert. Ich habe in jüdischen Geschäften bis zum Schluss eingekauft.
Was dachten Sie, als Sie in »Mein Kampf« lasen, die Juden seien moralisch minderwertig und eine »geistige Pestilenz«, die man ausrotten müsse?

Ich fand das schrecklich. Ich habe ja dieses Buch nur zum Teil bejaht und habe mir Randnotizen gemacht, die Hitler, als er mich einmal besuchte, gesehen hat. Da stand dann »schlimm« oder »nein, stimmt nicht«. Gefallen haben mir nur seine sozialen Ideen. Da habe ich »ja« an den Rand geschrieben.

Wie reagierte Hitler, als er diese Notizen las?

Er fand das humorvoll. Das Buch war zufällig auf meinem Schreibtisch gelegen. Er hat darin herumgeblättert. Aber er war in keiner Weise pikiert.

Er hat Sie nicht ernst genommen.

Sagen wir mal, er hat von Anfang an gespürt, dass ich nie in die Partei eintreten würde. Ich war ja an Politik überhaupt nicht interessiert, weil ich von Politik nichts verstanden habe. Er war auch nicht pikiert, als ich ihm während eines Spaziergangs sagte, ich könnte für ihn keine Filme machen.

Trotzdem haben Sie den Parteitagsfilm für ihn gemacht.

Ja, aber unfreiwillig. Ich hatte ganz andere Pläne. Ich wollte die *Penthesilea* von Kleist verfilmen. Auf das Stück war ich 1925 durch Max Reinhardt gestoßen, der in mir die ideale Besetzung für diese Rolle sah. Als ich es las, war ich sofort begeistert. Ich habe Hitlers Auftrag als eine Katastrophe empfunden und den Regisseur Walter Ruttmann, mit dem ich befreundet war, vorgeschlagen. Hitler sagte: »Es sind doch nur sechs Tage, die Sie mir schenken sollen. Nach diesem Film können Sie alle Filme machen, die Sie sich wünschen.«

Aber im Jahr darauf haben sie einen weiteren Film für ihn gemacht, den Dokumentarfilm »Tag der Freiheit« über die deutsche Wehrmacht.

Das musste ich tun, weil sich die Generäle bei ihm beschwert hatten, dass im *Triumph des Willens* die Reichswehr nicht vorkam.

Sie drehten einen Film über das Militär, obwohl Ihnen alles Militärische zutiefst zuwider war.

Ja, was hätte ich tun sollen? Ich habe das hingenommen. Mir waren Uniformen, wenn ich das hier sagen darf, immer unsympathisch. Ich habe das hingenommen, wie ich die Bäume hinnehme oder ein Haus.

In Ihren Memoiren schreiben Sie: »Krieg war für mich der Inbegriff des Schrecklichen ...«

Ja, ich hatte ja als Kind den Ersten Weltkrieg noch miterlebt.

Der Satz geht weiter: »... und übertriebene Nationalgefühle konnten schuld daran sein, dass es Krieg überhaupt gab.«

Ich weiß nicht mehr, was ich da alles geschrieben habe.

Ich kann nicht verstehen, wie Sie einem so rabiaten Nationalisten wie Hitler vertrauen konnten.

Schauen Sie, um mich zu verstehen, um zu verstehen, wie ich gedacht und gefühlt und wie ich das aufgenommen habe, müssten Sie jemand sein, der sehr sensibel ist und die Fähigkeit hat, sich in einen schizophrenen Charakter, wie es Hitler war, hineinzuversetzen. Nur jemand, der ohne Vorurteile bereit ist, etwas zu erfahren, jemand der sich öffnet, der neugierig ist, kann mich vielleicht begreifen.

Vorurteile habe ich keine. Ich zitiere nur, was Sie geschrieben haben.

Dagegen habe ich nichts.

Als Sie mit fünf Jahren eine Aufführung des Märchens »Schneewittchen« sahen, haben Sie vor allem die bösen Figuren interessiert.

Ja, das Böse hat mich immer furchtbar gequält. Ich kann

mich an eine ganz groteske Szene erinnern, ich weiß nicht, ob ich sie in den Memoiren beschrieben habe. Da bin ich aus einer *Othello*-Vorstellung schreiend hinausgerannt, weil ich die Intrigen des Jago nicht länger ertragen konnte. Ich saß in der Mitte der Reihe und bin an den Leuten vorbei, die geschimpft haben, weil ich ihnen die Sicht nahm, hinausgelaufen. So sehr hat mich das aufgeregt.
Wie alt waren Sie da?
Das war schon während des Dritten Reiches. Da muss ich so fünfunddreißig gewesen sein.
Vom Gemüt her waren Sie noch ganz kindlich.
Ja, ich war sehr lange naiv. Als ich nach dem Krieg den Film *Rififi* sah, in dem zwanzig Minuten lang gezeigt wird, wie man einen Banküberfall vorbereitet, habe ich im Kino laut protestiert.
Sie wollen sich Ihren Glauben an eine heile Welt bewahren.
Ja, finden Sie es so etwas Besonderes, wenn man eine Abwehr hat gegen das Schreckliche? Ich schließe sogar die Augen, wenn ich im Fernsehen etwas Abstoßendes sehe, oder ich schalte ab, weil mich das verletzt, weil ich körperlich darunter leide. Es tut mir weh.
Ein Künstler muss das ertragen. Er darf vor dem Bösen nicht die Augen verschließen. Er muss auch das Unschöne gestalten.
Das habe ich nie getan. Mich zieht nur das Schöne an. Wenn ich tauche und ich sehe unter Wasser, da liegen Blechdosen herum, denke ich gar nicht daran, die zu fotografieren, weil ich das scheußlich finde. Ich nehme die Dosen weg. Was ich nicht sehen mag, das will ich auch nicht gestalten.
Das ist es, was ich Ihnen zum Vorwurf mache.
Ja, aber so bin ich. Sie werden mich nicht verändern kön-

nen. Ich gehe dem Hässlichen aus dem Weg. Das ist meine Veranlagung, vielleicht meine Schwäche.
Kennen Sie das Buch »Männerphantasien« von Klaus Theweleit?
Nein.
Theweleit schreibt, Sie hätten in Ihrem Film »Triumph des Willens«, ohne es zu wollen, das Wesen des Faschismus entlarvt.
Das ist mir ganz neu.
Sie wollten das Schöne sehen und haben unbewusst das Böse gezeigt.
Welches Böse?
Das Gespenstische eines Führerkults, der sich als Ersatzreligion offenbart.
Dass von Hitler etwas Diabolisches ausging, habe ich schon gespürt.
Die Menschen waren ihm hörig.
Ja, aber dass er das schaffte, habe ich eben an ihm so bewundert. Das kann man mir vorwerfen. Aber er wurde ja von allen vergöttert, die um ihn waren. Man hat in ihm einen Gott gesehen, einen guten Gott. Wie das passieren konnte, ist mir ganz unbegreiflich. Die Frage wurde schon tausendmal gestellt, und keiner hat sie beantworten können.
Was würden Sie einem jungen Menschen raten, damit er der Verführung durch das Böse entgeht?
Das weiß ich nicht. Er müsste ja zuerst einmal wissen, ob das überhaupt eine Verführung ist. Das weiß man ja in dem Moment, da es geschieht, noch nicht.
Das heißt, es gibt keine Chance?
Kaum.
Wie kann man mit diesem Gedanken leben?
Man muss damit leben. Ich stelle mir das Leben mit all sei-

nen Problemen als ein Gepäck vor, das der Mensch auf dem Rücken trägt. Er kann damit so lange gehen, bis er zusammenbricht. Wenn es zu viel wird, klappt er zusammen. Dann ist es aus. Dann wird er krank oder verrückt oder er wird zum Selbstmord getrieben. Nur wer einen starken Willen hat, erträgt ein schweres Gewicht. Ich bin jemand, der viel ertragen kann. Es hat harte Eingriffe gegeben, aber ich habe mich immer wieder erholt wie eine Pflanze, die fast verdurstet und dann plötzlich Wasser bekommt und wieder aufblühen kann … Aber jetzt muss ich leider aufhören, Herr Müller, weil ich meine Medikamente einnehmen und mich hinlegen muss.

Kann es sein, dass Sie Hitler vertrauten, weil Sie eine gewisse Seelenverwandtschaft mit ihm empfanden?

Sagen wir mal, ich habe bei ihm eine große Willensstärke, die ich auch habe, gesehen. Ohne meine Willenskraft, die ich von meinem Vater geerbt habe, wäre ich an den Verfolgungen, die ich erleiden musste, kaputtgegangen.

Sie werden nicht nur verfolgt. Sie werden von vielen bewundert.

Ja, man hat geschrieben: Sollen wir sie heiligsprechen oder verbrennen? Ich frage mich, warum man mich nicht endlich in Ruhe lässt. Man will, dass ich mich schuldig fühle. Man will, dass ich tot bin. Man hat geschrieben, man hätte mich in Nürnberg als Kriegsverbrecherin anklagen und aufhängen sollen. Aber was habe ich denn verbrochen? Was habe ich denn getan, dass ich so viele Gegner habe? Die Leute sollen mich alle in Ruhe lassen.

Auch die Bewunderer?

Ja, alle. Ich will meine Ruhe haben, und ich verabschiede mich jetzt, Herr Müller. Es tut mir leid, dass ein so intelli-

genter Mann wie Sie die ganze Zeit mit diesem blöden Hitler verplempert hat. Ich wollte darüber eigentlich gar nicht sprechen. Ich muss Ihnen sagen, mich kotzt das an.
Worüber hätten Sie denn mit mir sprechen wollen?
Es gibt doch viel interessantere Themen. Wir hätten über Kunst und Gestaltung und über Kreativität und wie das alles zustande kommt, sprechen können.
Das haben wir doch getan.
Ich möchte jetzt das Hitler-Thema beenden. Ich habe sehr starke Schmerzen. Ich gebe Ihnen noch zehn Minuten, um Ihre Fragen zu stellen.
Haben Sie das Theaterstück »Marleni« von Thea Dorn gesehen?
Ich habe es nicht gesehen, aber ich glaube, das gibt es als Buch. Ich habe es nur gelesen.
Hat es Ihnen gefallen?
Ich fand es ganz lustig.
Sie treffen in diesem Stück mit Marlene Dietrich zusammen, die als das völlige Gegenteil von Ihnen beschrieben wird.
Na ja, ich war mehr das Naturkind, während Marlene eher ein Typ war, der das Sexuelle betonte. Sie sah ja ganz anders aus, wunderschön, wie eine Sphinx. Ich mochte sie sehr, und ich verehre sie. In meinem Leben spielte der Sex keine so große Rolle.
Alice Schwarzer führt das darauf zurück, dass der erste Mann, den Sie liebten, Sie vergewaltigt hat.
Das ist wieder so eine Phantasie. So war es nicht.
Sie haben diese Vergewaltigung selbst beschrieben.
Ja, aber ...
Das muss doch ein prägendes Erlebnis für Sie gewesen sein.
Ja, aber nicht in dem Sinne, wie Sie es sagen. Es war in dem Sinne prägend, dass es mich Männern gegenüber vorsichti-

ger machte. Ich hatte ja viele Verehrer, und ich bin durch dieses Erlebnis, sagen wir mal, kühler geworden, zurückhaltender, unnahbarer. Ich mochte zum Beispiel keine Flirts. Wenn ich lese, wie sich Frauen bemühen, den Männern zu gefallen, denke ich immer, bei mir war es umgekehrt. Mir war es sehr unangenehm, wenn sich die Männer in mich verliebten, denn es hat doch nur Ärger gebracht, wenn ich das nicht erwidern konnte.

Einer Ihrer hartnäckigsten Verehrer war Joseph Goebbels.
Ja, aber der Goebbels hat mich sowieso abgestoßen.
Sie schreiben, er habe sich schluchzend vor Ihnen auf dem Boden gewälzt und Ihnen während einer Opernaufführung unter den Rock gegriffen.
Goebbels hat mich mehr gehasst als geliebt. Er hat mir dann große Schwierigkeiten bereitet. Ich hatte, als ich 1936 den Film über die Olympiade drehte, von Hitler den Auftrag, ihn aufzunehmen, wie er die Spiele eröffnet, und das konnte ich nur aus der Nähe tun. Die Loge, in der er saß, unterstand aber dem Dr. Goebbels, und da Goebbels kein Freund von mir war, hat er versucht, das zu verhindern. Da stand ich also zwischen zwei Aufträgen ...
Um Ihr Ziel zu erreichen, brachen Sie auf der Tribüne in Tränen aus.
Nein, ich habe das nicht getan, um ein Ziel zu erreichen. Ich habe aus Wut geweint. Das hat der Göring gesehen und gesagt: »Lass das Mädchen doch ruhig ihre Sachen machen.«
Bei Hitler fühlten Sie sich sicher, weil er Sie nicht als Frau begehrte.
Der Hitler hatte auf mich als Mann überhaupt keine Wirkung.

Ihr erstes Zusammentreffen haben Sie so beschrieben: »Wir gingen stumm nebeneinander. Nach einer längeren Pause blieb er stehen, sah mich lange an, legte langsam seine Arme um mich und zog mich an sich ...«

Das war in Horumersiel, einem kleinen Fischerort an der Nordsee. Er hatte mich zu einem Spaziergang am Strand eingeladen.

Als Sie seinen Annäherungsversuch abgewehrt hatten, hob er die Hände und sagte: »Ich darf keine Frau lieben, bis ich mein Werk nicht vollendet habe.«

Ja, aber später, als ich ihn in seiner Münchner Wohnung besuchte, erzählte er mir, er habe in seinem Leben nur eine Frau wirklich geliebt. Das war seine Nichte, Geli Raubal, die sich erschossen hatte.

Hat es Sie berührt, dass Ihnen Hitler sein Privatestes anvertraute?

Mir wäre lieber, ich hätte ihn nie kennengelernt. Denn dann hätte ich nicht diesen schrecklichen Ärger, unter dem ich bis heute leiden muss.

Sie hätten auch vieles andere nicht. Es würde sich zum Beispiel kein Journalist für Sie interessieren.

Ja, glauben Sie, es ist für mich ein Geschenk, von Ihnen befragt zu werden? Es liegt mir nichts daran, mich beliebt zu machen. Ich spreche mit Ihnen, obwohl ich in großer Zeitnot bin und eigentlich hätte absagen müssen.

Warum haben Sie dieses Interview trotzdem gewährt?

Weil ich wissen wollte, ob sich die *Weltwoche*, die seinerzeit einen Bericht über mich veröffentlicht hatte, der voller Lügen war, zum Guten verändert hat.

Sie spielen auf einen Artikel aus dem Jahr 1937 an ...

Ja, ich habe ihn mir für unser Gespräch kopieren lassen. Da

stand, ich sei bei Hitler in Ungnade gefallen, nachdem Dr. Goebbels behauptet habe, dass ich jüdische Vorfahren hätte. Die Überschrift lautete: »Der gefallene Engel des Dritten Reiches«. Das wurde von der ganzen Welt übernommen.

Hitler war empört.

Ja, er rief mich zu sich und schlug vor, mich mit Dr. Goebbels und dem Fotografen Hoffmann in meinem Haus zu besuchen, um die Lügen durch ein aktuelles Foto, auf dem ich mit ihm und Goebbels abgebildet war, zu entkräften.

Es war berichtet worden, Sie seien in der Schweiz untergetaucht.

Ja, aber das war alles erfunden. Es hat nichts gestimmt.

Ich kann Sie beruhigen. Ich werde nichts erfinden.

Vor Jahren kam ein italienischer Journalist zu mir. Ich führte ihn in den Garten und zeigte mit dem linken Arm auf die alte Eiche, die dort steht. In diesem Moment wurde ich fotografiert. Das Foto erschien dann seitenverkehrt, und darunter stand: »Leni Riefenstahl verabschiedet sich mit dem Hitlergruß.«

Nein!

Doch, so war es. Ich muss immer damit rechnen, dass ich verleumdet werde.

Glauben Sie, die Angriffe gegen Sie haben auch damit zu tun, dass Sie eine Frau sind?

Ich habe gehört, dass man das sagt. Man sagt, andere hätten sich an der Leni entnazifizieren wollen.

Männer, die den Nazis zu Diensten waren, haben nach dem Krieg sehr schnell wieder arbeiten können, Gustav Ucicky, Wolfgang Liebeneiner, Veit Harlan, der den antisemitischen Hetzfilm »Jud Süß« gedreht hatte.

Ich habe das nie verstanden. Sie werden in meinem Leben kein einziges antisemitisches Wort finden können, in keinem Film, keinem Buch, keinem Brief. Wäre ich auch nur eine Spur nationalsozialistisch gewesen, hätte ich mich doch nicht, während andere für Reich und Vaterland nationale Filme machten, für einen Stoff wie *Penthesilea* interessiert oder einen so vollkommen unpolitischen Film wie *Tiefland* gedreht.

Es gibt Leute, die Ihren Film »Tiefland« sehr wohl für politisch halten.

So?

Die Filmemacherin Helma Sanders-Brahms und auch Thea Dorn sehen darin eine verborgene Kritik am NS-Regime.

Davon weiß ich nichts.

Die Hauptfigur, die Sie spielen, ist eine Frau, die dem Mann, dem sie verfallen ist, das Verderben wünscht.

Ja, aber dahinter verbirgt sich nichts. Man hat in mich so

viel hineingedichtet. Ich habe diesen Film eigentlich nur als Notnagel gesehen, um keinen Propagandafilm machen zu müssen. Es ist albern, darin etwas Kritisches zu vermuten.
Das Sympathische an Ihnen ist, dass Sie sich sogar gegen Ihre Verteidiger wehren.
Ja, weil es nicht stimmt, was da behauptet wird ... Aber jetzt, lieber Herr Müller, überlegen Sie sich noch zwei Fragen, die Ihnen am Herzen liegen, weil ich dann aufhören muss.
Was betrachten Sie als Ihre wichtigste Lebensleistung?
Dass es mir gelungen ist, die Filme *Triumph des Willens* und *Olympia* so zu gestalten, wie sie geworden sind.
Sie widersprechen sich.
Wieso denn? Ich kann doch einen Film, obwohl er mir Unglück gebracht hat, für eine große Leistung halten.
Und was bedauern Sie?
Dass ich die *Penthesilea* nicht habe verwirklichen können. Ich habe mein Leben lang davon geträumt, diesen Film zu machen.
Der Krieg hat es verhindert.
Ja, ich war schon in den Vorbereitungen. Das Drehbuch war fertig. Ich hatte den ganzen Film schon im Kopf. Die Schlachtszenen wollte ich in der libyschen Wüste drehen. Wir hatten schon ein paar Hundert Mädchen für das Amazonenheer engagiert. Der italienische Generalgouverneur in Libyen hatte mir tausend weiße Pferde versprochen. Ich kann mich erinnern, dass ich mich auf die Insel Sylt zurückgezogen hatte, um das Reiten ohne Sattel zu üben. Den sogenannten Todeszug, in dem Penthesilea den Achill besiegt, wollte ich vor dem Hintergrund drohender Wolken in den Dünen von Sylt aufnehmen. Ich war voller Ideen. Ich

kann Ihnen eine ganze Mappe mit Zeichnungen zeigen, auf denen Sie sehen, wie ich den Film gestaltet hätte. Alles sollte stilisiert, ins Künstlerische erhöht erscheinen. Das wären ganz neue Wege gewesen. Es hätte ein so wunderbarer Film werden können, und es ist ein Jammer, dass daraus nichts geworden ist.
Der wirkliche Krieg hat Ihren Filmkrieg verhindert.
Ja, der Krieg hat mir alles kaputt gemacht.

Benjamin Henrichs
Preisrede zur Verleihung des Ben-Witter-Preises am 6. Oktober 2000 in Hamburg

Lieber, sehr verehrter André Müller! Liebe Damen, liebe Herren, verehrtes Publikum!

Wagen wir, bevor wir unseren Preisträger fröhlich feiern, einen Blick in das Grauen. Auf jenes beklagenswerte Völkchen, das man die Journalisten nennt. Und sagen wir sofort und am Anfang: Unser Preisträger, der Glückliche, ist keiner von ihnen. Wie auch der unvergessene Ben Witter keiner von ihnen, keiner von uns war. Niemals.

Die Zeitungsmacher machen ihre Zeitung. Tag für Tag oder Woche für Woche. Was sie heute schreiben, wird morgen früh gelesen – oder auch nicht gelesen. Morgen Abend wird es weggeworfen, und übermorgen, spätestens, ist es dann vergessen. Gewiss, beim Wochenblättchen arbeitet der Tod ein bisschen langsamer. Da bleibt der Zeitung, bevor sie in der Mülltonne landet, eine ganze Woche, in der sie, in einem verborgenen Winkel der Wohnung schlummernd, friedlich vergilben darf.

Wir sehen hieran, dass der angeblich aufregende Beruf des Journalisten ein zutiefst trostloser ist. Ich schreibe, also werde ich vergessen. Und oft hat das Vergessen und Vergessenwerden schon mit dem Schreiben begonnen.
Natürlich tut man alles, um dem unvermeidlichen Verhängnis, der Furie des Verschwindens zu entkommen. Zeitungsschreiber haben, mehr noch als alle anderen Schreiber, eine rührende, kindliche Sehnsucht nach der unvergesslichen Tat. Nach der grandiosen Enthüllung. Der sensationellen Recherche. Oder, wenigstens das: nach der unsterblichen Pointe. Es nützt zwar nichts, aber es hält einen doch am Leben.

Der Preisredner hat ein Vierteljahrhundert an einem Hamburger Wochenblättchen gewirkt. Er könnte nun mit Mannesstolz sagen: Alles vergessen! Das wäre die Wahrheit, aber natürlich nicht die ganze. Man könnte schon ein Weilchen von den alten Zeiten plaudern. Und man käme dabei, in allerlei Windungen, gemächlich von den schönen Zeiten zu den schönsten – und von hier dann zu den allerschönsten. Und bei dieser, naturgemäß sentimentalen, Zeitreise rückwärts würde ein Name bald und unvermeidlich fallen: der karge deutsche Name Müller. Und es fiele einem wieder ein Satz des Dichters Peter Handke ein, aus einem Interview mit André Müller: »Es gibt ja nichts anderes als die Schönheit, nichts, was wirklicher wäre.« Oder ein Satz des weiland Burgtheaterdirektors Claus Peymann aus dem sagenhaften Peymann-Interview: »Ich möchte, dass etwas Schönes entsteht.« Das ist ihm mit dem *Zeit*-Interview jedenfalls, mehr als mit jeder seiner Inszenierungen, gelungen. Unvergesslich.

Es hat nicht viele Müller-Tage gegeben im friedlichen Jahreslauf unseres Wochenblattes. Vier, vielleicht fünf, höchstens sechs Interviews, mehr nicht. Mehr hätte der Interviewer nicht liefern können. Mehr auch hätte die nervenschwache Redaktion nicht verkraften können. Denn Müllers Interviews waren die Festspiele unseres Feuilletons – und auch die Höllenfahrten. Jede Kürzung eine Mordtat. Jeder Druckfehler ein Weltuntergang. Die sogenannten Skandale, die der Veröffentlichung gelegentlich folgten, waren, hiermit verglichen, eher eine Erholung. Plötzlich war ein Umbruchstag keine müde oder auch vergnügte Routineangelegenheit mehr. Sondern ein fiebriges Spektakel, nur einer Theaterpremiere oder einem olympischen Endlauf vergleichbar. Müller in der Ferne, in München, am Telefon – in unerbittlicher Panik. Die Redaktion in Hamburg – in zunächst nervösem, dann aber zunehmend glückhaftem Aufruhr. Als ginge es nicht um die bald vergilbende Zeitung, sondern tatsächlich um Leben und Tod. Und als sei man am Ende des Tages tatsächlich gerettet. »Aber natürlich«, so Thomas Bernhard hierzu und zu schlechterdings allem, »aber natürlich wird keiner gerettet.«

Interviews sind Redestücke. Die Interviews, deren Autor wir heute Abend feiern, sind wahre Redekunststücke. Doch zur Redekunst gehört auch die Kunst des Schweigens – und die Erschöpfung des Redners. »Ich habe es immer«, so André Müller in einem Vorwort 1979, »für eine lächerliche Einbildung gehalten, wenn jemand glaubt, es könne auf irgendwelche Fragen irgendwelche Antworten geben. Genauso lächerlich wie die Antworten erschienen mir natürlich die Fragen. Es war ein Spiel, das ich gewinnen musste, sonst nichts, und der Siegespreis war die durch die ausgestandene Angst vor dem Scheitern verursachte Erschöpfung.«

Es wird viel geredet auf der Welt. Und am meisten wird in den Journalen und auf den Fernsehkanälen geredet. Immer mehr geschriebene Texte wirken heutzutage wie geredete Texte – der Krampf der reinen Reflexion ist dem Dampf der puren Rhetorik gewichen. Es regieren die Plappertaschen und Plauderflöten, und ihr Spektakel heißt: Talk täglich. Ihr Kampfplatz ist das Sofa vor der Kamera, dort macht man sich es zusammen gemütlich. Und es ist ziemlich egal, ob man hierbei über neue literarische Phänomene oder neue erotische Praktiken redet. Sendezeit muss gefüllt, Zeitungsseiten müssen vernichtet werden. Der Abend kommt, das Denken geht, die Talkshow hat begonnen. Die Talkshow, das leichte Fräulein, das diese graue Zwillingsschwester hat, wir alle kennen ihren Namen: Debatte.

Unmöglich, bei den Gesprächen André Müllers an ein Sofa zu denken, in welchem die Sprechenden plaudernd versinken. Undenkbar jede Art von Gemütlichkeit. Sucht man nach einem Gleichnis, einem Bild für diese Interviews, fällt einem vielleicht ein Floß ein. Weit draußen auf dem Meer, von allen Ufern weit entfernt. Zwei Passagiere nur: ich und du, der Interviewer und sein Fahrgast, sein Gefährte. Zwei Untergeher beim Versuch, sich redend zu retten. Oder wenigstens: auf unvergessliche Weise unterzugehen.

In Müllers besten Gesprächen ist jedes Wort ein letztes Wort. Und so ein Interview ist eben keine entspannte Konversation von gestern, heute, morgen und allezeit. Sondern die letzte, die einzige Chance, die man hat.

Gedankenvernichtung heißt das vielleicht persönlichste Prosastück des Autors André Müller. Auch wenn er selber protestieren mag: Seine Interviews sind, durch ihre absolute Konzentration, durch ihren heiligen und vielleicht auch fürchterlichen Ernst, Projekte der anderen Art. Der Gedankenerrettung durch Geschwätzvernichtung. Natürlich sind diese Gespräche wundervolle Komödien. Aber sie sind es auch deshalb, weil ihr Autor, wie alle großen Komiker, sie mit schier tragischer Gebärde bestreitet.

Er stelle, so behaupten die nicht wenigen Feinde Müllers, immer nur diese eine Frage, vieltausendfach wiederholt und variiert. Die Frage: Warum leben Sie denn, warum sterben Sie nicht lieber? Natürlich ist es nicht so. Müllers Fragen sind, so noch einmal Peter Handke, ein wahres »Kunstwerk von Fragen«. »Jeder von uns wartet doch nur auf die Frage, bei der er endlich durchatmen kann. Die richtigen Fragen zu stellen, ist wahrscheinlich die höchste Intuition.«
Aber selbst wenn es anders wäre, wenn alle Fragen wirklich nur die eine Frage wären, muss man doch zugeben: Eine gute Frage ist das schon! Die Frage nach dem »Nichtsein«. Es ist ja nicht erst Müllers, es war ja schon Prinz Hamlets Frage. An die man sich noch erinnern wird, wenn Shakespeare längst vergessen ist.

Kehren wir noch einmal auf unser Floß im Meer zurück! Zwei Passagiere. Dem einen ist es schlecht, er möchte nur noch sterben, schlafen. Der andere, Fährmann Müller, lässt dies aber keineswegs zu. Er arbeitet, so grotesk das in dieser endzeitlichen Situation auch sein mag, noch immer an der Errettung des Gespräches. Am richtigen Denken, das erst dann anfangen kann, wenn das falsche Denken vernichtet, im Meer versunken ist. Wie Hilfeschreie klingen nun seine Fragen, wie verzweifelte Befehle. »Ich will Sie zum Denken bringen!«, ruft Müller. Doch Passagier Peymann sagt nur: »Das ist vergebliche Mühe.« »Sie könnten etwas mehr Ihren Verstand gebrauchen!«, ruft flehend Müller. Doch Frau Jelinek sagt nur: »Verstand habe ich wenig.« Und der Dichter Heiner Müller sagt sogar: Dichter müssen dumm sein, sonst sind sie keine Dichter. In diesem Augenblick, dem schönsten, weil tragischsten der Weltkomödie namens Interview, sieht man André Müller vom Floß in den Ozean springen, kopfüber. Weil alles vollkommen sinnlos ist. Oder weil das Interview vollkommen, das heißt vollkommen unvergesslich gelungen ist.

Niemand von uns (außer natürlich: unser Preisträger selber) war dabei, als all diese grandiosen Zweipersonendramen entstanden. Natürlich wüsste man gerne, »wie Müller es macht«. Und natürlich stellen sich einige Leute unseren Interviewkünstler als eine diabolische Figur vor. Als Großinquisitor, als Peitschenmann, als Blutsauger. *Entblößungen* hat André Müller selber eine seiner Interview-Sammlungen genannt.

Das mag ja alles so sein. Doch wenn man den hochvergnüglichen Auftrag hat, diese Dialoge für eine Preisrede noch einmal zu lesen, gehen die Gedanken und Gefühle des Lesers eher in die andere Himmelsrichtung. Es kommen einem die im Interview Porträtierten weniger bloßgestellt als behütet und beglänzt vor. Denn Müller ist nicht auf ihre kalte Vernichtung aus, sondern macht ihnen das emphatischste Angebot: Mitzuspielen bei einem dramatischen Kunstwerk für zwei Personen. 300, 500 oder auch 900 Zeilen Ewigkeit: Reden gegen das Gerede. Ob das Ergebnis Kunst ist oder Wahrheit oder jene Wahrheit, die nur durch Kunst entsteht, ist eine Frage, aber bestimmt nicht die wichtigste. »Das Gespräch, das wir führen, ist künstlich!«, rief einstmals Herr Müller, der Interviewer. Doch Herr Minetti, der Schauspielkünstler, sagte hierzu nur: »Das möchte ich nicht so sagen.«

»Unter uns gesagt: Ich bin ein Klassiker«, sagt Thomas Bernhards Herr Bruscon, der Theatermacher. Unter uns gesagt, lieber André Müller: Das dürfen Sie auch sagen, heute Abend erst recht. Den Kleistpreis, den Büchnerpreis, den Börnepreis bekommen Autoren jeglicher Art und Qualität. Der Ben-Witter-Preis aber, wenn ich das Wirken seiner hochlöblichen Juroren richtig verstehe, ist unbedingt ein Preis für Klassiker.

Eine letzte Frage

Was war Ihr größtes Scheitern als Interviewer?

Das Gespräch mit Alice Schwarzer, 1995 in Köln. Davon existiert nur ein über 70-seitiges Tonbandprotokoll. Es war sehr unterhaltsam, auch Frau Schwarzer hatte offensichtlich viel Spaß und hat im Laufe des Abends einiges getrunken. Wir haben auf hohem Niveau aneinander vorbeigeredet, aber etwas Abgründiges wurde bei ihr dabei nicht sichtbar. Sie hat mich als alles Mögliche beschimpft; »Sie sind ja wirklich eine verdammte Krähe!«, war eine der milderen Formulierungen. Ich sei gemeingefährlich, schauerlich, borniert, würde Stuss produzieren, meine Gesprächsführung sei obszön. Dabei habe ich sie vor allem mit ihren eigenen Äußerungen konfrontiert, an die sie sich vielfach nicht erinnern konnte. Wir sind dann darüber in Streit geraten, ob Elfriede Jelinek, mit der ich 1990 ein erstes Interview geführt hatte und schon damals befreundet war, eigenständig genug sei, Aussagen über sich selbst zu machen. Ich mische mich nicht in den Mut anderer Leute ein. Aber Frau Schwarzer sah sich gezwungen, Frau Jelinek gegenüber mir, einem Mann, in Schutz zu nehmen, und geriet in Rage. Es kam zum Eklat, und sie beendete das Gespräch. Daraufhin hat sie jede Veröffentlichung untersagt. Es sei kaum verantwortbar, mich auf Menschen loszulassen, hat sie Benjamin Henrichs, dem zuständigen Redakteur im Feuilleton der *Zeit*, geschrieben. Da krieg ich jetzt noch eine Gänsehaut.

(André Müller im März 2011)

Textnachweis

Elfriede Jelinek: Wer oder was? (zu André Müllers Interviews)
Originalbeitrag
Frühstück mit Genscher
Erschienen in der *Zeit* am 19. Oktober 1990
Dolly Buster
Erstveröffentlichung
Das Gespräch fand am 15. November 2000 statt. Der Berliner *Tagesspiegel*, für den Müller damals arbeitete, fand den Dialog zur Veröffentlichung nicht geeignet.
Toni Schumacher
Das Gespräch fand am 18. März 1990 statt und erschien am 10. Mai 1991 in der *Zeit*.
Karl Lagerfeld
Das Gespräch fand am 27. Dezember 1995 statt, die vollständige Fassung des Interviews erschien am 23. Februar 1996 in der *Zeit*.
Peter Handke
Das Gespräch fand am 2. Juli 2007 statt und erschien in der Züricher *Weltwoche* am 29. August 2007, in der *Frankfurter Rundschau* am 31. August 2007 und im Wiener *profil* am 2. September 2007.
Jonathan Littell
Das Gespräch fand am 14. Mai 2008 statt. Abdruck am 17. Juni 2008 im Wiener *Falter*, am 19. Juni 2008 in der *Weltwoche* und am 24. Juni 2008 in der *Frankfurter Rundschau*
Günter Wallraff
Erschienen in der *Weltwoche* am 13. Mai 2004 unter der Überschrift »Der Spion, den wir liebten« sowie in der *Berliner Zeitung* am 15./16. Mai 2004, Überschrift: »Die Weisheit der Narren«

Elfriede Jelinek
Das Gespräch fand am 21. Oktober 2004 statt. Publiziert am 25. November 2004 in der *Weltwoche*, am 28. November 2004 in der *Berliner Zeitung* und am 29. November 2004 in *profil*
Salman Rushdie
Das Interview fand am 28. März 2006 statt. Es erschien am 27. April 2006 in der *Weltwoche*, am 28. April 2006 in *profil* und am 29. April 2006 in der *Welt*.
Das Schreien
Erschienen am 13. Juni 2002 in der *Weltwoche* unter der Überschrift »Sie! Lassen Sie das Thema in Ruhe! Bitte!«
Das Lächeln
Erschienen am 9. August 2007 in der *Weltwoche* unter der Überschrift »Ein Künstler muss seine Tiere fressen«
Besuch bei Gerhard Richter
Der Besuch fand am 28. und 29. März 2007 statt, der Text erschien in der *Weltwoche* am 16. Mai 2007 (Überschrift: »Hehe«) und am 29. Juni 2007 im Magazin der *Süddeutschen Zeitung* als »Das unbekannte Werk«.
Hanna Schygulla
Das Gespräch fand am 16. August 2007 statt. Erschienen am 13. September 2007 in der *Weltwoche*, am 23. September 2007 in der *Frankfurter Allgemeinen Sonntagszeitung* und am 28. September 2007 im *Falter*
Gerta Müller
Tonbandprotokoll des Gesprächs vom 15. und 16. Juni 1989.
Die gekürzte Fassung erschien am 29. September 1989 in der *Zeit*. Erstdruck in *Österreicher(innen)*, Weitra 1994. Als Theaterstück wurde das Gespräch unter dem Titel *Man lebt, weil man geboren ist* am 7. Mai 1997 am Thalia Theater Hamburg/Heinrich-Heine-Villa uraufgeführt. Aufführungsrechte: Rowohlt Theater Verlag
Julia Fischer
Das Interview fand am 23. Januar 2008 statt. Es erschien in der *Frankfurter Allgemeinen Sonntagszeitung* am 24. Februar 2008 und in der *Weltwoche* am 30. April 2008.

Helmut Berger
Das Gespräch fand am 3. März 2009 statt. Erschienen am 26. März 2009 in der *Weltwoche*, am 30. März 2009 in *profil* und am 5. April 2009 in der *Frankfurter Allgemeinen Sonntagszeitung*

Günter Grass
Das Interview fand am 1. Juli 2009 statt und erschien am 1./2. August 2009 in der *Frankfurter Rundschau* und der *Berliner Zeitung*, am 14. August 2009 im *Falter* und am 10. September 2009 in der *Weltwoche*.

Christoph Schlingensief
Erschienen am 29. Oktober 2009 in der *Weltwoche* unter der Überschrift »Das ist er!«

Luc Bondy
Das Gespräch fand am 23. April 2010 statt. Erstdruck im Magazin der Bayerischen Staatsoper *Max Joseph*, Nr. 6, weiters publiziert im *Falter* vom 23. Juni 2010 und in der *Frankfurter Allgemeinen Sonntagszeitung* vom 4. Juli 2010

Michel Houellebecq
Das Gespräch fand am 8. Februar 2002 statt und erschien am 28. Februar 2002 in der *Weltwoche*.

Leni Riefenstahl
Das Gespräch fand am 24. Juli 2002 statt, es erschien am 15. August 2002 in der *Weltwoche*.

Benjamin Henrichs: Preisrede zur Verleihung des Ben-Witter-Preises
Gehalten am 6. Dezember 2002 in Hamburg. Erstveröffentlichung